rororo

rororo computer
Herausgegeben von Ludwig Moos

Die Datenbanksprache **SQL**, Structured Query Language, wird in relationalen Datenbanken zur Definition, Manipulation und Sicherung, vornehmlich aber zur Abfrage von Datenmengen eingesetzt. Unabhängig vom Betriebssystem, der Betriebsart und der Oberfläche bleibt die Logik immer gleich. SQL ist deshalb der Schlüssel zum Verständnis jeder relationalen Datenbank. Dieses Arbeitsbuch beschreibt mit nachvollziehbaren Beispielen den praktischen Einsatz von SQL-Befehlen und SQL-Funktionen.

Die Autoren unterrichten Wirtschaftsinformatik und arbeiten in der Lehrerfortbildung des Landes Nordrhein-Westfalen.

Gregor Kuhlmann
Friedrich Müllmerstadt

SQL

Der Schlüssel zu relationalen Datenbanken

Grundkurs
Computerpraxis

Rowohlt Taschenbuch Verlag

2. Auflage März 2007

Vollständig überarbeitete und erweiterte Neuausgabe im Mai 2004
Originalausgabe
Veröffentlicht im Rowohlt Taschenbuch Verlag, Reinbek bei Hamburg, November 2001

Umschlaggestaltung Walter Werner
Grafiken Gregor Kuhlmann/Friedrich Müllmerstadt
Satz Stone Serif und Stone Sans, PostScript, QuarkXPress 4.0 bei Deichgrafik, Tönning
Gesamtherstellung Clausen & Bosse, Leck
Printed in Germany
ISBN 978 3 499 61245 9

Inhalt

Editorial

Das Zusammenleben der Menschen wird immer stärker von informationsverarbeitenden Maschinen geprägt. Die meisten von uns werden direkt oder indirekt mit Computern zu tun haben. Eine besondere Rolle spielt dabei der millionenfach verbreitete Personal Computer (PC). Schüler, Studenten und Angehörige aller Berufsgruppen spielen oder arbeiten heute mit diesem Gerät.

Der Einsatz des persönlichen Computers wird weniger von der Fähigkeit des Benutzers bestimmt, das Gerät in seiner Technizität (Hardware) zu verstehen, als vielmehr davon, es mit Hilfe der Computerprogramme (Software) zu bedienen.

Der «Grundkurs Computerpraxis» erklärt Informationsverarbeitung sehr konkret und auf einfache Weise. Dabei steht das, was den Computer im eigentlichen Sinne funktionieren lässt, im Vordergrund: die Software. Sie umfasst

- Betriebssysteme,
- Anwenderprogramme,
- Programmiersprachen.

Ausgewählt werden Programme, die sich hunderttausendfach bewährt und einen Standard gesetzt haben, der Gefahr des Veraltens also nur in geringem Maße unterliegen.

Im «Grundkurs Computerpraxis» wird das praktische Computerwissen übersichtlich gegliedert, auf das Wesentliche begrenzt und mit Grafiken, Beispielen und Übungen optimal zugänglich gemacht.

Dem «Grundkurs Computerpraxis» liegt ein didaktisches Konzept zugrunde, das von Dipl.-Hdl. Rudolf Hambusch, Referatsleiter im Landesinstitut für Schule und Weiterbildung Soest, entwickelt wurde. Es will das Computerwissen für jedermann verständlich machen. Die Autoren sind erfahrene Berufspädagogen, Praktiker oder Mitarbeiter in Weiterbildungsprojekten.

Einleitung

Datenbanksysteme sind für die betriebliche Informationswirtschaft von eminenter Bedeutung. Zur Einrichtung und Nutzung von Datenbanken bedient man sich der Structured Query Language, kurz SQL.
SQL ist eine weit verbreitete Datenbanksprache, mit der Benutzer mit wenigen Befehlen auf Informationen zugreifen, die in relationalen Datenbanken gespeichert stehen. Dabei ist es unerheblich, ob die Datenbank auf einem Personal Computer oder einem Großrechner eingerichtet ist. Voraussetzung ist lediglich, dass die Datenbank SQL-Anweisungen akzeptiert. Das tun heute nahezu alle auf dem Markt angebotenen Systeme.
Wir zeigen in diesem Buch, wie eine Datenbank entwickelt wird und wie Informationen aus ihr gewonnen werden. Die Arbeitsweise kann nicht nur theoretisch erfolgen. Wir bedienen uns daher eines praktischen Falls, auf den sich die Darstellung der Entwicklungs- und Abfragemethodik bezieht.
Wenn Sie einen Internet-Zugang besitzen, finden Sie alle in diesem Buch beschriebenen SQL-Anweisungen, Übungen, Lösungen und VBA-Prozeduren kapitelweise gegliedert als ASCII-Textdatei gespeichert auf der Rowohlt-Website *www.rowohlt.de*. Geben Sie dazu in der Schnellsuche «SQL» ein.
Die beschriebenen SQL-Anweisungen tragen das Präfix A mit anschließender meist vierstelliger Zahl, die Übungen UE mit anschließender Zahl, die CREATE-Anweisungen beginnen mit Cr. Die erste Ziffer oder die beiden ersten Ziffern der Zahl nennen das Kapitel, in dem die Anweisung steht. Mit Dateikennzeichen unterscheiden wir die einzelnen Datenbanksysteme. Die Anweisung *A2301* speichert einen INSERT-Befehl, der in Kapitel 2 beschrieben ist. Die Anweisung ist in /kap2 gespeichert, auf unseren Computern in C:\RoroSQL\kap2. Es enthält

```
/Kap2/A2301.SQL     <- die INFORMIX-Anweisung
/Kap2/A2301.ORA     <- die ORACLE-Anweisung
```

/Kap2/A2301.CMD	<- die DB2-Anweisung
/Kap2/A2301.QRT	<- die Anweisung für eine JET-Datenbank
/Kap2/A2301.MYS	<- die MySQL-Anweisung

Wie Sie diese gespeicherten Anweisungen aufrufen, beschreiben wir für jedes Datenbanksystem in Kapitel 13. In Kapitel 13 zeigen wir Ihnen auch, wie Sie die in diesem Buch eingesetzte Datenbank *testdb* in Ihr Datenbanksystem übertragen und wie Sie SQL-Anweisungen in VBA-Code einbetten können.
Sie finden zudem die Anweisungen zum Erstellen der immer populärer werdenden Open-Source-Datenbank MySQL mit Tabellen und deren Verwaltung. Wie Sie dieses Datenbanksystems mit dem Web-Server APACHE kombinieren, SQL-Anweisungen in das ebenfalls kostenfrei beziehbare Programmiersprachen-Programm PHP einbetten und die PHP-Programme in einem Browser aufrufen, erfahren Sie ausführlich in dem rororo-Band 61222 *MySQL mit PHP.* PHP ist eine speziell für die Programmierung von Web-Seiten in HTML-Dateien entwickelte Sprache.

Gregor Kuhlmann
Friedrich Müllmerstadt

1 Einführung in Datenbanksysteme

1.1 Fallbeispiel

Die Firma Unternehmensberatung Randorf UBR ist ein Ingenieurbüro. Sie berät Firmen in Fragen automatischer Fertigungssteuerung, Transportanlagen und Hochregalläger und führt entsprechende Planungen durch. Aus dem ehemaligen Zweimannbetrieb ist heute ein Unternehmen entstanden, in dem acht Ingenieure und Kaufleute in den Abteilungen kaufmännische Verwaltung, Fertigungssteuerung und Transportanlagen arbeiten.

Aufgrund der vielschichtigen Problemstellungen, die die Mitarbeiter entweder in Team- oder in Einzelarbeit erledigen, hat sich die Kostenkontrolle als sehr schwierig herausgestellt. Die Mitarbeiter melden deshalb täglich die Zeiten und die Tätigkeiten, die sie für Aufträge erbracht haben. Aus diesen Angaben gewinnt das Unternehmen die Daten, die für die Nachkalkulation und die Lohnberechnung erforderlich sind.

Vor diesem Hintergrund ist ein Datenbanksystem zu entwickeln, das die für die Abteilungsleiter sowie die Unternehmensführung erforderlichen Informationen erbringt. Schließlich ist auch dem Anliegen der kaufmännischen Verwaltung Rechnung zu tragen, die bei langfristigen Projekten hinreichende Unterlagen für Zwischenabrechnungen benötigt.

1.2 Datenbanksystem

1.2.1 Komponenten eines Datenbanksystems

Eine Datenbank ist eine systematische Sammlung von Daten. Zur Verwaltung und Nutzung der in der Datenbank gespeicherten Daten benötigt der Anwender ein Datenbankverwaltungssystem. Ein Datenbanksystem besteht somit aus der Datenbank und dem Datenbankverwaltungssystem. In Anlehnung an den amerikanischen Sprachgebrauch wird für das Datenbankverwaltungssystem die Abkürzung DBMS (Data Base Management System) verwendet.

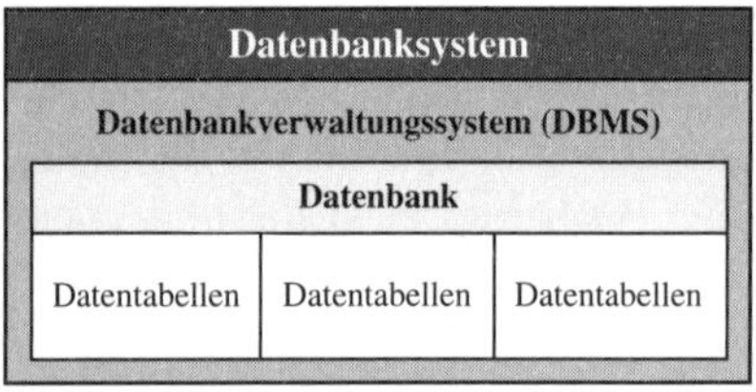

Das DBMS besteht aus einer Vielzahl von Werkzeugen und Generatoren. Es stellt dem Entwickler die Instrumente zur Verfügung, mit denen er das Datenmodell beschreiben und einrichten kann. Ferner muss das Datenbankverwaltungssystem die Funktionen anbieten, mit denen die Anwender Daten eingeben, verändern, abfragen und ausgeben können. Mittels Masken- und Listengeneratoren werden die Eingabe- und Ausgabeprogramme auf relativ einfache Weise erzeugt. Für die Abfrage schafft das SQL-Modul einen direkten Zugriff auf die Daten. Schließlich muss das Programm für die zweckmäßige Speicherung der eingegebenen Daten sorgen.
Der Entwickler teilt dem Programm die Datenlogik mit, der Anwender formuliert seine Abfrage. Wie die Daten zu speichern sind und welche Suchstrategie am besten anzuwenden ist, das ist Sache des Datenbankprogramms. Es ist also zuständig für die technische Umsetzung der Anforderungen von Entwickler und Anwender.

1.2.2 Ebenen eines Datenbanksystems

Um die Stellung des Nutzers im Datenbanksystem besser erklären zu können, bedient man sich der logischen Einteilung in Sichten (views) bzw. Ebenen.

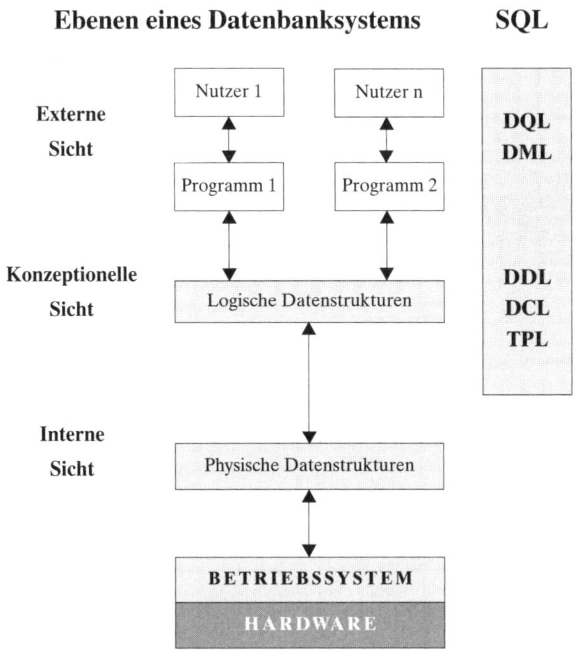

Externe Sicht
Auf der obersten Ebene befindet sich der Anwender, der das Datenbanksystem mit einer Datenabfragesprache (DQL = Data Query Language) oder Datenmanipulationssprache (DML) oder einem eigenen Anwendungsprogramm nutzt. Diese Ebene wird in Anlehnung an den amerikanischen Ausdruck «external view» auch externe Sicht genannt.

Konzeptionelle Sicht

Auf der zweiten Ebene, der konzeptionellen Sicht, wird das Datenmodell beschrieben. Unter einem Datenmodell versteht man die datenmäßige Abbildung eines bestimmten Ausschnitts der realen Umwelt. In ihm sind die Strukturen der Daten und ihre Beziehungen festgelegt. Nach der Art, wie die Beziehungen in dem Datenmodell geregelt werden, unterscheidet man zwischen hierarchischen, vernetzten und relationalen Datenmodellen. Da in diesem Buch nur Datenbankverwaltungssysteme betrachtet werden, die auf ein relationales Datenmodell ausgerichtet sind, werden die übrigen Konzepte hier nicht behandelt.

Tabellenstruktur

Beim relationalen Datenmodell werden die Daten in **zweidimensionalen Tabellen** angeordnet. Das sei am Beispiel eines Ausschnitts einer Personaldatenbank aufgezeigt.

Datenbank PERSONAL

Tabelle PERSDAT

pnr	name	vorname	geschlecht	abtnr	eintritts-datum	grundgehalt
1	Eifer	Rik	m	4	01.02.80	3800.00
2	Meyer	Luise	w	4	01.03.84	2450.00
3	Strom	Claudius	m	2	01.03.84	3800.00

Tabelle ABTEILG

abtnr	abteilungsname
1	Leitung
2	Verwaltung
3	Steuerung
4	Transport

Die Datenbank *personal* besteht aus den Tabellen *persdat* und *abteilg*. Jede Tabelle besteht aus mehreren Zeilen und Spalten. In der Tabelle *persdat* beispielsweise enthält jede Zeile die Daten genau eines Mit-

arbeiters. Dieser wird beschrieben durch seinen Namen, Vornamen usw. Aufgrund der Anordnung stehen alle Namen untereinander und bilden die Spalte *name*. Entsprechend werden alle Vornamen in der Spalte *vorname* eingetragen. In den Spalten werden die Personen beschrieben. Die Spalten enthalten somit die für den Verarbeitungszweck benötigten **Attribute** der Personen. Damit man auf die gewünschte Spalte zugreifen kann, hat jede Spalte eine eindeutige Bezeichnung.
Pro Zeile wird in der Tabelle *persdat* eine Person beschrieben. Allgemein wird pro Zeile eine **Entität** abgebildet. Entität lässt sich mit «Dasein» übersetzen. Gemeint ist damit, dass pro Zeile einer Tabelle etwas durch seine Attribute beschrieben wird, das es in der Welt der Wirklichkeit oder der Vorstellung gibt. In anderem Zusammenhang findet man auch den Begriff **Tupel**. Der Begriff Tupel stammt aus der Mathematik und bezeichnet ein geordnetes Paar von Zahlen, das infolge einer Funktionsvorschrift in einer bestimmten Beziehung zueinander steht. Übertragen auf die Tabelle, stellen die Attribute einer Zeile, eines Tupels, die Beziehung zu einem bestimmten Objekt her.

Schlüssel

Damit jede Zeile einer Tabelle sich von den anderen Zeilen unterscheidet, wird ein **Schlüsselattribut** eingeführt. In der Mitarbeitertabelle ist die Personalnummer (*pnr*) das Schlüsselattribut. Der Schlüssel muss stets eindeutig sein. Da er nicht doppelt in einer Tabelle vorkommen darf, ist gewährleistet, dass es nicht mehrere übereinstimmende Zeilen in einer Tabelle gibt. Der Schlüssel identifiziert ein Objekt eindeutig. Somit eignet er sich als Zugriffs- oder als Verbindungsschlüssel.
Die Verbindung zwischen dem Mitarbeiter und seiner Abteilung wird über die Abteilungsnummer *abtnr* hergestellt. Bei den Schlüsseln unterscheidet man Primär- und Sekundärschlüssel. Ein **Sekundärschlüssel** ist ein Schlüssel, der auf eine andere Tabelle verweist. Über ihn wird die Beziehung zwischen den Tabellen hergestellt. Deshalb wird er auch zuweilen Bezugsschlüssel genannt. In der Tabelle *persdat* ist der Schlüssel *pnr* ein **Primärschlüssel**. Er verweist auf keine weitere Tabelle. Er hat vielmehr die Aufgabe, für die Eindeutigkeit des Tupels zu sorgen.
Zum Einrichten der Datenbank mit ihren Tabellen bedient man sich der Datendefinitionssprache (DDL).

Interne Sicht

Auf der inneren Ebene erfolgt die physische Speicherung der Daten. Die Speicherlogik, die dabei angewendet wird, hängt vom DBMS ab. Darum braucht sich der Anwender aber nicht zu kümmern. Die Daten werden in so genannten Basistabellen gespeichert. Darüber hinaus benötigt das DBMS eine Vielzahl von weiteren Informationen, die in den Systemtabellen gespeichert werden. So werden die Informationen über die logische Struktur der Datenbank in dem Systemkatalog, auch **Data Dictionary** genannt, gesammelt. Der Systemkatalog enthält Systemtabellen, die zum Beispiel darüber Auskunft geben,

- welche Tabellen die Datenbank enthält,
- wie die Spalten der Tabellen heißen,
- welcher Datentyp bei einer Spalte vorliegt.

Die meisten relationalen Datenbanken verfügen mindestens über folgende Datentypen:

Zeichenkette	CHAR	Dezimalzahlen	DECIMAL
ganze Zahlen	SMALLINT	Datum	DATE

Für die Verwaltung der Zugriffsberechtigung auf die Tabellen der Datenbank werden die Anweisungen der Data Control Language eingesetzt. Die Kommandos, die für die Sicherungsmaßnahmen bei Datenübertragungen benötigt werden, bezeichnet man als TPL (Transaction Processing Language).

1.3 Rechnerarchitektur für den Datenbankbetrieb

Ein DBMS muss auf der inneren Ebene auf das Betriebssystem abgestimmt sein, auf dem es aufsetzt. Datenbankverwaltungssysteme wie zum Beispiel INFORMIX, ORACLE oder DB2 laufen nämlich auf Einzelplatz- und Mehrplatzbetriebssystemen sowie auch in lokalen Netzwerken. Die externe und die konzeptionelle Ebene werden davon nicht berührt.

1.3.1 Zentrale Architektur

Bei einer zentralen Architektur ist das Datenbanksystem auf einem zentralen Rechner installiert, an den eine Vielzahl von Terminals angeschlossen ist.

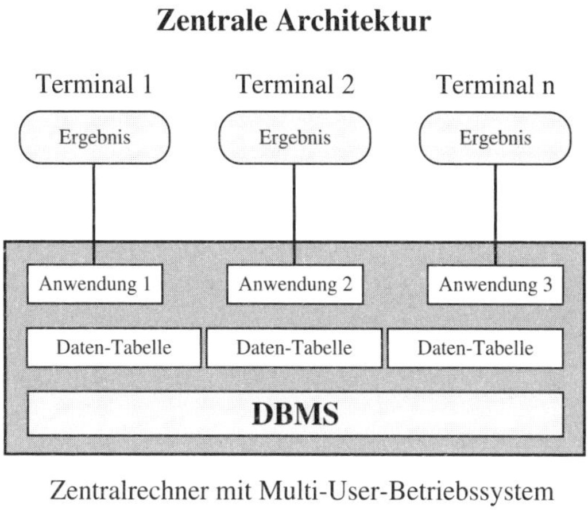

Verteilte Datenbanken

Bei großen Datenbanksystemen, die im Multi-User-Betrieb mit vielen Benutzern laufen, tritt oftmals das Problem langer Antwortzeiten auf. Um den Datenzugriff zu beschleunigen, werden die Tabellen des Datenbanksystems auf verschiedene Rechner aufgeteilt. Man spricht dann von einer verteilten Datenbank. Für den Anwender wie auch für den Entwickler des Datenbanksystems ist es nicht von Bedeutung, wie auf der internen Ebene die Speicherung und der Zugriff organisiert werden. Die Entwicklung und Anwendung einer Datenbank ist unabhängig vom Rechner- und vom Betriebssystem.

1.3.2 Netzwerkarchitektur

In Netzwerken übernimmt ein Rechner, auch Server genannt, bestimmte Datenbankfunktionen. Der Server arbeitet entweder als File-Server oder als Client-Server, auch SQL-Server genannt. Die Daten werden auf dem Server vorgehalten.

File-Server
In einem File-Server-System werden bei der Durchführung jeder Abfrageanweisung beim Server die benötigten Tabellen angefordert und vollständig an den fragenden Arbeitsplatzrechner übertragen. Das Programmmodul zur Auswertung der Abfrageanweisung läuft auf dem Arbeitsplatzrechner. Aufgrund dieser Vorgehensweise kann das File-Server-System zu langen Wartezeiten führen, wenn mehrere Tabellen mit vielen Datensätzen zu übertragen sind.

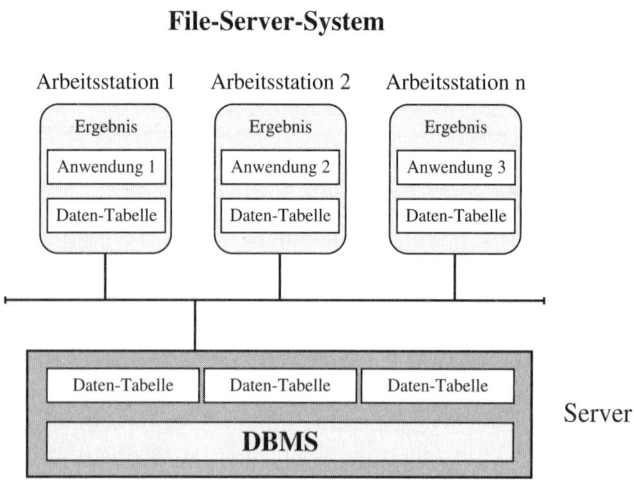

Client-Server
Beim Client-Server-System wird von dem Server nur noch das Ergebnis einer Abfrage an den Arbeitsplatzrechner übertragen. Da nicht mehr

die einer Abfrage zugrunde liegenden Tabellen versandt werden, wird das Netzwerk erheblich weniger belastet. Der lokale Rechner wird entlastet, weil er keine Ergebnisselektion mehr durchführen muss.
Eine preiswerte Lösung für ein Client-Server-System bietet *MSDE* (Microsoft Database Engine). *MSDE* ist eine Version des *Microsoft-SQL-Servers 7.0*. Wenn Sie Office 2000/Access 2000 oder eine neuere Version besitzen, können Sie *MSDE* nachträglich installieren.

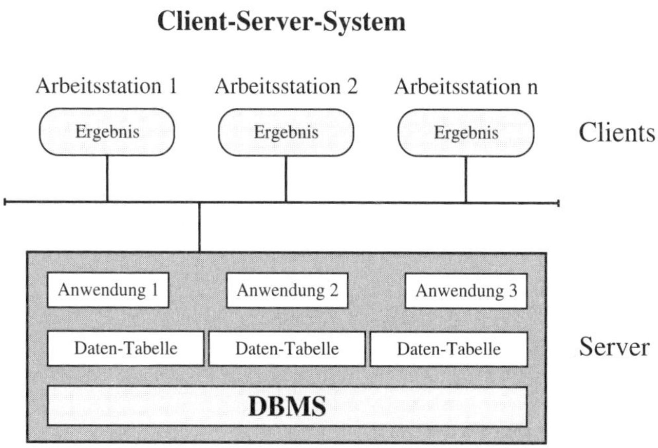

2 Datenbank anlegen, Tabellen definieren, Daten eingeben und verwalten

In diesem Kapitel zeigen wir Ihnen mit Beispielen, wie Sie

- eine Datenbank erstellen
- SQL-Anweisungen einsetzen, um
- Tabellen zu erstellen,
- Daten in Tabellen einzugeben,
- Daten abzurufen, zu ändern, zu löschen.

Die Beispiele in diesem Buch haben wir in folgenden Datenbanken getestet:

1. INFORMIX	Kürzel: I
2. ORACLE	Kürzel: O
3. DB2	Kürzel: D
4. Microsoft JET-Engine (Access)	Kürzel: J
5. MySQL	Kürzel: M

SQL-Anweisungen können zum einen in dem SQL- bzw. Abfragefenster des jeweiligen Datenbanksystems eingegeben und ausgeführt werden. Zum anderen besteht die Möglichkeit, SQL in ein Programm einzubinden, das in einer Programmiersprache wie C++, Visual Basic oder REXX SQL/PL geschrieben ist. Man spricht dann von embedded SQL, eingebetteter SQL. Das wird am Beispiel von Visual Basic (VB) bzw. Visual Basic for Applications (VBA) dargestellt. Schließlich gestattet ein ODBC-Treiber den Zugriff auf eine Datenbank, die von einem SQL-Datenbankprogramm erstellt wurde. In Abschnitt 13.5 machen wir Sie mit dem Zugriff von MS Excel auf eine DB2-Datenbank unter Verwendung von MS Query vertraut.

2.1 Datenbank anlegen

Für das Anlegen einer Datenbank gibt es keine SQL-Anweisungen. Wir gehen trotzdem darauf ein und beschreiben die Vorgehensweise zur Erstellung einer Datenbank *uebdb*, die bei den verschiedenen Datenbanksystemen unterschiedlich sein kann. Beim Erstellen einer Datenbank werden gleichzeitig **Systemtabellen** angelegt, in denen die Informationen über die logische Struktur der Datenbank gespeichert sind: Namen der in der Datenbank vorhandenen Tabellen, der Spalten, der Datentypen und mehr. Bei jeder SQL-Anweisung informiert sich das System zunächst in diesen Systemtabellen, bevor es den Befehl ausführt. Sie können die in diesen Tabellen gespeicherten Informationen mit der SELECT-Anweisung abrufen und sich damit eine Übersicht über die Inhalte der Datenbank verschaffen. Aber: In den Microsoft-JET-Datenbanken wird Ihnen die Leseberechtigung verweigert.

2.1.1 In INFORMIX, DB2 und MySQL

Zur Generierung einer Datenbank wird der Befehl *CREATE DATABASE datenbankname* eingesetzt. Geben Sie ihn im SQL-Fenster des Systems ein:

```
I, D, M   CREATE DATABASE uebdb            (A2101)
```

2.1.2 In ORACLE

Eine Datenbank mit dem Namen *oracle* wird automatisch bei der Installation des Datenbanksystems angelegt. Sie können auch eine andere Datenbank mit *CREATE DATABASE datenbankname* hinzufügen. Wir arbeiten in diesem Buch mit der Datenbank *oracle*.

2.1.3 In Access

In Access wird eine neue Datenbank entweder im Menü-Dialog erstellt oder mit Hilfe der Methode *CREATEDATABASE()* im VBA-Code.

Datenbank in Access im Menü-Dialog einrichten

In Menüzeile der gestarteten Anwendung Microsoft Access

-> *Datei*	
-> *Neu...*	(andere Versionen: -> *Neue Datenbank anlegen...*)
In *Neu*	
-> *Datenbank*	(andere Versionen: -> *Leere Datenbank...*)
-> *OK*	
In *Neue Datenbankdatei*	(andere Versionen: *Datei Neue Datenbank*)
-> C:\testdb	hinter *Speichern in* aufrufen.
-> uebdb.mdb	hinter *Dateiname*: eingeben.
-> *Erstellen*	

Alternative: Wenn beim Öffnen von Access das Fenster *Microsoft Access* erscheint, gehen Sie so vor:

-> Optionsfeld *Leere Access-Datenbank* aktivieren.

-> *OK*	
In *Neue Datenbankdatei*	
-> C:\testdb	hinter *Speichern in* aufrufen.
-> uebdb.mdb	hinter *Dateiname*: eingeben.
-> *Erstellen*	

Datenbank mit einer VBA-Prozedur erstellen

Wie Sie die Datenbank *Uebdb.mdb* mittels VBA-Code erstellen, beschreiben wir in Abschnitt 13.1.2. Legen Sie bitte aber zuvor ein Verzeichnis mit dem Namen *testdb* auf einem Laufwerk an, zum Beispiel *c:\testdb.*

2.2 Datenbank öffnen und schließen

Bevor mit einer Datenbank gearbeitet werden kann, muss sie geöffnet werden. Die Vorgehensweise ist systemspezifisch. Sie wird in Kapitel 13 für jedes Datenbanksystem beschrieben und ist hier zusammengefasst:
Unter **DB2** wird eine Datenbank durch das Kommando

```
Connect to Datenbankname
```

geöffnet und mit

```
Connect Reset
```

geschlossen.

In **INFORMIX** wird im DBAccess-Fenster mittels des Befehls **Select** im Untermenü Database ausgewählt. Das Schließen erfolgt mit Hilfe des Befehls **Close**.
In **ORACLE** wird eine integrierte Datenbank mit Namen *oracle* beim Starten des Systems geöffnet: Mit *shutdown* wird die Datenbank geschlossen.
In **MS Access** und **MS Query** öffnen Sie die Datenbank nach dem Starten des Systems, indem Sie in dem eingeblendeten Dialogfenster die entsprechende Auswahl vornehmen.
In MySQL öffnen Sie die Datenbank mit *USE datenbankname*. Sie verlassen den Client mit der Anweisung *QUIT* oder *EXIT* oder */q*.

2.3 Datenbank löschen

Zum Löschen wird in den meisten Systemen der Befehl

DROP DATABASE datenbankname

eingesetzt. Er wird auf eine geschlossene Datenbank angewendet. Geben Sie ihn im SQL-Fenster des jeweiligen Systems ein:

INFORMIX, DB2 und MySQL

```
I,O,M     DROP DATABASE uebdb        (A2311)
```

ORACLE
In ORACLE löschen Sie eine zusätzlich zu der integrierten Datenbank angelegte Datenbank, indem Sie die Tablespaces mit dem Befehl DROP Tablespace tablespacename löschen.

Access- / JET-Datenbank
Eine JET-Datenbank löschen Sie im Windows-Betriebssystem im Objekt *Arbeitsplatz* oder *Explorer*. Die Datenbank muss geschlossen sein. Sie können dafür auch eine VBA-Prozedur einsetzen. Wir beschreiben diese Vorgehensweise im Abschnitt 13.1.4.

2.4 Tabellen erstellen und löschen

Bevor in der Tabelle einer Datenbank Daten gespeichert werden können, muss dem System die Struktur der Tabelle mitgeteilt worden sein. Eine solche Strukturdefinition enthält die Namen der Tabellenspalten sowie die Informationen, ob in den Spalten Texte, Zahlen oder Datumswerte gespeichert werden sollen und wie viele Zeichen eine Tabellenspalte aufnehmen soll.

Die Struktur der Tabelle *persdat* könnte wie folgt gestaltet sein:

Spaltenname	**Datentyp**	**Länge**	**Spaltenbedingung**
PERSNR	Numerisch: SMALLINT		NOT NULL (1)
PNAME	Text: CHAR	18	
PVNAME	Text: CHAR	18	
GESCHLECHT	Text: CHAR	1	
ABTNR	Numerisch: SMALLINT		
EINTRITT	Datum: DATE		
GEHALT	Numerisch: DECIMAL	8,2 (2)	

(1) Bei Schlüsselspalten wird mit der Spaltenbedingung **NOT NULL** festgelegt, dass in diese Spalten unbedingt Werte einzugeben sind. Bei der Bedingung NULL bleibt die Eingabe eines Wertes optional. Bei DB2 ist es möglich, die NOT NULL-Bedingung zu erweitern: die Angabe NOT NULL WITH DEFAULT bewirkt, dass den Spalten vom System Standardanfangswerte zugeordnet werden, nämlich der Wert 0 bei numerischen Spalten und Leerzeichen bei Zeichenfeldern. Im JET-Datenbankmodell kann die Spaltenbedingung NOT NULL nicht eingesetzt werden.

Weitere Zusätze können sein:

UNIQUE-Index: Bei einem professionellen Einsatz muss sichergestellt werden, dass die in die bezeichnete Datenspalte eingegebenen Werte eindeutig sind. Das bedeutet, dass in jedem Datensatz in der Spalte *persnr* eine andere Personalnummer stehen muss. Um eindeutige Wertangeben für eine Tabellenspalte festzulegen, müssen Sie die Tabellenspalte indexieren. Dies beschreiben wir in Kapitel 10.

Referenzielle Integrität mit PRIMARY KEY, FOREIGN KEY, CONSTRAINT-Klausel vereinbaren:

In Abschnitt 3.3.2 beschreiben wir, was ein Primärschlüssel ist und welche Funktionen er übernimmt.

In Abschnitt 10.6 zeigen wir, wie Sie vorgehen müssen, um die referenzielle Integrität einzurichten.

(2) Die Längenangabe 8,2 für die Spalte *gehalt* besagt, dass insgesamt 8 Stellen vorgesehen werden, davon 6 für Vorkommastellen und 2 für Nachkommastellen.
In der JET-Datenbank wird der Datentyp DECIMAL nicht unterstützt. Setzen Sie dafür ein:
gehalt NUMERIC

Eigene Datentypen in jedem Datenbanksystem: Jedes Datenbanksystem verfügt über eigene Datentypen und erlaubte Attribute. In Abschnitt 14.2 finden Sie für jede Datenbank eine Auflistung der gebräuchlichsten Datentypen.

2.4.1 Tabellen mit CREATE TABLE erstellen

Mit der SQL-Anweisung

CREATE TABLE tabellenname

wird eine neue Tabelle angelegt. Hinter dem Tabellennamen sind in Klammern die Spaltennamen jeweils mit Datentyp und Längenangabe zu definieren. Die einzelnen Spaltenbeschreibungen werden mit Kommata getrennt. Die Liste der Spaltennamen ist von runden Klammern umschlossen. Für die Eingabe der folgenden SQL-Anweisungen muss die Datenbank *Uebdb* geöffnet sein. Die Eingabe einer SQL-Anweisung in einem SQL-Fenster muss nicht in einer einzigen Zeile erfolgen, sie kann sich über mehrere Zeilen erstrecken.

Beispiel: Der Datenbankadministrator erstellt die Tabelle *persdat*. Geben Sie im SQL-Fenster folgende SQL-Anweisung ein:

```
CREATE TABLE persdat (CRPERSDA)                      (1)
         (
         persnr     SMALLINT NOT NULL,
         pname      CHAR(18),
         pvname     CHAR(18),
         geschlecht CHAR(1),
         abtnr      SMALLINT,
         eintritt   DATE,
         gehalt     DECIMAL(8,2)                     (2)
         )
```

(1) Tabellennamen können maximal 18 Zeichen lang sein, bei der JET- und der MySQL-Datenbank bis zu 64 Zeichen. Sie müssen mit einem Klein- oder Großbuchstaben beginnen und dürfen in der Regel keine Leerzeichen enthalten. Bei der JET-Datenbank sind eckige Klammern, der Punkt, das Ausrufezeichen und das Akzentzeichen nicht erlaubt. Aus arbeitsökonomischen Gründen sollten Sie keine langen Namen verwenden.

(2) Da in der JET-Datenbank der Datentyp DECIMAL nicht unterstützt wird, setzen Sie ein:

    gehalt NUMERIC

NUMERIC definiert eine Gleitzahl mit doppelter Genauigkeit.

2.4.2 Tabellen löschen

Mit der Eingabe der SQL-Anweisung *DROP TABLE tabellenname* im SQL-Fenster eines Systems wird eine Tabelle mit den darin gespeicherten Daten aus der Datenbank und in den Systemtabellen gelöscht.

Beispiel: Erstellen Sie in der Datenbank *Uebdb* die Tabelle *uebl* und löschen Sie diese Tabelle anschließend. Geben Sie nacheinander im SQL-Fenster ein:
Tabelle erstellen:

```
CREATE TABLE uebl                              (A2202)
(
uebnr       INTEGER,
uebbez      CHAR(20)
)
```

Löschen Sie die Tabelle *uebl*:

```
DROP TABLE uebl                                (A2203)
```

In MySQL können Sie mit dem Zusatz IF EXISTS festlegen, dass kein Fehler gemeldet wird, wenn eine nicht vorhandene Tabelle gelöscht werden soll. Der Befehl gestattet, mehrere Tabellen gleichzeitig zu löschen:

DROP TABLE [IF EXISTS] tabellenname [,tabellenname] [,...]

2.5 Daten in Tabellen eingeben

Mit dem INSERT-Befehl

INSERT INTO tabellenname VALUES ()

geben Sie Daten in die hinter INTO definierte Tabelle ein. Mit dem SQL-Befehl

INSERT INTO tabellenname SELECT-Anweisung

übertragen Sie Werte aus anderen Tabellen. In Kapitel 6 gehen wir im Abschnitt 6.5 darauf ausführlich ein.
MySQL erlaubt die Eingabe mehrerer Datensätze hinter einem INSERT-Befehl:

INSERT [LOW_PRIORITY / DELAYED] [IGNORE] [INTO] tabellenname
VALUES (daten), (daten), ...

LOW_PRIORITY führt die Anweisung erst durch, wenn keine anderen Clients auf die Tabelle zugreifen. DELAYED speichert die Anweisung in einer Schlange zur Durchführung und kehrt zum Client zurück. IGNORE verhindert die Eingabe doppelter Werte in eindeutige Schlüssel. Ohne IGNORE würde in diesem Fall eine Fehlermeldung angezeigt. Sie können in MySQL anstelle des INSERT-Befehls auch den Befehl REPLACE [LOW_PRIORITY / DELAYED] [INTO] tabellenname VALUES () einsetzen. Anders als bei INSERT wird bei REPLACE bei der Eingabe eines doppelten Wertes in ein eindeutiges Schlüsselfeld der alte Datensatz gelöscht und stattdessen der neue eingefügt.

2.5.1 Einen Datensatz vollständig eingeben

An dem nachstehenden Beispiel sei dargelegt, wie ein vollständiger Datensatz in eine Tabelle eingebracht wird.
Beispiel: Sie geben Werte in die Spalten *persnr, pname, geschlecht, abtnr, eintritt* und *gehalt* der Tabelle *persdat* ein. Es sind die Daten von Hans Will, männlich, Abteilung 3, Eintrittsdatum 1.5.1982, Grundgehalt 4500 €, in die Tabelle *persdat* einzutragen.

```
I.D::   INSERT INTO persdat VALUES                        (A2301)
        (99,'Will','Hans','M',3,'01.05.1982', 4500.00)
```

```
J:     INSERT INTO persdat VALUES                       (A2301)
       (99,'Will','Hans','M',3,'82-05-01', 4500.00)
M:     INSERT INTO persdat VALUES                       (A2301)
       (99,'Will','Hans','M',3,'1982-05-01',4500.00)
M:     INSERT INTO persdat VALUES                       (alternativ)
       (99,'Will',Hans','M',3,820501,4500.00)
O:     INSERT INTO persdat VALUES                       (A2301)
       (99,'Will','Hans','M',3,'1982-05-01-may-82', 4500.00)
```

In den Klammern hinter VALUES werden die Werte durch Kommata getrennt in der Reihenfolge der Tabellenstruktur aufgeführt. Dabei ist zu beachten, dass die Datentypen der angegebenen Werte mit den vereinbarten Datentypen übereinstimmen. Zeichenketten, Datumswerte und Zeitwerte werden in Hochkommata (') eingeschlossen. Das Zeichen ' finden Sie auf der Tastatur über dem Zeichen #. Es entspricht dem ASCII-Code 39. Bei INFORMIX können Sie anstelle des Hochkommas ' auch das Anführungszeichen " für Zeichenfolgen ("Hans") und Datumswerte ("01.02.1980") verwenden.

Die Eingabe von Datumswerten ist in den Datenbanksystemen unterschiedlich gelöst:

INFORMIX/DB2: Datumswerte werden in Hochkommata eingeschlossen in der Form 'tt.mm.jjjj' eingegeben.

ORACLE: Für Datumseingaben gibt es die Struktur 'tt-monatskürzel-jj'. Die Monatskürzel lauten JAN, FEB, MAR, APR, MAY, JUN, JUL, AUG, SEP, OCT, NOV, DEC.
Achtung: In ORACLE8i in der deutschen Fassung müssen Sie die deutschen Kürzel eingeben: MÄR statt MAR, MAI statt MAY, OKT statt OCT und DEZ statt DEC.
Sie können in ORACLE8i aber auch die Struktur 'tt.mm.jjjj' einsetzen.

JET:

Datum in der Form	Zeit in der Form
'jahr-monat-tag',	'ss:mm.ss'
'1982-05-01' oder	'12:30:00' oder
'82-05-01' oder	'12:30' oder
#1982-05-01#.	#12:30#

Sie können auch die Funktionen *DateValue()* und *TimeValue()* verwenden. Diese Funktionen wandeln die eingegebenen Textwerte um in Datums- bzw. Zeitwerte:

DateValue('1.5.82')　　TimeValue('12:30')

MySQL: MySQL gestattet für die Eingabe von Datums- und Zeitwerten unterschiedliche Formate:

DATE	TIME	DATETIME	TIMESTAMP	YEAR
'JJJJ-MM-TT'	'hh:mm:ss'	'JJJJ-MM-TT hh:mm:ss'	'JJJJ-MM-TT hh:mm:ss'	'JJJJ'
'JJ-MM-TT'	'hhmmss'	'JJ-MM-TT hh:mm:ss'	'JJ-MM-TT hh:mm:ss'	'JJ'
'JJJJMMTT'	hhmmss	'JJJJMMTThhmmss'	'JJJJMMTThhmmss'	JJJJ
'JJMMTT'		'JJMMTThhmmss'	'JJMMTThhmmss'	JJ
JJJJMMTT		JJJJMMTThhmmss	JJJJMMTT hhmmss	
JJMMTT		JJMMTThhmmss	JJMMTThhmmss	

2.5.2 Werte in bestimmte Spalten eines Datensatzes eingeben

Wenn Sie Werte in bestimmte Spalten einer Tabellenzeile eingeben wollen, müssen Sie hinter dem Tabellennamen zusätzlich die Namen der Spalten nennen, in denen die Daten gespeichert werden sollen.

Beispiel: Es sollen Werte nur in die Spalten *persnr* und *gehalt* der Tabelle *persdat* eingegeben werden. Geben Sie im SQL-Fenster ein:

```
INSERT INTO persdat (persnr, gehalt) VALUES
(98, 2345.78)                          (A2302)
```

2.5.3 Folgen von SQL-Anweisungen in das SQL-Fenster eingeben

Nur in INFORMIX können Sie mehrere SQL-Anweisungen direkt im SQL-Fenster gleichzeitig eingeben, indem Sie jede Befehlszeile von der nachfolgenden mit Semikolon trennen.

Beispiel: Legen Sie eine Tabelle *ueb9* an. Die Tabelle verfügt über die Spalten

uebnr	INTEGER
uebbez	CHAR(20)

Tragen Sie dann folgende Werte in die Tabelle ein:

10	Handbuch
15	Sachbuch
3	Katalog

Geben Sie in INFORMIX im SQL-Fenster ein:

```
CREATE TABLE ueb9                                    (A2303)
(uebnr INTEGER, uebbez CHAR(20));
INSERT INTO ueb9 VALUES ( 10, 'Handbuch');
INSERT INTO ueb9 VALUES ( 15, 'Sachbuch');
INSERT INTO ueb9 VALUES ( 3, 'Katalog')
```

Geben Sie in ORACLE, DB2 und JET die vier Anweisungszeilen nacheinander ein, da die Daten der Tabelle *ueb9* in den Übungen der nachfolgenden Abschnitte benötigt werden.
Exkurs: Wie Sie in ORACLE und DB2 die Anweisungsfolge (A2303) als gespeicherte Prozedur starten, ist in den Abschnitten 13.3 und 13.4 beschrieben. Auch JET-Anwender können die Daten mit einer VBA-Prozedur eingeben. Die VBA-Prozedur zum Erstellen einer Tabelle mit Daten sowie die Beschreibung der Vorgehensweise finden Sie in Abschnitt 13.1.4.

2.5.4 Daten importieren

Alle Datenbanken haben eingebaute Importfunktionen, mit denen Inhalte von Dateien in Tabellen eingelesen werden können. Die Vorgehensweise wird im Abschnitt 13 erläutert. Wir zeigen hier an einem Beispiel, wie Sie Daten aus Excel-Mappen in eine JET-Datenbank übertragen.

Beispiel: Es werden die Daten in *Tabelle1* aus der Excel-Mappe *Abteilg.XLS* in die neue Tabelle *Abteilg* in der Datenbank *Uebdb.mdb* importiert.

Bei der Übertragung aus Excel-Mappen werden immer nur die Daten eines einzigen Tabellenblattes in eine neue Access-Tabelle gespeichert. Die Access-Tabelle erhält dabei den Namen des Excel-Blattes. Sie müssen deshalb dafür sorgen, dass das zu importierende Blatt den Namen der gewünschten Access-Tabelle besitzt und nicht *Tabelle1* heißt. Gehen Sie so vor:

1. Öffnen Sie die Excel-Mappe *Abteilg.XLS* und darin das Tabellenblatt *Tabelle1* mit den in A1:B5 eingetragenen Daten.
2. Nennen Sie das Blatt *Tabelle1* um in *Abteilg*:
   In der geöffneten Mappe
   -> Blatt *Tabelle1* doppelklicken
   In *Blatt umbenennen*
   -> Abteilg eingeben
   -> *OK*

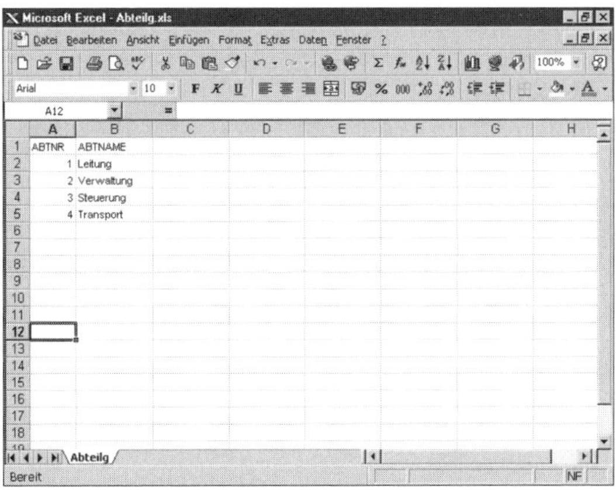

   Speichern Sie die Mappe:
3. Schließen Sie die Anwendung Excel.
4. Öffnen Sie die Anwendung Access und darin die Datenbank *Uebdb*.
5. Importieren Sie die Daten aus Excel:
   Bei geöffnetem Fenster *Uebdb : Datenbank* in Menüzeile
   -> *Datei*
   -> *Externe Daten*
   -> *Importieren*

In *Importieren*	
-> Speicherverzeichnis (z. B. 3,5-Diskette (A:))	hinter *Suchen in:*
-> *Microsoft Excel (*.xls)*	als Dateityp einstellen
-> Abteilg.XLS	
-> *Importieren*	
In *Importassistent für Kalkulationstabellen*	
-> Kontrollkästchen *Erste Zeile enthält Spaltenüberschriften*	aktivieren
-> *Weiter*	
-> Optionsfeld *In einer neuen Tabelle*	aktiv übernehmen
-> *Weiter*	
-> *Weiter*	
-> Optionsfeld *Primärschlüssel selbst auswählen*	aktivieren
-> ABTNR	als Feld wählen
-> *Fertig stellen*	
In *Importassistent für Kalkulationstabellen* in Abschlussmeldung	
-> *OK*	

Die Datenbank *Uebdb* enthält jetzt die Tabelle *Abteilg.*

2.6 Daten ausgeben

Daten werden mit Hilfe der SELECT-Anweisung abgefragt und einer Ergebnistabelle zur Ausgabe übergeben. Wir besprechen den SELECT-Befehl in aller Ausführlichkeit ab Kapitel 4. In diesem Abschnitt zeigen wir, wie Sie alle in einer Tabelle gespeicherten Datensätze ausgeben.

Beispiel: Es sollen alle Tabellenzeilen und alle Spalten der Tabelle *ueb9* ausgegeben werden. Geben Sie im SQL-Fenster ein:

```
SELECT * FROM ueb9                    (A2401)
```

Ergebnisliste:

UEBNR	UEBBEZ
10	Handbuch
15	Sachbuch
3	Katalog

Mit dem Zeichen * hinter SELECT werden alle Spalten einer Tabellenzeile angesprochen. Hinter FROM steht der Name der anzusprechenden Tabelle. Die weiteren Ausformungen der SQL-Anweisungen werden in den folgenden Kapiteln dargelegt.

2.7 Daten aktualisieren und löschen

2.7.1 Daten aktualisieren mit der SQL-Anweisung UPDATE

Die Struktur des SQL-Update-Befehls lautet

```
UPDATE tabelle SET spaltenname = wert [,spaltenname = wert] [,...]
        WHERE bedingung_zur_Satzauswahl
```

Im Anschluss an das Schlüsselwort UPDATE wird der Name der Tabelle genannt, in der die Änderungen durchgeführt werden sollen. Hinter SET werden den zu ändernden Spalten die neuen Werte zugewiesen. Die Bedingung hinter WHERE definiert den Datensatz, in dem die Änderungen durchgeführt werden sollen. Achtung: Wenn Sie die Satzauswahl hinter WHERE weglassen, werden alle Datensätze der Tabelle geändert.
Die Satzauswahl kann auch mit einer SELECT-Unterabfrage vereinbart werden. Darauf gehen wir in Kapitel 6 ein.
Die folgenden drei Beispiele zeigen, wie der UPDATE-Befehl eingesetzt werden kann.

Beispiel 1: In der Tabelle *Ueb9* wird in der Spalte *Uebnr* der Wert 3 durch *25* ersetzt und der Wert in Spalte *Uebbez von 'Katalog'* in *'Lernfibel'*:

```
UPDATE ueb9                              (A2501)
     SET uebnr = 25,
       uebbez = 'Lernfibel'
     WHERE uebnr = 3
```

Beispiel 2: Sie können alle *Uebnr*-Werte auch um 10 erhöhen mit der Anweisung:

```
UPDATE ueb9                                  (A2502)
       SET uebnr = uebnr + 10
```

Beispiel 3: Der Eintrag 'Sachbuch' wird durch einen NULL-Wert ersetzt. NULL-Wert bedeutet, dass in dem Datenfeld kein Werteintrag vorliegt.

```
UPDATE ueb9                                  (92504)
      SET uebbez = NULL
      WHERE uebnr = 25
```

Sie können überprüfen, ob ein NULL-Wert in einer Tabelle vorhanden ist. Die Abfrage auf NULL-Werte wird mittels IS NULL formuliert.

Beispiel: Stellen Sie fest, welche Datensätze NULL-Werte enthalten:

```
SELECT * FROM ueb9                           (A2505)
WHERE uebbez IS NULL
```

In MySQL besitzt der UPDATE-Befehl optionale Zusätze:

```
UPDATE [LOW_PRIORITY] tabelle
 SET spaltenname = wert [,spaltenname = wert] [,...]
 WHERE bedingung_zur_Satzauswahl
 [LIMIT anzahl]
```

LOW_PRIORITY führt die Anweisung erst durch, wenn keine anderen Clients auf die Tabelle zugreifen. Mit *LIMIT anzahl* legen Sie fest, wie viele Datensätze aktualisiert werden sollen.

2.7.2 Datensätze löschen mit der SQL-Anweisung DELETE

Die Struktur des DELETE-Befehls lautet

```
DELETE FROM tabelle
[WHERE bedingung_zur_Satzauswahl]
```

Beispiel: Der Datensatz mit dem Schlüsselwert 25 soll gelöscht werden:

```
DELETE FROM ueb9                                (A2601)
WHERE uebnr = 25
```

Beispiel: Mit dem SQL-Befehl DELETE ohne Bedingung zur Satzauswahl löschen Sie alle Datensätze:

```
DELETE FROM ueb9
```

In MySQL besitzt der DELETE-Befehl optionale Zusätze:

```
DELETE [LOW_PRIORITY] FROM tabelle
  [WHERE bedingung_zur_Satzauswahl]
  [LIMIT anzahl]
```

LOW_PRIORITY führt die Anweisung erst durch, wenn keine anderen Clients auf die Tabelle zugreifen. Mit *LIMIT anzahl* legen Sie fest, wie viele Datensätze aktualisiert werden sollen.

2.8 Ein Tabellenfeld nachträglich einfügen, ändern, löschen

Mit der Anweisung

```
ALTER TABLE tabellenname
```

werden in eine vorhandene Tabellenstruktur neue Spalten eingefügt, vorhandene Spalten geändert oder gelöscht.

2.8.1 Neue Spalten mit ADD einfügen

Hinter dem Schlüsselwort ALTER TABLE wird die Tabelle genannt, deren Struktur geändert werden soll. Mit dem Zusatz ADD wird das System angewiesen, eine oder mehrere neue Spalten einzufügen. Die einzufügenden Spalten werden mit Name und Datentyp definiert. In MySQL können Sie zusätzlich festlegen, an welcher Position die neue Spalte eingefügt werden soll:

```
ADD spaltenname datentyp FIRST/AFTER spaltenname.
```

Beispiel: Die Tabelle *ueb9* soll um die Tabellenspalten *MENGE DECIMAL(8,2)* und *TE CHAR(20)* ergänzt werden:

INFORMIX und ORACLE:

```
I.O        ALTER TABLE ueb9 ADD                           (A2701)
           (
           menge        DECIMAL(8,2),
           te           CHAR(20)
           )
```

DB2: In dieser Datenbank werden keine Klammern um die Spaltendefinitionen gesetzt.

```
D          ALTER TABLE ueb9 ADD                           (A2701)
           menge        DECIMAL(8,2),
           te           CHAR(20)
```

MySQL und JET: Jedes neue Datenfeld muss einzeln definiert werden.

```
           ALTER TABLE ueb9 ADD                           (A2701a)
           menge        DECIMAL(8,2)
           ALTER TABLE ueb9 ADD                           (A2701b)
           te           CHAR(20)
```

2.8.2 Vorhandene Spalten mit MODIFY ändern

Mit dem Zusatz MODIFY wird das System angewiesen, einer vorhandenen Spalte einen anderen Datentyp zuzuweisen. Die Spalte wird mit ihrem Namen genannt und der neue Datentyp danach definiert.

Beispiel: In der Spalte MENGE soll der Datentyp in SMALLINT geändert werden:

```
I,O        ALTER TABLE ueb9 MODIFY                    (A2702)
               (                                      (1)
           menge       SMALLINT
               )
```

(1) In MySQL entfallen die Klammern.

Diese Anweisung läuft nicht in DB2 und nicht in JET.

2.8.3 Vorhandene Spalten mit DROP löschen

Mit dem Zusatz DROP wird das System angewiesen, eine vorhandene Spalte zu löschen. Die Spalte wird mit ihrem Namen genannt. In DB2 kann der Zusatz DROP nur zum Löschen des PRIMARY KEY (DROP PRIMARY KEY) oder des FOREIGN KEY (DROP FOREIGN KEY) eingesetzt werden. Informationen dazu finden Sie im folgenden Abschnitt.

Beispiel für INFORMIX: Die Spalte MENGE soll gelöscht werden.

```
I          ALTER TABLE ueb9 DROP                      (A2703)
           (
           menge
           )
```

In MySQL, JET und ab ORACLE8i ohne Klammern:

```
J,M,O      ALTER TABLE ueb9 DROP menge                (A2703)
```

2.8.4 Tabellennamen ändern

In DB2, INFORMIX, MySQL und ORACLE können Sie mit dem Datenbankbefehl RENAME Tabellen nachträglich umbenennen.

Beispiel: Die Tabelle *ueb9* soll in *ueb1* umbenannt werden:

```
I,M        RENAME TABLE ueb9 TO ueb1                  (A2704)
O,D        RENAME ueb9 TO ueb1                        (A2704)
```

2.8.5 Spaltennamen ändern

In INFORMIX können Sie mit RENAME nachträglich auch Spaltennamen ändern. Die zu ändernde Spaltenbezeichnung muss in der Anweisung mit dem Namen der Tabelle qualifiziert werden.

Beispiel: Die Spalte *uebbez* soll in *uebzkette* umbenannt werden:

```
I        RENAME Column ueb9.uebbez TO uebzkette (A2705)
```

In MySQL ändern Sie Spaltennamen mit CHANGE im Befehl ALTER:

```
M        ALTER TABLE ueb9 CHANGE uebbez uebzkette VARCHAR(25)
```

2.9 Übungen

UE2901: Erstellen Sie die Tabelle *ueb2* mit folgender Tabellenstruktur:

Datenfeld	**Datentyp**	**Länge**	**Spaltenbedingung**
uenr	Numerisch: SMALLINT		NOT NULL
uename	Text: CHAR	15	
uegehalt	Numerisch: DECIMAL/ NUMERIC	8,2	
uedatum	Datum DATE		

UE2902: Geben Sie mit INSERT INTO Daten in die Tabelle ueb2 ein.

uenr	**uename**	**uegehalt**	**uedatum**
23	Heinrich	4239,50	23.05.1944
5	Berta	999999,00	01.01.1932
659	Oskar		29.03.1939

UE2903: Zeigen Sie auf dem Bildschirm alle Zeilen der Tabelle *ueb2* an.

UE2904: Geben Sie nur die Zeile mit der *uenr* 5 aus.

UE2905: Geben Sie alle Zeilen der Spalten *uenr* und *uename* aus.

Ue2906: Fügen Sie in der Tabelle *ueb2* die neue Tabellenspalte *uemenge* mit dem Datentyp INTEGER ein.

UE2907: Ändern Sie den Datentyp der Tabellenspalte *uemenge* um in ein numerisches Feld mit 7 Vor- und 3 Nachkommastellen. In DB2 gibt es dafür keine entsprechende Anweisung.

UE2908: Löschen Sie die Spalte *uegehalt* aus der Tabelle. Die entsprechende Anweisung läuft nicht in DB2.

UE2909: Ändern Sie in der Zeile mit der *uenr* 659 den Wert in «Oskar Werner» und den Wert in *uedatum* in «21.05.1940».

UE2910: Löschen Sie die Werte der Zeile mit dem Namen «Berta».

UE2911: Benennen Sie die Tabelle *ueb2* um in *ueb3*. Die entsprechende Anweisung läuft nicht in JET.

UE2912: Löschen Sie die Tabelle *ueb3* (in DB2 und JET: *ueb2*).

2.10 Lösungen

UE2901:

```
CREATE TABLE ueb2
     (
     uenr          SMALLINT NOT NULL,
     uename        CHAR(15),
     uegehalt      DECIMAL(8,2),(1)
     uedatum       DATE
     )
(1) NUMERIC in JET
```

UE2902:

```
INSERT INTO ueb2 VALUES
     (23, 'Heinrich', 4239.50, '23.05.1944')
INSERT INTO ueb2 VALUES
     (5, 'Berta', 999999.00, '01.01.1932')
```

```
INSERT INTO ueb2 (uenr, uename, uedatum) VALUES
    (659, 'Oskar', '29.03.1939')
```

Beachten Sie, dass in ORACLE und JET die Datumswerte andere Strukturen haben.

UE2903:

```
SELECT * FROM ueb2
```

UE2904:

```
SELECT * FROM ueb2
    WHERE uenr = 5
```

UE2905:

```
SELECT uenr, uename FROM ueb2
```

UE2906:

```
ALTER TABLE ueb2 ADD                                    (1)
    (
    uemenge INTEGER
    )
(1) Lösung in INFORMIX
    ALTER TABLE ueb2 ADD uemenge INTEGER                (2)
(2) Lösung in DB2
```

UE2907:

```
ALTER TABLE ueb2 MODIFY                                 (1)
    (
    uemenge DECIMAL (10,3)
    )
(1) Läuft nicht in DB2, JET
```

UE2908:

```
ALTER TABLE ueb2 DROP                                   (1)
    (
    uegehalt
    )
(1) Läuft nicht in DB2, JET, ORACLE
ALTER TABLE ueb2 DROP uegehalt                          (2)
(2) Lösung in JET
```

UE2909:

```
UPDATE ueb2
    SET uename = 'Oskar Werner',
    uedatum = '21.05.1940'                              (1)
    WHERE uenr = 659
(1) Läuft in JET, ORACLE andere Datumsformate
```

UE2910:

```
DELETE FROM ueb2
     WHERE uename = 'Berta'
```

UE2911:

```
RENAME TABLE ueb2 TO ueb3   <- INFORMIX, MySQL
RENAME ueb2 TO ueb3         <- ORACLE, DB2
```

UE2912:

```
DROP TABLE ueb3             <- INFORMIX, ORACLE, DB2
DROP TABLE ueb2             <- JET
```

3 Relationale Datenbank entwickeln

3.1 Vorgehensweise

Die Entwicklung einer Datenbank vollzieht sich in mehreren Schritten. Zunächst ist festzustellen, welche Informationen die Anwender vom Datenbanksystem erwarten. Aufgrund dieser Erhebung leitet der Entwickler ab, welche Tabellen aufzubauen sind. Ferner legt er die Datentypen der einzelnen Tabellenspalten fest. Diesen Prozess bezeichnet man auch als Datenmodellierung. Erst nach Abschluss der Datenmodellierung können die CREATE-Anweisungen formuliert werden, mit denen die Datenbank und ihre Tabellen eingerichtet werden. Der Entwicklungsprozess vollzieht sich also in drei Schritten:

1. Informationsstruktur
2. Datenstruktur
3. Aufnahmestruktur

Bei der Ermittlung der Informationsstruktur sind prinzipiell zwei Vorgehensweisen möglich: Bottom-up- oder Top-down-Verfahren.

Bottom-up-Verfahren
Beim Bottom-up-Verfahren ist in der Regel ein spezielles Problem der Ausgangspunkt für die Datenbankentwicklung. Dabei werden die im Unternehmen bereits eingesetzten Belege und Dateien untersucht und daraus abgeleitet, welche Informationen das Datenbanksystem liefern soll. Bei einer kleinen Anwendung im privaten Bereich mag dieses Verfahren hinreichend sein. In Unternehmen, in denen eine Vielzahl von Anforderungen an die Datenbank gestellt werden, kann diese Entwurfsmethode zu einer Vielzahl von Datenbanken führen, die nicht aufeinander abgestimmt sind. Es besteht dann die Gefahr, dass Daten in verschiedenen Tabellen redundant, also mehrfach geführt werden.

Top-down-Verfahren

Beim Top-down-Verfahren bestimmt nicht die einzelne Anwendung, sondern die Informationsanforderungen aller späteren Datenbanknutzer die Entwicklung des Datenmodells. So geben beispielsweise die verschiedenen Abteilungen an, welche Informationen sie über die Mitarbeiter benötigen. Aus den einzelnen Anforderungen wird also abgeleitet, was an Informationen über die Mitarbeiter in der Datenbank enthalten sein muss. Für alle Datenbankanwendungen gibt es dann nur eine einzige Personentabelle. Es werden somit keine Daten mehrfach gespeichert.

Im Folgenden wird die Top-down-Methode eingesetzt.

3.2 Grundsätze

Daten werden seit Anbeginn der automatisierten Datenverarbeitung in Dateien gespeichert. In der Regel waren die Dateien nicht aufeinander abgestimmt. So kam es beispielsweise vor, dass die Personaldaten eines Mitarbeiters in mehreren Dateien gespeichert wurden. Abgesehen von dem Mehraufwand an Speicher ist eine solche Doppelspeicherung gleicher Daten mit Risiken der Mutationsanomalien behaftet. Unter Mutationsanomalie versteht man, dass sich in einem Dateisystem Unregelmäßigkeiten einstellen, wenn Daten verändert werden. Beispielsweise wird in der Lohndatei das Geburtsdatum eines Mitarbeiters korrigiert, in der Mitarbeiterstammdatei jedoch unterbleibt die Änderung.

Keine Redundanz

Um sich die Programmierung der Briefschreibung zu erleichtern, wurde beispielsweise eine Adressdatei wie folgt aufgebaut:

Vor-/Hausname	Vorname	Straße	PLZ
Walter Wolters	Walter	Birkenweg 1	44121
Werner Wissing	Wernher	Steinweg 6	44521
Siegfried Soller	Sigfried	Seestr. 12	44622

Der Vorname einer Person wird in zwei verschiedenen Spalten gespeichert. Das führt zu einem unnötigen Mehraufwand an Speicherplatz und Arbeit. Darüber hinaus besteht bei der Mehrfachspeicherung die Gefahr, dass die Doppelangaben nicht übereinstimmen oder sich gar widersprechen. Deshalb darf jede Angabe zu einer Person oder Sache nur einmal in der Datenbank gespeichert sein.

Eindeutigkeit

Eine Datenbank enthält Angaben zu den Eigenschaften einer Person oder Sache. Mittels dieser Angaben muss eindeutig eine bestimmte Entität identifizierbar sein. Bezogen auf eine Personendatei müssen die Angaben in der Weise beschaffen sein, dass sie nur auf eine ganz bestimmte Person zutreffen können.

Das Datenbankverwaltungsprogramm verfügt nicht über einen definierten Zugriffsweg auf einen bestimmten Datensatz. Deshalb muss in jeder Zeile einer Tabelle ein Wert enthalten sein, der diesen Eintrag eindeutig kennzeichnet. Um die Eindeutigkeit der Tabellenzeilen zu gewährleisten, erweitert man den Datensatz um ein Identifikationsmerkmal. So wird beispielsweise dem Personaldatensatz eine Personalnummer, dem Artikelsatz eine Artikelnummer hinzugefügt. Durch ein solches Identifikationsmerkmal wird die eindeutige Zuordnung zwischen den Daten in der Tabellenzeile und der zu beschreibenden Entität sichergestellt. Dieses Merkmal wird **Schlüsselbegriff**, **Schlüsselattribut** oder einfach nur **Schlüssel** genannt.

Beim Festlegen des Schlüsselbegriffs kann man selber einen Schlüssel definieren, man kann aber auch einen fremddefinierten Schlüssel verwenden. Bei einem Buch ist beispielsweise die ISBN ein fremdbestimmter Schlüssel, bei einer Person die Sozialversicherungsnummer. Da aber Umstände eintreten können, die zu einer Änderung solcher fremddefinierten Schlüssel führen, die von dem Datenbankverwalter nicht kontrolliert werden können, empfiehlt es sich trotz des Mehraufwandes, eigendefinierte Schlüssel zu verwenden.

Entitäten – keine Prozessdaten

Prozessdaten sind solche Daten, die durch einen Rechenprozess gebildet werden. Werden Prozessdaten gespeichert, so besteht die Gefahr, dass diese Daten in kurzer Zeit nicht mehr richtig sein werden. Das mag folgendes Beispiel zeigen: Neben dem Geburtsdatum wird bei der Ersterfassung auch das Alter der Person in den Datensatz eingetragen. Spä-

testens nach einem Jahr ist dieser Eintrag falsch. Die Altersangabe ist ein Prozessdatum, das sich aus der Differenz von aktuellem Datum und Geburtsdatum errechnet.
Diese Grundsätze müssen unbedingt beachtet werden, damit eine redundanzfreie, erweiterungsfähige und anwendungsunabhängige Datenbank geschaffen werden kann. Damit das gelingt, hat E. J. Codd, der Erfinder der relationalen Datenbank, ein System von Regeln formuliert. Die Regeln werden **Normalformen** genannt. Ihre Anwendung wird im nachfolgenden Kapitel dargestellt.

3.3 Datenmodell entwickeln

3.3.1 Informationsstruktur ableiten

Im ersten Schritt werden die Informationsanforderungen, die im Unternehmen gestellt werden, erfasst und analysiert. Das Ergebnis der Analyse ist die Zusammenstellung der benötigten Informationen, also die Informationsstruktur. Das Ableiten der Informationsstruktur wird nachstehend an einem Beispiel ausführlich dargestellt.

Beispielfall: Das Ingenieurbüro UBR berät Firmen in Fragen der automatischen Fertigungssteuerung und des innerbetrieblichen Transports und führt die entsprechenden Planungen durch. Aus dem ehemaligen Zweimannbetrieb ist inzwischen ein Unternehmen mit insgesamt acht Mitarbeitern entstanden, die die Aufträge in der Regel im Team durchführen. Das Unternehmen gliedert sich in folgende Bereiche:

Abteilungsnummer	Abteilungsname
1	Geschäftsleitung
2	Verwaltung
3	Steuerung
4	Transport

Aufgrund des Wachstums und der Teamarbeit wurde es notwendig, den Mitarbeitern eine leistungsgerechte Honorierung anzubieten. Man hat sich deshalb entschlossen, zusätzlich zu einem Grundgehalt und den Familienzuschlägen eine Prämie auszuschütten. Um mit möglichst ge-

ringem Aufwand die Bruttolohnabrechnung zu bewerkstelligen, soll ein Datenbanksystem eingerichtet werden.
Bei der Hereinnahme und Abwicklung von Aufträgen fallen eine Reihe von Tätigkeiten an, die in einem Tätigkeitskatalog zusammengestellt sind:

Tätigkeitskatalog		
Kennziffer	Bezeichnung	Stundenverrechnungspreis
1	Akquisition	90.00
2	Vorbesprechung	100.00
3	Beratung	130.00
4	Projektentwurf	120.00
5	Kalkulation	110.00
6	Zeichnen	90.00
7	Schreibarbeiten	80.00

Für diese Tätigkeiten sind von der Kostenrechnung als innerbetriebliche Stundenverrechnungspreise die so genannten Tätigkeitspreise festgelegt worden. Die Tätigkeitspreise decken die Selbstkosten. Ferner enthalten sie einen Gewinnzuschlag für das Unternehmen.
Die Mitarbeiter der Abteilungen Leitung, Steuerung und Transport berichten täglich auf einem Tätigkeitsnachweis, wie viel Zeit und in welcher Tätigkeitsart sie an den verschiedenen Aufträgen gearbeitet haben.

Beispiel: Der Mitarbeiter Meieris mit der Personalnummer 7 meldet am 01.03.2002, dass er für den Auftrag 2222 6.5 Stunden gezeichnet hat. Die Tätigkeitsnummer für das Zeichnen ist 6. Die Berichtsnummer leitet sich aus der umgekehrten Schreibweise des Datums des Arbeitstages ab.

Tätigkeitsnachweis				
Name: Heinz Meieris			Personalnummer: 7	
Berichts-nummer	Auftrags-nummer	Tätigkeits-nummer	Tätigkeits-bezeichnung	Stunden
20020301	2222	6	Zeichnen	6.50
20020301	3333	5	Kalkulation	1.50

Der monatliche Bruttolohn errechnet sich aus der Summe von Grundgehalt, Familienzuschlag und Prämie. Der Bruttolohn ist vertraglich für jeden Mitarbeiter festgelegt. Die Regelung des Familienzuschlages sieht einen Zuschlag von 60 € für den Ehepartner und 40 € für jedes Kind vor.
Bei der Berechnung der persönlichen Prämie werden die bei einem Auftrag erbrachten Leistungen aller Mitarbeiter dem Auftragswert gegenübergestellt. Die Differenz ist die zu verteilende Prämie. Sie wird im Verhältnis der persönlichen Leistung zur Gesamtleistung auf die einzelnen Mitarbeiter aufgeteilt.
Weiterhin stellt die Personalabteilung folgende Informationsanforderungen. Sie möchte hinsichtlich eines jeden Mitarbeiters wissen,

- zu welcher Abteilung er gehört,
- wer sein Vorgesetzter ist,
- wann er in das Unternehmen eingetreten ist und
- wie hoch der Bruttolohn in den einzelnen Monaten war.

Auch soll feststellbar sein, von welchen Mitarbeitern die verschiedenen Abteilungen geführt werden. Das Unternehmen weist derzeit folgende Organisationsstruktur auf.

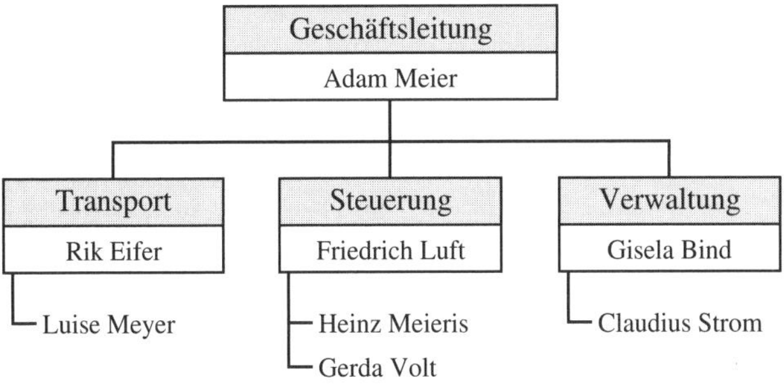

Aus den obigen Anforderungen ist nun abzuleiten, welche Personalinformationen benötigt werden. Diese Zusammenstellung der für das Informationssystem erforderlichen Daten wird **Informationsstruktur** genannt.

Informationsstruktur	
Datenfeld	**Bedeutung**
Personalnummer	eindeutige Identifizierung des Mitarbeiters
Nachname	Name des Mitarbeiters
Vorname	Vorname des Mitarbeiters
Geschlecht	männlich (M) / weiblich (W)
F.Mitgl.Vorname	Vornamen der Familienmitglieder
Verwandtschafts-verhältnis	Ehemann, Ehefrau, Sohn, Tochter
Familienzuschuss	Gehaltszuschuss je Familienmitglied
Eintrittsdatum	Tag des Eintritts in das Unternehmen
Grundgehalt	Mindestgehalt lt. Arbeitsvertrag
Monatsgehälter	Grundgehalt + Prämie + Familienzuschuss in den verschiedenen Monaten
Tätigkeitsnummer	Nummer lt. Tätigkeitskatalog
Tätigkeits-bezeichnung	Akquisition, Vorbesprechung, Beratung, Projekt-entwurf, Kalkulation, Zeichnen, Schreibarbeiten
Tätigkeitspreise	Verrechnungspreis je Leistungsart
Tätigkeitsstunden	geleistete Stunden je Auftrag und Art
Auftragsnummer	Kennzeichnung des Auftrages
Auftragswert	vereinbarter Rechnungswert
Abrechnungsdatum	Datum der Rechnungsstellung
Berichtsnummer	Nummer JJMMTT für den Tätigkeitsnachweis
Abteilungsname	Leitung, Verwaltung, Steuerung, Transport
Abteilungsleiter Vorgesetzter	Angabe der Personalnummer des Vorgesetzten

3.3.2 Datenstruktur – konzeptionelles Datenmodell

Die in der Informationsstruktur festgelegten Datenfelder können nicht einfach in eine Tabelle übernommen werden, da dann nicht die Redundanzfreiheit gewährleistet ist. Das muss aber nach der Regel der ersten Normalform sichergestellt sein. Die Regel besagt:

> Eine Tabelle befindet sich in der **Ersten Normalform**, wenn jedes Attribut nur einmal in der Tabelle vorkommt.

Diese Vorschrift fordert, dass sich wiederholende Daten, Wiederholungsdaten also, in eine gesonderte Tabelle auszugliedern sind. Diesen Vorgang der Ausgliederung von Datenfeldern bezeichnet man als **Normalisierung**. Bei der Zuordnung der Datenfelder auf Tabellen ist nämlich zu beachten, dass die Anzahl der Spalten einer Tabelle nicht variabel ist. Sie kann nicht von Satz zu Satz geändert werden. Das zeigt das folgende Beispiel einer Tabelle, die die Familienstandsdaten der Mitarbeiter enthält.

p-nr	name	vorname	ehepartner	1. kind	2. kind	3. kind
14	Bethe	Bernd	Monika	Bernd	Susi	Petra
15	Doren	Dorle	Heinrich	Willi	Dieter	–
16	Hamm	Heiko	–	–	–	–

Wenn die Mitarbeitertabelle in dieser Form aufgebaut wird, ergeben sich zwei Unzulänglichkeiten. Die eine besteht darin, dass in jeder Zeile Platz für eventuelle Einträge der Familienangehörigen vorgehalten werden muss. Bei ledigen Mitarbeitern bedeutet das eine Verschwendung von Speicherplatz. Die zweite Unzulänglichkeit: Bernd und Monika Bethe haben ein 4. Kind bekommen. Bei dieser Datenstruktur kann es nicht berücksichtigt werden. Deshalb ist die obige Datenstruktur nicht geeignet, die möglichen Familienstandsdaten aufzunehmen.

Die Angaben zu den Familienangehörigen sind Attribute, die sich wiederholen. Sie stellen somit **Wiederholungsdaten** dar und werden deshalb in eine eigene Tabelle ausgelagert. Die Tabellen lauten dann:

Tabelle *personal*

p-nr	name	vorname
14	Bethe	Bernd
15	Doren	Dorle
16	Hamm	Heiko

Tabelle *familienstand*

vorname	verwandtschaftsverhältnis
Monika	Ehefrau
Bernd	Sohn
Susi	Tochter
Petra	Tochter
Heinrich	Ehemann
Willi	Sohn
Dieter	Sohn

Die Auslagerung der Wiederholungsdaten in eine eigene Tabelle löst die obigen Probleme. Die Platzverschwendung wird vermieden. Das Eintragen eines weiteren Familienmitgliedes ist problemlos möglich, da an eine Tabelle beliebig viele Zeilen angefügt werden können. Bei der obigen Form der Familienstandstabelle ist aber die Information verloren gegangen, auf welchen Mitarbeiter sich die Angaben beziehen. Damit jederzeit festgestellt werden kann, zu welchem Mitarbeiter die Familienstandsdaten gehören, wird die Tabelle um eine Spalte *p-nr* erweitert. In ihr wird bei jedem Eintrag die Nummer des Mitarbeiters vermerkt.

p-nr	name	vorname
14	Bethe	Bernd
15	Doren	Dorle
16	Hamm	Heiko

p-nr	vorname	verwandtschaftsverhältnis
14	Monika	Ehefrau
14	Bernd	Sohn
14	Susi	Tochter
14	Petra	Tochter
15	Heinrich	Ehemann
15	Willi	Sohn
15	Dieter	Sohn

Die Personalnummer in der Spalte *p-nr* stellt also die Verbindung zwischen den beiden Tabellen her. Man bezeichnet sie deshalb als **Schlüssel**.

Bei Schlüsseln unterscheidet man Primärschlüssel und Fremdschlüssel oder Bezugsschlüssel. In der Tabelle *personal* stellt die Personalnummer einen **Primärschlüssel** dar. Er darf in dieser Tabelle nur einmal vorkommen, weil er einen Datensatz eindeutig identifiziert. Würde dort beispielsweise der Schlüssel zweimal vergeben werden, so wäre kein eindeutiger Zugriff auf einen genau bestimmten Datensatz mehr möglich.

In der Tabelle *familienstand* stellt die Personalnummer einen **Fremdschlüssel** oder einen **Bezugsschlüssel** dar. Über diesen Schlüsseleintrag wird die Beziehung zur Personaltabelle hergestellt. Ein Bezugsschlüssel darf in einer Tabelle mehrfach auftreten.

> Unter Anwendung von Bezugsschlüsseln kann man Datenfelder auf verschiedene Tabellen aufteilen, ohne Informationen zu verlieren.

Diese Erkenntnis über die Notwendigkeit des Ausgliederns von Wiederholungsdaten ist nun auf die obige Informationsstruktur anzuwenden. Um zu erkennen, welche Datenfelder auszugliedern sind, empfiehlt es sich, geeignete Testdaten einzusetzen. Das zeigt das nachstehende Beispiel:

Personal		
Datenfeld	**Beispielwerte**	
PERSONALNUMMER	5	
Nachname	Luft	
Vorname	Friedrich	
Geschlecht	M	
F.Mitgl.Vorname	Beate	Wiederholungsgruppe
Verwandtschaft	Ehefrau	Familienmitglieder
Familienzuschuss	60.00	
F.Mitgl.Vorname	Heinz	Wiederholungsgruppe
Verwandtschaft	Sohn	Familienmitglieder
Familienzuschuss	40.00	
Abteilungsname	Steuerung	
Eintrittsdatum	15.05.1985	
Grundgehalt	4500.00	
M.Gehalt Jan 2002	5000.00	Wiederholungsfelder
M.Gehalt Feb 2002	6063.63	Monatsgehälter
M.Gehalt	...	

Berichtsnummer	20020228	Wiederholungsgruppe Leistungsbericht
Auftragsnummer	1111	
Tätigkeitsnummer	3	
Tätigkeitsbezeichnung	Beratung	
Tätigkeitsstunden	4	
Tätigkeitspreis	130.00	
Berichtsnummer	20020228	Wiederholungsgruppe Leistungsbericht
Auftragsnummer	1111	
Tätigkeitsnummer	2	
Tätigkeitsbezeichnung	Vorbesprechung	
Tätigkeitsstunden	1.5	
Tätigkeitspreis	100.00	
Berichtsnummer	20020228	Wiederholungsgruppe Leistungsbericht
Auftragsnummer	2222	
Tätigkeitsnummer	5	
Tätigkeitsbezeichnung	Kalkulation	
Tätigkeitsstunden	3	
Tätigkeitspreis	110.00	

Folgende Datenfelder der Informationsstruktur können nicht sinnvoll der Personalnummer zugeordnet werden:

Auftragswert
Abrechnungsdatum
Abteilungsleiter

Weil sie nicht unmittelbar mit dem Mitarbeiter, der durch die Personalnummer identifiziert wird, in Verbindung gebracht werden können, müssen diese Datenfelder in weitere Tabellen eingebracht werden. Die Untersuchung der Personaltabelle auf Wiederholungsdaten zeigt, dass eine Reihe von Datenfeldern wiederholt auftritt. Sie sind aus der Personaltabelle zu entfernen und in eigenständige Tabellen einzubringen. Es ergeben sich dann drei neue Tabellen:

- *familienmitglieder*
- *monatsgehälter*
- *leistungsbericht*

Tabelle *familienmitglieder*

Wie bei den obigen Vorüberlegungen zur Ausgliederung von Informationen in eine andere Tabelle dargelegt wurde, muss die neue Tabelle nicht nur Spalten für die Wiederholungsdaten, sondern auch eine Spalte für den Bezugsschlüssel aufweisen. Die Tabelle, die die Daten der Wiederholungsgruppe Familienmitglieder aufnimmt, könnte dann wie folgt aufgebaut sein:

Tabelle familienmitglieder			
personal-nummer	familienmitglieds-vorname	verwandt-schaft	familien-zuschuss
5	Beate	Ehefrau	60.00
5	Heinz	Sohn	40.00

Diese Tabellenstruktur ist aber noch zu überarbeiten. Auf jede Zeile einer Tabelle muss man über einen Schlüssel eindeutig zugreifen können. Das ist in der obigen Tabelle nicht mehr gewährleistet, da der Schlüssel Personalnummer in mehreren Zeilen denselben Wert aufweist. Da es aber möglich sein soll, jeden Datensatz einer Tabelle mit einem eindeutigen Schlüssel anzusprechen, muss der Schlüssel erweitert werden, beispielsweise um eine Familienmitgliedsnummer.

Tabelle familienmitglieder				
personal-nummer	familienmitglieds- **nummer**	vorname	verwandt-schaft	familien-zuschuss
5	1	Beate	Ehefrau	60.00
5	2	Heinz	Sohn	40.00

Die Felder *personalnummer* und *familienmitgliedsnummer* bilden nun einen **zusammengesetzten Schlüssel.** Die neu gebildete Tabelle ist ebenfalls hinsichtlich der Ersten Normalform zu überprüfen. Dabei ist festzustellen, dass sich die Werte im Verwandtschaftsfeld wiederholen. Deshalb wird eine neue Tabelle *verwandtschaftsgrade* gebildet, die wie folgt aufgebaut ist:

Tabelle verwandtschaftsgrade	
verwandtschaftsschlüssel	verwandtschaft
m	Ehemann
f	Ehefrau
s	Sohn
t	Tochter

In der Tabelle *familienmitglieder* wird das Feld Verwandtschaft ersetzt durch *verwandtschlüssel*. Dadurch wird der Datensatz für Familienmitglieder kürzer.

Tabelle familienmitglieder				
personal-nummer	familienmitglieds- **nummer**	vorname	verwandt-schlüssel	familien-zuschuss
5	1	Beate	f	60.00
5	2	Heinz	s	40.00

Tabelle *monatsgehälter*

Bei der Festlegung der Tabellenstruktur *monatsgehälter* ist zu berücksichtigen, dass die Monatsgehälter nicht nur in Beziehung zur Personalnummer, sondern auch zum Jahr und zum Monat stehen, in dem sie gezahlt wurden. Deshalb enthält die Tabelle *monatsgehälter* neben einer Spalte, in der das Monatsgehalt eingetragen wird, auch Spalten für *personalnummer, jahr* und *monat*. Sie weist also einen Schlüssel auf, der sich aus drei Elementen zusammensetzt.

Tabelle monatsgehälter			
personalnummer	**jahr**	**monat**	m-gehalt
5	2002	1	5000.00
5	2002	2	6063.63

Tabelle *leistungsbericht*

Die Ausgliederung der Wiederholungsgruppen des Leistungsberichtes führt zu einer Tabelle, in der sich der Schlüssel aus den Datenfeldern *personalnummer, berichtsnummer, auftragsnummer* und *tätigkeitsnummer* zusammensetzt. Diese Angaben werden benötigt, um die erbrachte Leistung zu identifizieren. Die Tabelle *leistungsbericht* weist somit folgende Struktur auf:

Tabelle leistungsbericht						
personal-nummer	**berichts-nummer**	**auftrags-nummer**	**tätigkeits-nummer**	bezeichnung	stunden	preis
5	20020228	1111	3	Beratung	4	130.00
5	20020228	1111	2	Vorbesprech.	1.5	100.00
5	20020228	1111	5	Kalkulation	3	110.00

Mit der Ausgliederung der Wiederholungsdaten sind aus der unnormalisierten Tabelle *personal* mehrere Tabellen entstanden, die sich in der Ersten Normalform befinden. Die Tabelle *personal* weist nun folgende Struktur auf:

Tabelle personal	
Spaltenname	**Beispielwerte**
PERSONALNUMMER	5
Nachname	Luft
Vorname	Friedrich
Geschlecht	M
Abteilungsname	Steuerung
Vorgesetzter	10
Eintrittsdatum	15.05.1985
Grundgehalt	4500.00

Weitere Tabellen sind noch erforderlich, um die bislang nicht zugewiesenen Datenfelder aufzunehmen. Die Datenfelder Auftragswert und Abrechnungsdatum kann man als eine eigene Entitätsklasse auffassen und in einer Tabelle zusammenfassen. Der Schlüssel für diese Tabelle ist die Auftragsnummer.

Tabelle auftrag		
auftragsnummer	auftragswert	abrechnungsdatum

Diese Tabelle, so zeigt bereits der erste Blick, befindet sich in der Ersten Normalform. Somit bleibt als Restposten das Datenfeld Abteilungsleiter. Es ist nun zu prüfen, wie dieses Datenfeld am günstigsten in die Datenbank eingebracht werden kann. Der Abteilungsleiter ist als Mitarbeiter durch seine Personalnummer identifizierbar. Dennoch kann man kein Feld Abteilungsleiter in die Personaltabelle einfügen, weil dieses Feld nur bei wenigen Mitarbeitern benötigt wird. In der Fachsprache würde man sagen, dass zwischen Personalnummer und Abteilungsleiter keine direkte Abhängigkeit besteht. Wohl aber besteht eine solche Abhängigkeit zwischen der Abteilung und dem Leiter der Abteilung. Somit bietet es sich an, eine Tabelle Abteilung zu schaffen, die folgende Struktur aufweist:

Tabelle abteilung		
abteilungsnummer	abteilungsname	abteilungsleiter
1	Leitung	10
2	Verwaltung	9
3	Steuerung	5
4	Transport	1

Die Einführung einer Tabelle *abteilung* hat eine positive Auswirkung auf die Tabelle *personal*. Das dortige Datenfeld Abteilungsname kann nun ersetzt werden durch das Datenfeld Abteilungsnummer. Das hat den Vorteil, dass die Länge des Personaldatensatzes verkleinert wird. Auch sinkt der Eingabeaufwand, wenn statt des Namens nur die Nummer der Abteilung bei dem Mitarbeiter anzugeben ist. Die Personaltabelle lautet dann:

Tabelle personal	
Spaltenname	**Beispielwerte**
PERSONALNUMMER	5
Nachname	Luft
Vorname	Friedrich
Geschlecht	M
Abteilungsnummer	3
Vorgesetzter	10
Eintrittsdatum	15.05.1985
Grundgehalt	4500.00

Zweite Normalform

> Eine Datei ist in der **Zweiten Normalform,** wenn sie der Ersten Normalform entspricht und die Nichtschlüsselfelder ausschließlich vom Gesamtschlüssel, nicht von einem Teilschlüssel abhängen.

Die Zweite Normalform bezieht sich vor allem auf solche Tabellen, die über einen zusammengesetzten Schlüssel verfügen. Alle Nichtschlüsselfelder müssen vom Gesamtschlüssel abhängen. Besteht eine Abhängigkeit nur von einem Teil des zusammengesetzten Schlüssels, so müssen die betreffenden Felder ausgegliedert werden.
Ein Beispiel mag die Notwendigkeit verdeutlichen. Es wird angenom-

men, dass die Mitarbeiter auch noch zu besonderen Anlässen steuerfreie Prämien erhalten, die nicht in die Monatsgehälter einbezogen werden, sondern in Form von Sonderzahlungen irgendwann im Laufe des Jahres ausgezahlt werden. Würde man sie in die Tabelle Monatsgehälter aufnehmen, so ergäbe sich folgendes Bild:

Tabelle monatsgehälter			
personalnummer	jahr	monat	m-gehalt
5	2002	1	5000.00
5	2002	2	6063.63
5	**2002**	**??**	**2000.00**

Die Sonderzahlung in Höhe von 2000,00 € ist wohl der Person und dem Jahr zuzurechnen. Da die Zahlung keinen Bezug zu einem bestimmten Monat aufweist, besteht nur eine Abhängigkeit von der Personalnummer und dem Jahr. Sie ist nicht vom Gesamtschlüssel, sondern nur von Teilen des Schlüssels abhängig.

Zusammengesetzte Schlüssel liegen in folgenden Tabellen vor:

- *familienmitglieder*
- *monatsgehälter*
- *leistungsbericht*

In der Tabelle *familienmitglieder* besteht der Gesamtschlüssel aus *personalnummer* und *familienmitgliedsnummer*. Diese beiden Teilschlüssel bestimmen eindeutig das Familienmitglied mit Namen, Verwandtschaftsverhältnis und Familienzuschuss. Bei der Tabelle *monatsgehälter* wurde bereits bei den Vorüberlegungen festgestellt, dass sie die Forderung der Zweiten Normalform erfüllt.

Die Tabelle *leistungsbericht* weist einen Gesamtschlüssel auf, der sich aus den Schlüsselfeldern *personalnummer, berichtsnummer, auftragsnummer* sowie *tätigkeitsnummer* zusammensetzt. Die Nichtschlüsselfelder *tätigkeitsbezeichnung* und *tätigkeitspreis* sind jedoch nicht vom Gesamtschlüssel, sondern nur von dem Teilschlüssel *tätigkeitsnummer* abhängig. Somit ist die Tabelle *leistungsbericht* umzustrukturieren und erhält hier den Namen *tätigkeitsposten*. Ihr Aufbau:

Tabelle tätigkeitsposten				
personal-nummer	**berichts-nummer**	**auftrags-nummer**	**tätigkeits-nummer**	stunden
5	20020228	1111	3	4
5	20020228	1111	2	1.5
5	20020228	1111	5	3

Die ausgegliederten Felder werden in eine neue Tabelle *tätigkeitsarten* eingebracht. Ergänzt um die weiteren Tätigkeitsarten, ist die Tabelle wie folgt aufgebaut:

Tabelle tätigkeitsarten		
tätigkeits-nummer	bezeichnung	preis
1	Akquisition	70.00
2	Vorbesprechung	100.00
3	Beratung	130.00
4	Projektentwurf	100.00
5	Kalkulation	110.00
6	Zeichnen	70.00
7	Schreibarbeiten	60.00

Dritte Normalform

Eine Datei ist in der **Dritten Normalform,** wenn sie der Zweiten Normalform entspricht und die Nichtschlüsselfelder nicht von anderen Nichtschlüsselfeldern abhängen.

Nach der Dritten Normalform sind Datenfelder, die von Nichtschlüsselfeldern abhängen, in eine eigene Tabelle auszugliedern. Betrachtet man die Tabelle *familienmitglieder* mit ihren Beispielwerten, so könnte hier ein Verstoß gegen die Dritte Normalform vorliegen:

Tabelle familienmitglieder				
personal-nummer	familienmitglieds- **nummer**	vorname	verwandt-schlüssel	familien-zuschuss
5	1	Beate	f	60,00
5	2	Heinz	s	40,00
8	1	Christa	f	60,00

personal-nummer	familienmitglieds-**nummer**	vorname	verwandt-schlüssel	familien-zuschuss
10	1	Hanna	f	60.00
10	2	Theo	s	40.00
10	3	Else	t	60.00

Wie aus der Tabelle zu entnehmen ist, erhalten Mitarbeiter für ihren Ehepartner einen Zuschlag von 60 €. Für Söhne beträgt der Zuschlag 40 €. Daraus ließe sich die Vermutung ableiten, dass die Höhe des Familienzuschusses von dem Verwandtschaftsschlüssel abhängt:

Verwandtschafts-schlüssel	Familienzuschuss
f	—> 60.00
s	—> 40.00
t	—> 60.00

Für diesen Fall wäre das Feld *familienzuschuss* von dem Nichtschlüsselfeld *verwandtschlüssel* abhängig und müsste ausgegliedert werden. In dem vorliegenden Fall besteht die vermutete Abhängigkeit nicht, da in den Arbeitsverträgen die Zuschüsse für die Familienmitglieder gesondert festgelegt werden.

Die Überprüfung der übrigen Tabellen ergibt keine Verstöße gegen die Forderung der Dritten Normalform. Damit sind die erforderlichen Tabellen abgeleitet.

Denormalisierung

Die starke Aufgliederung der einzelnen Informationselemente in eine Vielzahl von Tabellen hat den Nachteil, dass der Rechner bei Suchvorgängen, die sich über mehrere Tabellen erstrecken, viel Zeit benötigt. Kommt es zu unerträglich langen Antwortzeiten, so wird das Datenmodell umgebaut, indem Ausgliederungen wieder zurückgenommen werden. Diesen Vorgang bezeichnet man als Denormalisierung.

Nach Abschluss der Normalisierung besteht das Datenbankmodell aus folgenden Tabellen:

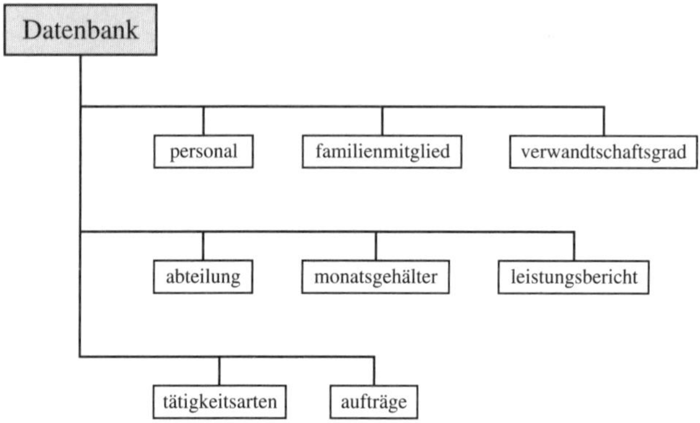

3.3.3 Beziehungen zwischen den Tabellen untersuchen

Das Datenmodell ist in zweierlei Hinsicht zu prüfen. Zum einen muss sichergestellt sein, dass zusammengehörende Tabellen miteinander verbunden werden können. Es ist also sicherzustellen, dass jedem Bezugsschlüssel ein Primärschlüssel zugeordnet werden kann. Zum anderen ist zu untersuchen, ob die Beziehungen, die zwischen den Tabellen bestehen, im Rahmen einer relationalen Datenbank zulässig sind.

Um die Beziehungen zwischen den verschiedenen Tabellen zu verdeutlichen, kann man die Methode des Streifendiagramms anwenden (siehe Grafik auf nächster Seite).

Die Primärschlüssel sind in Fettschrift, die Fremd- bzw. Bezugsschlüssel in kursiver Schrift geschrieben. Aus dem Streifendiagramm ist zu ersehen, dass sich alle Fremdschlüssel auf Primärschlüssel beziehen.

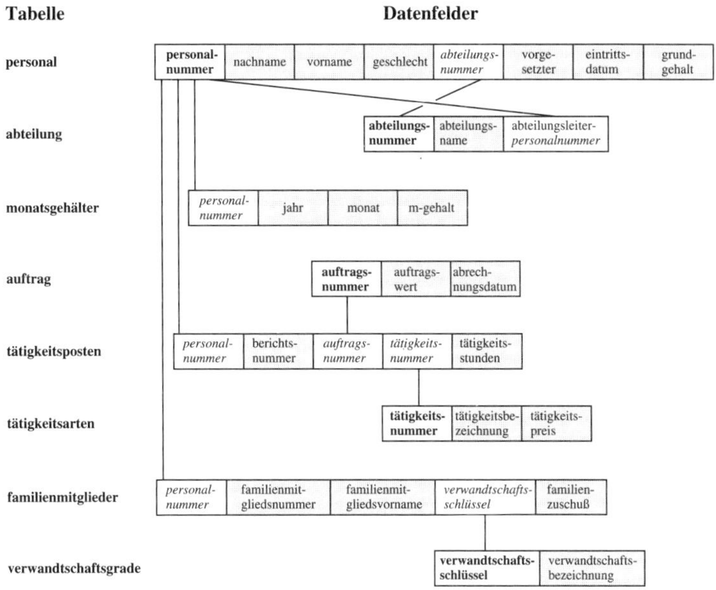

Beziehungen überprüfen

Ferner ist zu prüfen, ob die Beziehungen im Datenbanksystem abgebildet werden können. Die wichtigsten Arten von Beziehungen zwischen Tabellen sind:

Beziehungsart	*Schreibweise*
▪ Eins-zu-eins-Beziehung	1 : 1
▪ Eins-zu-mehrfach-Beziehung	1 : m
▪ Mehrfach-zu-mehrfach-Beziehung	m : m
▪ Eins-zu-eins-bedingte-Beziehung (c steht für konditionell = bedingt)	1 : 1c
▪ Eins-zu-mehrfach-bedingte-Beziehung	1 : mc
▪ rekursive Beziehung	

Folgende Beispiele verdeutlichen die Beziehungsarten:

1 : 1-Beziehung

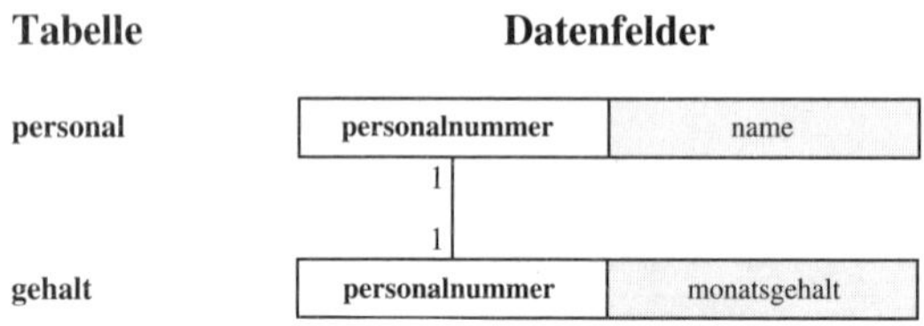

Jedem Eintrag in der Tabelle *personal* entspricht genau ein Eintrag in der Tabelle *gehalt* und umgekehrt. Man könnte die beiden Tabellen zusammenfassen. Aus Datenschutzgründen wird die getrennte Speicherung oftmals vorgezogen.

1 : m-Beziehung

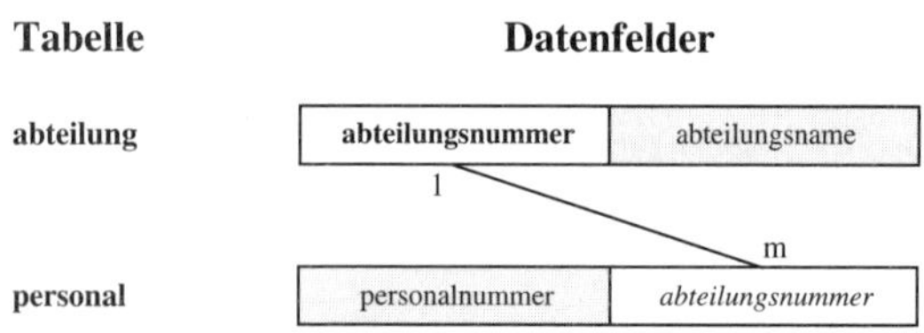

Zwischen der Personaltabelle und der Tabelle *abteilung* besteht eine 1:m-Beziehung. Jeder Abteilungsnummer in der Tabelle *abteilung* sind ein oder mehrere Einträge im Feld *abteilungsnummer* der Tabelle *personal* zugeordnet. Während eine bestimmte Abteilungsnummer nur einmal in der Tabelle *abteilung* existiert, kann sie in der Personaltabelle häufiger auftreten.

m : m-Beziehung

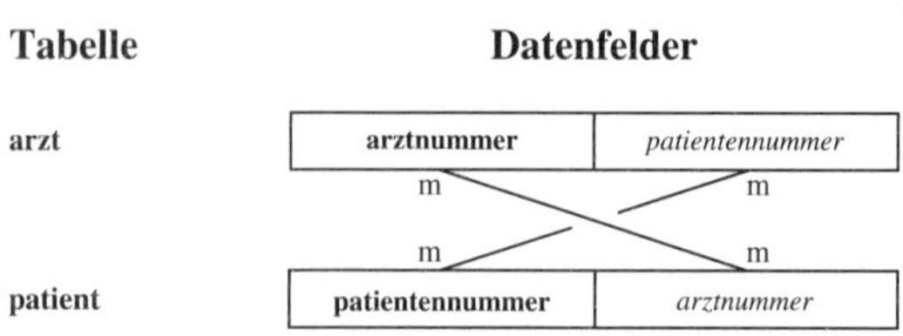

Jeder Zeile einer Tabelle A können ein oder mehrere Einträge einer Tabelle B zugeordnet sein, aber auch umgekehrt. Es liegen hier Über-Kreuz-Beziehungen vor. Eine solche m:m-Beziehung kann in einer relationalen Datenbank nicht abgebildet werden. Deshalb müsste eine weitere Tabelle eingerichtet werden, in der dargelegt wird, welcher Arzt welchen Patienten behandelt.

1:1c-Beziehung

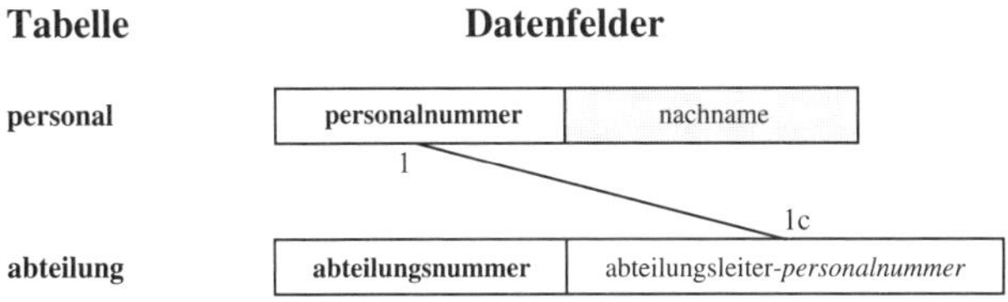

Jeder Abteilungsleiter ist als Mitarbeiter in der Personaltabelle eingetragen, aber nicht jeder Mitarbeiter ist in der Abteilungstabelle vermerkt. Der Eintrag in der Tabelle *abteilung* hängt also von der betrieblichen Funktion ab. Nur wenn bei einem Mitarbeiter die Bedingung erfüllt ist, dass er eine Abteilung leitet, wird seine Personalnummer in der Tabelle *abteilung* eingetragen. Somit kann einer Personalnummer in der Tabelle *personal* keine oder nur eine Entsprechung in der Tabelle Abteilung haben.

1:mc-Beziehung

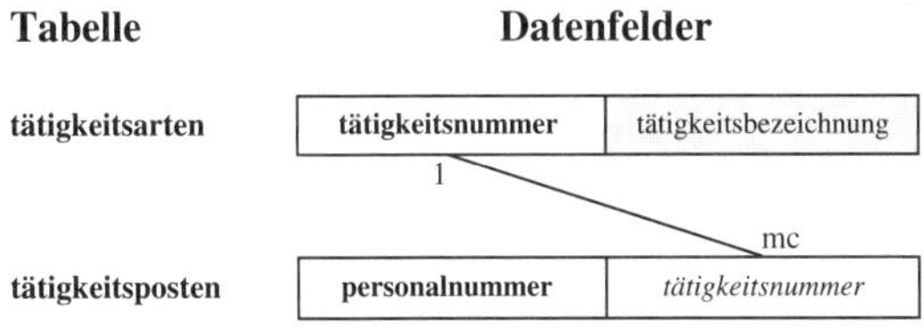

Zwischen den Tabellen *tätigkeitsarten* und *tätigkeitsposten* besteht eine 1:mc-Beziehung, weil nicht notwendigerweise jede Tätigkeitsnummer in der Tabelle *tätigkeitsposten* vertreten sein muss. Es kann also auch eine Tätigkeitsnummer keinmal, einmal oder auch mehrmals in der Tabelle *tätigkeitsposten* auftreten.

Rekursive Beziehungen

Tabelle	**Datenfelder**		
personal	**personal-nummer**	nachname	personalnummer vorgesetzter

Jeder Vorgesetzter ist gleichzeitig Mitarbeiter. Deshalb werden seine Daten auch in der Personaltabelle geführt. Um bei einem Mitarbeiter den Vorgesetzten anzugeben, genügt die Angabe der Personalnummer.

Beispiel:

personalnummer	nachname	personalnummer vorgesetzter
01	Eifer	10
03	Meyer	01
10	Adam	10

Bei dieser Tabellenstruktur bezieht sich das Feld *personalnummer vorgesetzter* auf das Feld *personalnummer*. Es liegt somit eine rekursive Beziehung vor, weil Einträge in zwei verschiedenen Spalten in unterschiedlichen Zeilen einer Tabelle untereinander abhängig sind. Eine solche rekursive Beziehung ist nicht zulässig. Das mag folgende Überlegung zeigen. Bei der Eingabe der Mitarbeiterdaten in die Datenbank darf nur eine zulässige Mitarbeiternummer in der Vorgesetztenspalte eingetragen werden. Zulässig ist eine Nummer, die bereits in der Tabelle gespeichert ist. Ist die Vorgesetzten-Personalnummer noch nicht erfasst, wird die Eingabe der Personalnummer in der Vorgesetztenspalte abgelehnt.

In dem obigen Beispiel liegt eine **direkte Rekursion** vor. In Zusammenhang mit einer zweiten Tabelle ergeben sich auch **indirekte Rekursionen.**

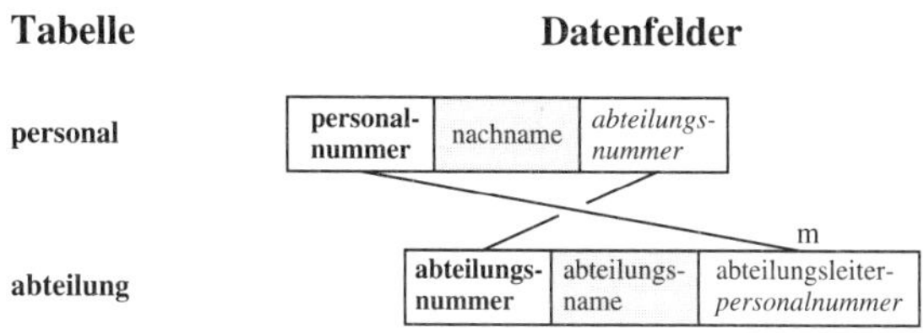

Auch die indirekte Rekursion ist nicht zulässig. Am Beispiel der Eingabe von Daten erkennt man, warum eine solche Datenstruktur unzulässig ist. Bei der Eingabe eines Mitarbeiters wird vorausgesetzt, dass die Abteilungsnummer schon existiert. Andererseits müssen bei der Eingabe der Abteilungsdaten alle Personaldaten schon erfasst sein. Die Einträge in den beiden Tabellen setzen sich gegenseitig voraus. Die Tabellenstruktur ist deshalb zu ändern, um solche indirekten Rekursionen zu vermeiden.
In einer relationalen Datenbank sind die Beziehungsarten

1 : 1
1 : m
1 : 1c
1 : mc

zugelassen. Werden in dem Datenmodell noch andere Beziehungsarten festgestellt, so müssen die Tabellen umgeformt werden, damit sie den zugelassenen Beziehungsarten entsprechen.

In dem Datenmodell auf der nächsten Seite liegen Rekursionen vor. In der Tabelle *personal* ist die direkte Rekursion zu beheben. Zwischen den Tabellen *personal* und *abteilung* ist die indirekte Rekursion zu beseitigen. Um die Information über den Vorgesetzten zu erfassen, muss die Personalnummer des Vorgesetzten in eine weitere Tabelle ausgegliedert werden. Die Tabelle *vorgesetzter* umfasst dann zwei Felder:

Tabelle vorgesetzter	
Personalnummer Mitarbeiter	Personalnummer Mitarbeiter
01 03	10 01

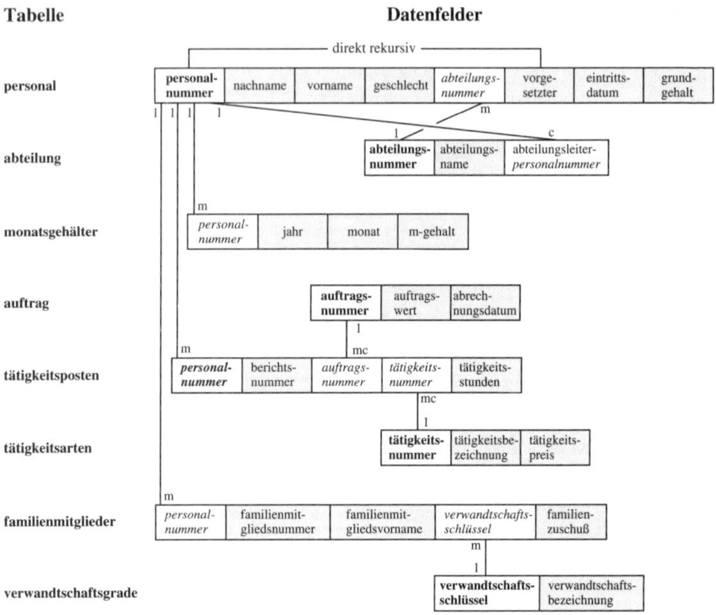

Bei dieser Konstruktion werden zunächst die Personaldaten erfasst. Anschließend werden die Daten der Tabelle *vorgesetzter* eingetragen. Somit ist ein gegenseitiges Blockieren nicht mehr möglich.

Die indirekte Rekursion wird dadurch aufgehoben, dass die Personalnummer des Abteilungsleiters aus der Tabelle *abteilung* ausgegliedert wird. In einer neuen Tabelle *abteilungsleiter* werden die Personalnummer sowie die Abteilungsnummer vermerkt.

Tabelle abteilungsleiter	
Personalnummer Abteilungsleiter	Abteilungsnummer
01	4
05	3

Das überarbeitete Datenmodell stellt sich dann wie folgt dar:

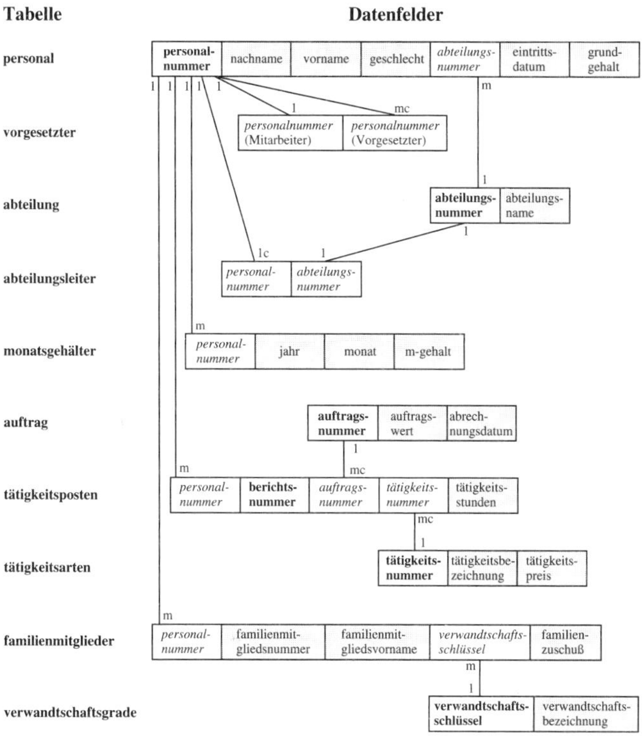

Die Beziehungen, die in dem obigen Datenmodell bestehen, sind zulässig. Es kann somit in einem relationalen Datenbanksystem verwirklicht werden.

3.3.4 Aufnahmestruktur

Zur Umsetzung des Datenmodells in ein lauffähiges Datenbanksystem müssen die Datentypen für die einzelnen Tabellenfelder festgelegt werden. Da die verschiedenen Datenbanken unterschiedliche Datentypen aufweisen, werden hier nur solche Datentypen verwendet, die von allen Datenbankverwaltungssystemen unterstützt werden.

Die Tabellen und ihre Felder erhalten Kurzbezeichnungen, um den Vorschriften für Tabellen- und Feldnamen zu genügen. Unterschiedliche Datenbankverwaltungsprogramme lassen unterschiedlich lange Namen zu. In einer Schlüsselspalte werden Felder durch ein P bzw. B als Primär- bzw. als Bezugsschlüssel gekennzeichnet.
Bei numerischen Datentypen wird durch Angabe der Größe gekennzeichnet, ob es sich um einen ganzzahligen oder um einen dezimalen Datentyp handelt. Die Angabe 6,2 besagt, dass das Feld insgesamt 6 Stellen lang sein soll, davon zwei Nachkommastellen.

Tabelle persdat (Personal)

Attribut	Datenfeld	Datentyp	Größe	Schlüssel
PERSONALNUMMER	persnr	Numerisch	2	P
Nachname	pname	Text	12	
Vorname	pvname	Text	12	
Geschlecht	geschlecht	Text	1	
Abteilungsnummer	abtnr	Numerisch	1	B
Eintrittsdatum	eintritt	Datum		
Grundgehalt	gehalt	Numerisch	8,2	

Tabelle abteilg (Abteilung)

Attribut	Datenfeld	Datentyp	Größe	Schlüssel
ABTEILUNGSNUMMER	abtnr	Numerisch	1	P
Abteilungsname	abtname	Text	12	

Tabelle vorg (Vorgesetzter)

Attribut	Datenfeld	Datentyp	Größe	Schlüssel
PERSONALNUMMER	persnr	Numerisch	2	B
Personalnummer	vpersnr	Numerisch	2	

Tabelle ableiter (Abteilungsleiter)

Attribut	Datenfeld	Datentyp	Größe	Schlüssel
ABTEILUNGSNUMMER	abtnr	Numerisch	1	B
Personalnummer	persnr	Numerisch	2	

Tabelle mgehalt (Monatsgehälter)

Attribut	Datenfeld	Datentyp	Größe	Schlüssel
PERSONALNUMMER	persnr	Numerisch	2	B } Kombi-
JAHR	jahr	Numerisch	2	} schlüs-
MONAT	monat	Numerisch	2	} sel
Monatsgehalt	mgehalt	Numerisch	8,2	

Tabelle auftrag (Auftrag)

Attribut	Datenfeld	Datentyp	Größe	Schlüssel
AUFTRAGSNUMMER	aufnr	Numerisch	4	P
Auftragswert	aufwert	Numerisch	8,2	
Abrechnungsdatum	abdatum	Datum		

Tabelle tposten (Tätigkeitsposten)

Attribut	Datenfeld	Datentyp	Größe	Schlüssel
BERICHTSNUMMER	tbnr	Numerisch	4	} Kombi-
PERSONALNUMMER	persnr	Numerisch	2	B } schlüs-
AUFTRAGSNUMMER	aufnr	Numerisch	4	B } sel
TÄTIGKEITSNUMMER	tartnr	Text	1	B }
Tätigkeitsstunden	tstd	Numerisch	4	

Tabelle tarten (Tätigkeitsarten)

Attribut	Datenfeld	Datentyp	Größe	Schlüssel
TÄTIGKEITSNUMMER	tartnr	Text	1	P
Tätigkeitsbezeichnung	tbez	Text	15	
Tätigkeitspreis	tpreis	Numerisch	6,2	

Tabelle fmitglieder (Familienmitglieder)

Attribut	Datenfeld	Datentyp	Größe	Schlüssel
PERSONALNUMMER	persnr	Numerisch	2	B } Kombi-
FAMILIENMITGLIEDS-				} Schlüs-
NUMMER	fmnr	Numerisch	2	} sel
Familienmitgliedsvorname	vorname	Text	12	
Verwandtschaftsschlüssel	vwgrad	Text	1	B
Familienzuschuss	zuschlag	Numerisch	8,2	

Tabelle vwgrade (Verwandtschaftsgrade)

Attribut	Datenfeld	Datentyp	Größe	Schlüssel
VERWANDTSCHAFTS-SCHLÜSSEL	vwgrad	Text	1	P
Verwandtschafts-bezeichnung	vwname	Text	7	

Die Tabellen sind jetzt in einer Weise definiert, dass man sie in die Datenbank aufnehmen kann. Die obige Darstellung bezeichnet man deshalb auch als **Aufnahmestruktur**. Die Darstellung der Aufnahmestruktur sowie die Beziehungsgrafik gehören zur Dokumentation einer Datenbank.

3.4 Tabellen der Beispieldatenbank erstellen

In Kapitel 2 haben wir gezeigt, wie Sie Tabellen vereinbaren und Daten in diesen Tabellen speichern. Wenn Sie die in den nachfolgenden Kapiteln eingesetzten Beispiele nachvollziehen wollen, müssen Sie die im vorhergehenden Abschnitt beschriebenen Tabellen anlegen und die dort beschriebenen Daten eingeben. Sie können die Tabellen der Beispieldatenbank auch mit der Kommandodatei CRINS2 (CReate-INSert) anlegen, die Sie im Internet unter www.rowohlt.de/rowohlt/rororo/comalle/download.htm finden. Diese Batchdatei definiert nicht nur die Tabellenstrukturen, sondern trägt auch die Daten ein. In CRINS2 sind alle erforderlichen Befehle in einer Anweisungsfolge zusammengefasst. Diese Technik wendet man an, wenn mehrere SQL-Anweisungen nur ein einziges Mal aufgerufen werden müssen. Wie Sie vorgehen können, um die Datenbank *Testdb* zu erstellen und darin Tabellen und Datensätze einzufügen, haben wir im Kapitel 13 beschrieben in:

13.1 für eine JET-Datenbank
13.2 für eine INFORMIX-Datenbank
13.3 für eine ORACLE-Datenbank
13.4 für eine DB2-Datenbank
13.6 für eine MySQL-Datenbank

Die Dateien zum Erstellen der Tabellen und zum Einfügen der Datensätze in die Datenbank *Testdb* finden Sie in /kap13 als

```
/Kap13/CrIns2.txt für die JET-Datenbank
/Kap13/CrIns2.sql für INFORMIX
/Kap13/CrIns2.ora für ORACLE                        (1)
/Kap13/CrIns2.cmd für DB2
/Kap13/CrIns2.mys für MySQL
```

(1) In CrIns2.ora haben wir die Datumswerte für die deutsche ORACLE-Fassung ORACLE8i eingesetzt: MÄR statt MAR, MAI statt MAY, OKT statt OCT und DEZ statt DEC.

Sie können sich eine solche Datei auch mit Ihrem eigenen Editor erstellen. Sie können aber auch die Anweisungen einzeln eingeben.

4 Daten in einer Tabelle suchen und anzeigen

Sind die erforderlichen Daten in der Datenbank gespeichert, so können Sie auf verhältnismäßig einfache Weise die gewünschten Informationen aus der Datenbank gewinnen. Denn das Suchen und Anzeigen gespeicherter Werte gehört zu den wichtigsten Fähigkeiten eines Datenbanksystems. Damit werden wir uns in den folgenden Kapiteln beschäftigen. In diesem Kapitel befassen wir uns mit Abfragen, die in nur einer Tabelle durchgeführt werden, und besprechen die vielfältigen Möglichkeiten, die SQL zur Spalten- und Zeilenauswahl bereitstellt.

Es ist Ihnen bereits bekannt, dass die einzelnen Datenbanksysteme die Datumswerte in unterschiedlicher Form ausgeben. In den nachfolgenden Darstellungen zeigen wir Datumswerte jedoch nur in der Form tt.mm.jjjj oder tt.mm.jj an.

Öffnen Sie für die nachfolgenden Beispiele die Datenbank *Testdb* und das Eingabefenster für die SQL-Anweisungen. In Kapitel 13 haben wir für jedes Datenbanksystem beschrieben, wie Sie vorgehen müssen, um SQL-Anweisungen im SQL-Fenster einzugeben. Für JET-Datenbanken finden Sie in in diesem Kapitel auch die Anleitung, wie Sie die Anweisungen in VBA-Code einbetten.

4.1 Alle Zeilen einer Tabelle anzeigen

In einer Abfrage muss stets angegeben werden, aus welchen Spalten und aus welcher Tabelle Daten abgerufen werden sollen. Das können Sie aus dem folgenden Beispiel erkennen, das eine Übersicht über alle in der Tabelle *persdat* gespeicherten Mitarbeiterdaten bietet.

```
SELECT *                                    (A4101)
  FROM persdat
```

Ergebnisliste:

PERSNR	PNAME	PVNAME	G	ABTNR	EINTRITT	GEHALT
1	Eifer	Rik	M	4	01.02.1980	3800.00
3	Meyer	Luise	W	4	01.03.1984	2750.00
4	Strom	Claudius	M	2	01.03.1984	3800.00
5	Luft	Friedrich	M	3	15.05.1985	4500.00
7	Meieris	Heinz	M	3	01.02.1980	2450.00
8	Volt	Gerda	W	3	01.02.1980	4200.00
9	Bind	Gisela	W	2	15.05.1985	4000.00
10	Meier	Adam	M	1	01.01.1975	5000.00

SELECT leitet die Anweisung ein, mit der Daten in der Datenbank gesucht und angezeigt werden. Hinter SELECT werden die Namen der auszuwählenden Spalten angegeben. Der Stern * hinter dem Schlüsselwort veranlasst die Anzeige **aller Tabellenspalten** in der Reihenfolge, in der die Spalten mit CREATE TABLE angelegt worden sind. Hinter dem Zusatz FROM wird der Name der Tabelle genannt, aus der die Daten gewonnen werden sollen.

4.2 Spalten auswählen

In vielen Fällen werden nur die Daten bestimmter Spalten benötigt.

Problem: Für eine Statistik braucht der Personalleiter eine Liste, die den Namen des Mitarbeiters und das Eintrittsdatum aufweist.

```
SELECT pname, eintritt                      (A4201)
  FROM persdat
```

Ergebnisliste:

PNAME	EINTRITT
Eifer	01.02.1980
Meyer	01.03.1984
Strom	01.03.1984
Luft	15.05.1985

Meieris	01.02.1980
Volt	01.02.1980
Bind	15.05.1985
Meier	01.01.1975

Mit der Auflistung der gewünschten Spaltennamen hinter dem Schlüsselwort SELECT wird die Anzeige auf die namentlich genannten Spalten beschränkt. Die Ausgabe erfolgt dabei in der Reihenfolge, in der Sie die Spaltennamen hinter SELECT angeordnet haben.

4.3 Inhaltlich gleiche Zeilen von der Ausgabe ausschließen

In der Tabelle *persdat* gibt es Spalten, in denen ein Wert mehrfach vorkommt. Das ist in den Spalten *geschlecht, abtnr, eintritt* und *gehalt* der Fall. Manchmal möchte man lediglich wissen, welche Werte überhaupt in einer Spalte stehen, nicht aber, wie oft sie vorhanden sind. Dazu ergänzt man die SELECT-Anweisung um den Zusatz DISTINCT. Mit DISTINCT wird die Mehrfachausgabe inhaltlich gleicher Ausgaben unterdrückt.

Problem: Der Personalleiter will wissen, an welchen Terminen Einstellungen erfolgt sind.

```
SELECT DISTINCT eintritt                    (A4301)
 FROM persdat
```

Ergebnisliste:

	EINTRITT
	01.02.1980
	01.03.1984
	15.05.1985
	01.01.1975

Ohne den Zusatz DISTINCT wären acht Eintrittsdaten angezeigt worden, weil das System standardmäßig auf den Parameter ALL eingestellt ist. Bei DB2 werden mit DISTINCT aufgerufene Spaltenwerte zusätzlich aufsteigend sortiert ausgegeben.

DISTINCT kann nur dann eingesetzt werden, wenn sich die Abfrage auf nur eine Spalte bezieht. Wenn Sie in der Anweisung außer der DISTINCT-Spalte eine weitere Spalte angeben, erhalten Sie eine Fehlermeldung. Das liegt an der Arbeitsweise des DBMS. Es wertet eine Tabelle zeilenweise aus. Bei der SQL-Anweisung

```
SELECT pname, DISTINCT eintritt
  FROM persdat
```

beispielsweise sollen einerseits die Namen sämtlicher Zeilen angezeigt, andererseits soll die mehrfache Ausgabe der Eintrittsdaten unterdrückt werden. Diesen Widerspruch kann das DBMS nicht lösen und weist deshalb die Anweisung mit einer Fehlermeldung zurück.

4.4 Zeilen mit einer Bedingung auswählen

Bei den meisten Abfragen sollen aus der Gesamtzahl der in einer Tabelle vorhandenen Zeilen nur ganz bestimmte Zeilen gesucht und angezeigt werden.

Problem: Der Personalleiter benötigt eine Liste der Mitarbeiter, die in der Abteilung 2 arbeiten.

Bei dieser Informationsanforderung werden nur die Datenzeilen benötigt, in denen in der Spalte *abtnr* der Wert 2 enthalten ist. Zur Auswahl solcher Zeilen wird hinter dem Zusatz WHERE eine Suchbedingung vereinbart.

```
SELECT * FROM persdat                              (A4401)
  WHERE abtnr = 2
```

Die Bedingung wird eingeleitet durch die Klausel WHERE. Darauf folgt der Bedingungsausdruck, der sich wie folgt aufbaut:

Spaltennamen   Vergleichsoperator   Vergleichswert

Operatoren sind Symbole für eine auszuführende Operation. Mit SQL können verschiedene Arten von Operatoren eingesetzt werden. In diesem Abschnitt verwenden wir nur Basisoperatoren, die auch Vergleichsoperatoren oder relationale Operatoren genannt werden:

Operator	**Bedeutung**
=	gleich
<	kleiner als
>	größer als
<>	ungleich
<=	kleiner gleich
>=	größer gleich

Die Reihenfolge innerhalb des Bedingungsausdrucks ist unerheblich. Er kann auch wie folgt formuliert werden:

Vergleichswert   Vergleichsoperator   Spaltennamen

Besteht der Vergleichswert aus einer Zeichenkette oder einem Datum, so muss er in Hochkommata eingeschlossen werden. Enthält eine Zeichenkette ein Hochkomma, muss es doppelt eingegeben werden: 'D''Albert'. In ORACLE müssen die Monatswerte im Datum mit den Bezeichnungen JAN, FEB, MAR, APR, MAY, JUN, JUL, AUG, SEP, OCT, NOV und DEC eingesetzt werden. Zu Oracle8i sei auf die Anmerkung auf Seite 32 hingewiesen.

Beispiele für Bedingungsvereinbarungen bei Textwerten, Zahlen und Datumswerten:

'Meier' = pname	in allen Datenbanksystemen
pname = 'D''Albert'	in INFORMIX, DB2, JET, MySQL
gehalt > 4000.00	in INFORMIX, ORACLE, DB2, MySQL
eintritt = '1.1.75'	in INFORMIX
eintritt = '01.01.1975'	in INFORMIX, DB2, JET
eintritt = '1.jan.75'	in ORACLE
eintritt = '01.jan.1975'	in ORACLE
eintritt = '1-jan-75'	in ORACLE
eintritt = #1975-01-01#	in JET
eintritt = #75-01-01#	in JET

eintritt = DATEVALUE('1.1.1975')	in JET
eintritt = DATEVALUE('1.1.75')	in JET
eintritt = '1975-01-01'	in MySQL
eintritt = 19750101	in MySQL

Bei Zeichenketten genügt bereits ein Buchstabe, um die Zeilenauswahl zu definieren.

Problem: Welche Mitarbeiternamen beginnen mit den Buchstaben A bis L?

```
SELECT pname                                    (A4402)
FROM persdat
WHERE pname < 'M'
```

Ergebnisliste:	PNAME
	Eifer
	Luft
	Bind

In dieser Abfrage wird der erste Buchstabe des Hausnamens mit der Textkonstanten verglichen. Der Vergleichswert gibt somit an, wie viele Stellen des Hausnamens zum Vergleich herangezogen werden.
Ein stellenweises Abfragen ist bei numerischen Spalten und Spalten mit Datumswerten nicht möglich. Hier wird jeweils der gesamte Wert eines Spalteneintrages in den Vergleich einbezogen. Das verdeutlichen die folgenden zwei Beispiele:

Beispiel: Welche Mitarbeiter beziehen ein Gehalt über 4500 €?

```
SELECT pname, gehalt                            (A4403)
 FROM persdat
 WHERE gehalt > 4500
```

Ergebnisliste:	PNAME	GEHALT
	Meier	5000.00

Beispiel: Wie heißen die Mitarbeiter, die bereits beim Gründungsdatum am 1.1.75 Mitarbeiter waren?

```
SELECT pname, eintritt                          (A4404)
  FROM persdat
  WHERE eintritt = '01.01.1975'
```

Ergebnisliste:	PNAME	EINTRITT
	Meier	01.01.1975

Bei ORACLE kann die Bedigung hinter WHERE auch lauten:

```
  WHERE eintritt = '1.jan.75'
```

Bei JET lautet die Bedingung:

```
  WHERE eintritt = #75-1-1#
```

Lokale Variablen im SELECT-Befehle bei ORACLE

Bei den bisherigen Abfragen wurden die auszuwertenden Spalten direkt formuliert. In ORACLE gibt es die Möglichkeit, lokale Variablen in Abfragen zu verwenden. Bei der Bearbeitung einer solchen Abfrage fordert das System den Benutzer auf, einen Wert in die Variable einzugeben. Das kann ein Spaltenname, aber auch eine Vergleichskonstante sein.

Beispiel: Der Benutzer will in einer Abfrage zwei Spalten und eine Tabelle abfragen können. Für die vorher nicht bekannten Spaltennamen werden in die Anweisung als lokale Variablen die Bezeichner *&spalte1* sowie *&spalte2* eingesetzt, für die Tabelle *&tab*.

```
0:    SELECT &spalte1, &spalte2                 (A4407)
               FROM &tab
```

Bei der Ausführung des Befehls können dann zum Beispiel folgende Werte den Variablen zugeordnet werden:

Wert für SPALTE1:	pname
Wert für SPALTE2:	eintritt
Wert für TAB:	persdat

Das System gibt dann alle Zeilen der Datei *persdat* mit den Spalten *pname* und *eintritt* aus.
Das nächste Beispiel zeigt, dass auch Suchbegriffe in Variablen eingegeben werden können.

Beispiel: Für die Auswahl bestimmter Zeilen in der Tabelle *persdat* soll der Suchwert in eine lokale Variable geschrieben werden.

```
0    SELECT * FROM persdat                          (A4408)
      WHERE pname = '&name'
```

Bei dem Aufruf dieser Anweisung wird der Benutzer aufgefordert, den Namen einzugeben.

Wert für name: Meier

Handelt es sich bei dem Suchwert um eine Zeichenkette, sollte die lokale Variable in Hochkommata eingeschlossen werden, damit der Benutzer den Wert ohne diese Zeichen eingeben kann.
In ORACLE können Sie mit dem Datenbankbefehl DEF (define: definieren) den lokalen Variablen auch vor dem Aufruf des Befehls Werte zuweisen:

DEF spalte1 = pname
DEF spalte2 = eintritt
DEF tab = persdat
DEF name = Meier

4.5 Spalten mit NULL-Werten abfragen

Tabellenspalten, in denen keine Werte gespeichert sind, haben den Wert NULL. Der Wert NULL entspricht weder der Zahl 0 noch einer Zeichenfolge mit Leerzeichen. Der Wert NULL kann abgefragt werden.

Beispiel: Der für die Auftragsabwicklung zuständige Mitarbeiter möchte überprüfen, ob in der Tabelle *tposten* bei jeder Tätigkeit auch die angefallenen Stunden eingetragen worden sind.

```
SELECT *                                        (A4501)
  FROM tposten
  WHERE tstd IS NULL
```

4.6 Zeilen mit verbundenen Bedingungen suchen und anzeigen

Eine Bedingung kann sich aus mehreren Teilbedingungen zusammensetzen. Wie sie zu verbinden sind, zeigt das nachstehende Beispiel.

Problem: Der Geschäftsführer möchte wissen, welche Mitarbeiter der Abteilung 3 mehr als 4000 € verdienen.

Zur Definition der Zeilenauswahl reicht der bislang verwendete einfache Bedingungsausdruck nicht aus, weil hier zwei Bedingungen zu berücksichtigen sind:

1. Bedingung: abtnr = 3
2. Bedingung: gehalt > 4000

Die Bedingungen können durch UND oder durch ODER zu einem komplexen Bedingungsausdruck verknüpft werden. Da hier beide Teilbedingungen erfüllt sein müssen, sind sie durch UND zu verbinden. UND wird in SQL durch AND, ODER durch OR ausgedrückt. Dann lautet die Abfrage:

```
SELECT pname, abtnr, gehalt                     (A4601)
  FROM persdat
  WHERE abtnr = 3 AND
        gehalt > 4000
```

Ergebnis:

PNAME	ABTNR	GEHALT
Luft	3	4500.00
Volt	3	4200.00

Es werden von den Mitarbeitern in der Abteilung 3 nur jene ausgegeben, die mehr als 4000 € verdienen.
AND (UND), OR (ODER) sowie NOT bezeichnet man als logische Operatoren. Welche Wirkung sie haben, erläutert die folgende Übersicht:

Logischer Operator	Beispiel	Auswirkung
AND	geschlecht = 'W' AND abtnr = 3	Es werden die Datenzeilen angezeigt, in denen beide Einzelbedingungen erfüllt sind: Angezeigt werden die Mitarbeiterinnen in Abteilung 3.
OR	geschlecht = 'W' OR abtnr = 3	Es werden die Datenzeilen ausgegeben, die entweder die erste oder die zweite Bedingung erfüllen: Angezeigt werden alle weiblichen Mitarbeiter sowie alle, die in der Abteilung 3 beschäftigt sind.
NOT	NOT abtnr = 2	Es werden die Datenzeilen ausgegeben, die die Bedingung nicht erfüllen. Hier werden alle Mitarbeiter angezeigt, die nicht in der Abteilung 2 arbeiten.

Die Verknüpfung erfolgt nach folgenden Regeln:

AND-Verbindung		
Teilbedingung 1	Teilbedingung 2	Gesamtbedingung
erfüllt	erfüllt	erfüllt
nicht erfüllt	nicht erfüllt	nicht erfüllt
erfüllt	nicht erfüllt	nicht erfüllt
nicht erfüllt	erfüllt	nicht erfüllt

OR-Verbindung		
Teilbedingung 1	Teilbedingung 2	Gesamtbedingung
erfüllt	erfüllt	erfüllt
nicht erfüllt	nicht erfüllt	nicht erfüllt
erfüllt	nicht erfüllt	erfüllt
nicht erfüllt	erfüllt	erfüllt

Folgendes Beispiel zeigt eine ODER-Verknüpfung.

Beispiel: Welche Mitarbeiter arbeiten in der Abteilung 3 beziehungsweise verdienen über 4000 €?

```
SELECT pname, abtnr, gehalt              (A4602)
 FROM persdat
 WHERE abtnr = 3 OR
  gehalt > 4000
```

Ergebnisliste:

PNAME	ABTNR	GEHALT
Volt	3	4200.00
Meieris	3	2450.00
Luft	3	4500.00
Meier	1	5000.00

Es werden alle drei Mitarbeiter aus Abteilung 3 genannt und der Mitarbeiter Meier, der zwar in einer anderen Abteilung arbeitet, aber mehr als 4000 € verdient.
Den Einsatz des Operators NOT zeigt das folgende Beispiel, in dem die Mitarbeiter in der Abteilung 3 gesucht sind, die 4000 € oder weniger verdienen:

```
SELECT pname, abtnr, gehalt                                  (A4603)
  FROM persdat
  WHERE abtnr = 3 AND
   NOT gehalt > 4000
```

Ergebnisliste:

PNAME	ABTNR	GEHALT
Meieris	3	2450.00

Nur der Mitarbeiter Meieris verdient in Abteilung 3 weniger als 4000 €. Sie können anstelle des Verneinungsoperators NOT auch den entsprechenden Vergleichsoperator verwenden. Die Abfrage für unser Beispiel lautet dann:

```
SELECT pname, abtnr, gehalt                                  (A4604)
  FROM persdat
  WHERE abtnr = 3 AND
       gehalt <= 4000
```

Anstelle von NOT können Sie immer die anderen verneinenden Vergleichsoperatoren einsetzen:

Vergleichsoperator	Verneinender Operator
=	<> bzw. !=
<>	=
>	<=
<	>=
>=	<
<=	>

Der verneinende Operator != kann nicht in der JET-Datenbank eingesetzt werden.

Bedeutung von Klammern
Bei zusammengesetzten Bedingungsausdrücken kann die Reihenfolge der Auswertung durch Klammern beeinflusst werden. Klammerinhalte werden immer zuerst bearbeitet.

Problem: Welche männlichen Mitarbeiter verdienen über 4000 € oder sind vor dem 1.1.84 eingetreten?

Hier sind drei Bedingungen zu beachten:

1. Bedingung: Das Geschlecht des Mitarbeiters muss männlich sein.
2. Bedingung: Er verdient über 4000 €.
3. Bedingung: Das Eintrittsdatum liegt vor dem 01.01.84.

Das Bedingungsgefüge ist so zu formulieren, dass die erste Bedingung unbedingt erfüllt sein muss. Von der zweiten und dritten Bedingung braucht dagegen nur eine Bedingung erfüllt zu sein. Die beiden letzteren Bedingungen sind also durch OR zu verknüpfen und in ihrer Gesamtheit durch AND mit der Geschlechtsbedingung zu verbinden. Die SQL-Anweisung lautet dann:

```
SELECT pname, geschlecht, gehalt, eintritt   (A4605)
  FROM persdat
  WHERE  geschlecht = 'M'  AND
        (gehalt > 4000  OR eintritt < '1.1.1984')
```

Ergebnisliste:

PNAME	GESCHLECHT	GEHALT	EINTRITT
Eifer	M	3800.00	01.02.1980
Luft	M	4500.00	15.05.1985
Meieris	M	2450.00	01.02.1980
Meier	M	5000.00	01.01.1975

Bei der Bearbeitung dieser Anweisung wird zunächst der Klammerausdruck ausgewertet. Danach wird eine interne Zwischenliste angelegt, die nur die Datenzeilen enthält, die eine oder beide Bedingungen

Gehalt > 400C oder

Eintrittsdatum vor dem 01.01.84

erfüllen. Anschließend werden diejenigen Datenzeilen in die Ergebnisliste übernommen, bei denen in der Spalte *geschlecht* ein M eingetragen ist.

Geben Sie zum Vergleich die Anweisung A4605 ohne Klammern ein:

```
SELECT pname, geschlecht, gehalt, eintritt   (A4606)
  FROM persdat
  WHERE  geschlecht = 'M'  AND
         gehalt > 4000  OR eintritt < '1.1.1984'
```

Ergebnisliste:

PNAME	GESCHLECHT	GEHALT	EINTRITT
Eifer	M	3800.00	01.02.1980
Luft	M	4500.00	15.05.1985
Meieris	M	2450.00	01.02.1980
Volt	W	4200.00	01.02.1980
Meier	M	5000.00	01.01.1975

Ohne Klammerung zeigt die Abfrage die Daten aller Mitarbeiter an, die vor dem 01.01.1984 in das Unternehmen eingetreten sind. Ebenso werden die Daten der männlichen Mitarbeiter mit einem Gehalt von mehr als 4000 € ausgegeben.

4.7 Aggregatfunktionen einsetzen

4.7.1 Wirkung von Aggregatfunktionen

Problemstellung: In der Personalabteilung möchte man wissen, wie hoch das durchschnittliche Grundgehalt ist.
Zur Lösung dieses Problems müssen die Werte in der Spalte *mgehalt* der Tabelle *persdat* summiert und durch die Anzahl der Posten dividiert werden. Zur Lösung solcher Problemstellungen bietet SQL Funktionen an, die Aggregatfunktionen genannt werden.
Aggregatfunktionen (aggregate, deutsch: gesamt), auch Spaltenfunktionen genannt, ermitteln für eine einzelne Tabellenspalte aus einer Gesamtmenge die Summe, den Minimal- oder Maximalwert, den Mittelwert oder die Anzahl.
Nachstehende Tabelle gibt eine Übersicht über Aggregatfunktionen und deren Ergebnisse:

Funktion	Ergebnis
MIN(spaltenname)	Minimalwert
MAX(spaltenname)	Maximalwert
COUNT(*)	Anzahl aller vorhandenen Zeilen
COUNT(DISTINCT spaltenname)	Anzahl der Zeilen mit unterschiedlichen Werten
SUM(spaltenname)	Summe
AVG(spaltenname)	Mittelwert

Die Funktion COUNT (DISTINCT spaltenname) kann nicht in der JET-Datenbank eingesetzt werden.

Das durchschnittliche Gehalt ermittelt die SQL-Anweisung:

```
SELECT AVG(gehalt)                          (A4809)
 FROM persdat
```

Ergebnisliste: avg(gehalt)
3775,00

> In einer SELECT-Anweisung mit Aggregatfunktion können keine weiteren nichtaggregierten oder gruppierten Spaltenwerte angezeigt werden.

Die Funktionen SUM() und AVG() werden nur bei numerischen Spalten eingesetzt. Die Funktionen MIN(), MAX() und COUNT() können nicht nur bei numerischen Spalten, sondern auch bei Zeichen- und Datumsspalten verwendet werden.

4.7.2 Aggregatfunktionen in Zeichen- und Datumsspalten

Beispiel: Welcher Mitarbeiter steht in einer alphabetisch sortierten Liste an letzter Stelle?

```
SELECT MAX(pname) FROM persdat          (A4701)
```

Ergebnisliste: max(pname)
Volt

Bei Zeichenketteninhalten wird der höchste Buchstabe nach dem ASCII-Code ermittelt. Das bedeutet, dass das «a» «größer» ist als das «Z» und Sonderzeichen «größer» sind als Kleinbuchstaben. Weitere Informationen über die ASCII-Sortierung erfahren Sie in Kapitel 7.
Wenn außer dem «größten» Namen auch dessen Personalnummer angezeigt werden soll, wird die Formulierung der Lösung schon ein wenig kompliziert. Auf den ersten Blick mag dies die nachstehende Anweisung veranschaulichen:

```
SELECT persnr, MAX(pname) FROM persdat          (A4702)
```

Diese Anweisung verstößt jedoch gegen die obige Regel! Wird eine Aggregatfunktion eingesetzt, können keine Spalten ohne Aggregatfunktion zur Ausgabe vorgesehen werden. Um die Personalnummer zu finden, müssen Sie eine zweite Abfrage, eine Unterabfrage, einbeziehen. Die Technik und die Wirkungen von Unterabfragen besprechen wir in Kapitel 6. An dieser Stelle zeigen wir Ihnen im Vorgriff die Anweisung mit Unterabfrage:

```
SELECT persnr, pname                                (A4704)
  FROM persdat
```

```
        WHERE pname =
          (SELECT MAX(pname) FROM persdat)
```

Ergebnisliste:

PERSNR	PNAME
8	Volt

Die Aggregatfunktionen sind auch bei Datumsspalten einsetzbar. Das zeigt folgender Fall.

Problemstellung: Der Geschäftsführer will wissen, zu welchem Termin das Unternehmen zum ersten Mal Einstellungen vorgenommen hat.

```
        SELECT MIN(eintritt) FROM persdat                    (A4705)
```

Ergebnisliste: min(eintritt)
01.01.1975

4.7.3 Anzahl bestimmen

Mit der Funktion COUNT() wird festgestellt, wie viele Einträge vorliegen. Wenn Sie die Funktion COUNT() mit dem Stern als Klammerinhalt benutzen, werden alle in der Tabelle enthaltenen Zeilen gezählt. Das zeigt das nachstehende Beispiel:

```
      SELECT COUNT(*) FROM persdat                   (A4706)
```

Ergebnisliste: Anzahl
8

Wenn Sie die Anzahl von Zeilen mit unterschiedlichen Spaltenwerten suchen, müssen Sie in der Klammer die DISTINCT-Klausel einsetzen und die gewünschte Spalte nennen.

Beispiel: Der Personalleiter möchte wissen, zu wie vielen Terminen Einstellungen vorgenommen worden sind.

```
  I,O,D       SELECT COUNT (DISTINCT eintritt)          (A4707)
               FROM persdat
```

Ergebnisliste:	Anzahl
	4

In den acht Zeilen der Tabelle *persdat* gibt es nur vier Zeilen mit unterschiedlichen Datumswerten.

In einer einzigen Abfrage können auch mehrere Aggregatfunktionen eingesetzt werden. Das zeigt das nachstehende Beispiel, in dem ermittelt wird, wie viele Mitarbeiterinnen es gibt und wie hoch ihr Durchschnittsverdienst ist.

```
SELECT COUNT(*), AVG(gehalt) FROM persdat    (A4813)
  WHERE geschlecht = 'W'
```

Ergebnisliste:	Anzahl	Durchschnittsgehalt
	3	3550.00

4.8 Rechenoperationen durchführen

Im SELECT-Befehl kann man Ausdrücke für arithmetische Operationen vereinbaren. Die Ausdrücke werden mit den Rechenoperatoren +, –, *, / und mit den Aggregatfunktionen SUM() und AVG() gebildet.
In der JET-Datenbank potenziert der Operator ^ mit einer Zahl. Für die Division stehen mehrere Operatoren bereit: Der Operator \ dividiert und gibt einen gerundeten, ganzzahligen Wert zurück; der Operator / dividiert und gibt eine Dezimalzahl zurück. MOD gibt den ganzzahlig gerundeten Divisionrest zurück. Allgemeine Beispiele:

Rechenoperation	**Operator**	**Term**	**Wert**
Addition	+	5 + 2	7
Subtraktion	–	5 – 2	3
Multiplikation	*	5 * 2	10
Division mit ganzzahligem Ergebnis	\	5 \ 2	2
mit Dezimalzahlergebnis	/	5 / 2	2,5
mit Ergebnisrest	MOD	5 MOD 2	1
Potenzierung	^	5 ^ 2	25

Ausdrücke können hinter der SELECT-Klausel, in der WHERE-Klausel und/oder in der noch zu behandelnden HAVING-Klausel stehen. Gerechnet wird mit Zahlenkonstanten sowie mit den Werten in numerischen Variablen und Datumsspalten. Beispiele:

Zahlenkonstanten:	15, 123.50
Variablen:	NUMFELD1, RFELD2

4.8.1 Tabellenunabhängige Rechenoperationen

Sie können mit SQL-Anweisungen Rechenoperationen wie mit einem Taschenrechner durchführen. Sie müssen dabei jedoch immer eine in der Datenbank vorhandene Tabelle ansprechen. Wenn Sie die Ergebnisausgabe auf eine Zeile beschränken wollen, müssen Sie auch eine WHERE-Bedingung vereinbaren. Diese Einschränkungen gelten nicht in MySQL.

Beispiel: Multiplikation.

```
D,I,J,O   SELECT 4.9 * 1.9 FROM persdat                (A4801)
           WHERE persnr = 1
M         SELECT 4.9 * 1.9
```

Ergebnis:	Produkt
	9.31

4.8.2 Mit Werten aus numerischen Spalten rechnen

Mit den Werten aus numerischen Tabellenspalten können auch Additionen, Subtraktionen, Divisionen und Multiplikationen durchgeführt werden.

Beispiel: Wie hoch wären die Grundgehälter aller Mitarbeiter, wenn die Gehälter um 4.5 % erhöht würden?

```
SELECT pname, gehalt * 1.045                       (A4806)
  FROM persdat
```

Ergebnisliste:	Name	GEHALT_NEU
	Eifer	3971.00
	Meyer	2560.25
	Strom	3971.00

Luft	4702.50
Meieris	2560.25
Volt	4389.00
Bind	4180.00
Meier	5225.00

Es können aber auch die Ergebnisse von Aggregatfunktionen in Rechenoperationen einbezogen werden. Folgende Anweisungen ermitteln das durchschnittliche Monatsgehalt.

```
SELECT AVG(gehalt)                                    (A4809)
 FROM persdat
```

bzw.

```
SELECT SUM(gehalt) / COUNT(*)                         (A4810)
  FROM persdat
```

Beide Anweisungen führen zu demselben Ergebnis, wenn alle Zeilen einen Wert in der Spalte *gehalt* aufweisen. Wenn dort NULL-Werte stehen, werden bei der Funktion COUNT(*) die Zeilen mit NULL-Werten in die Anzahl der Zeilen einbezogen. Bei der Funktion AVG() werden NULL-Werte nicht berücksichtigt.
In DB2, INFORMIX und in der JET-Datenbank können Sie mit der AS-Klausel Rechenausdrücken einen aussagefähigen Namen zuordnen:

SELECT pname, gehalt * 1,045 AS neugehalt FROM persdat

4.9 Mit Datumsoperatoren und Datumsfunktionen arbeiten

Die Rechenoperatoren + und – können auch mit Datumsspalten zum Addieren und Subtrahieren eingesetzt werden. Sie heißen dann Datumsoperatoren. Datumsfunktionen gehören nicht zum SQL-Standard. In jedem Datenbanksystem finden Sie deshalb andere Funktionen. Wir beschränken uns darauf, einige wichtige Funktionen beispielhaft einzusetzen. Wie bisher zeigen wir alle Datumswerte nachfolgend in der Form tt.mm.jjjj an.

4.9.1 Datumsfunktionen in INFORMIX und JET

Datumsfunktion	Die Funktion zeigt an
DATE()	Tag, Monat und Jahr
DAY()	den Tag als Zahl zwischen 1 und 31
MONTH()	den Monat als Zahl zwischen 1 und 12
YEAR()	das Jahr als Zahl
WEEKDAY()	den Wochentag als Zahl zwischen 0 und 6: 0 = Sonntag

Die Funktion WEEKDAY() kann in INFORMIX nicht verwendet werden.

Im JET-Datenbanksystem sind folgende Datum/Zeit-Funktionen verfügbar:

Funktion	Die Funktion zeigt an
DateSerial (jahr, monat, tag)	liefert Datum für Jahres-, Monats-, Tageszahl DateSerial(1990,8,1) <- 1980-08-01
DateValue(datum)	liefert Datum DateValue(now) <- aktuelles Datum DateValue('1.2.80') <- 1980-02-01
Day(datum)	nennt Tag im Datum Day(#1997-01-15#) <- 15 Day('15.1.97') <- 15
Month(datum)	nennt Monat in Datum
Now	nennt aktuelles Datum
WeekDay(datum)	nennt Wochentag als Ganzzahl 1 = Sonntag, 7 = Samstag WeekDay(#1997-07-04#) <- 6 (für Freitag) WeekDay('4.7.97') <- 6 (für Freitag)
Year(datum)	nennt Jahr in Datum
Isdate(datum)	prüft, ob Datumsangabe korrekt ist ISDATE(#2000-02-29#) <- -1 (für Wahr) ISDATE(#1999-02-29#) <- Fehlermeldung!
Hour(zeit)	nennt Stunde in Zeitangabe HOUR(#21:45:10#) <- 21 HOUR('21:45:10') <- 21

Funktion	**Die Funktion zeigt an**
Minute(zeit)	nennt Minute in Zeitangabe
Second(zeit)	nennt Sekunde in Zeitangabe
TimeSerial (stunde,minute,sekunde)	liefert Zeit für Stunde, Minute, Sekunde TIMESERIAL(15,22,50) <- 1899-12-30 15:22:50
TimeValue(zeit)	liefert Zeitangabe <- 1899-12-30 TIMEVALUE(#15:22:50#) 15:22:50 TIMEVALUE('15:22:50') <- 1899-12-30 15:22:50
DateAdd (intervall,zahl,anfang)	Addiert einen Intervallzeitraum zum Ausgangsdatum
DateDiff (intervall,ende,anfang) [,FirstDayofWeek] [,FirstWeekofYear])	Ermittelt Intervall zwischen 2 Datumswerten
DatePart(interval,datum [,FirstDayofWeek] [,FirstWeekofYear])	Ermittelt einen Datumsteil

Datums- und Zeitformate	
Format(ausdruck, 'format')	formatiert nach Vorgabe FORMAT (#1996-11-29#, 'dddd dd.mmmm yyyy') <- Freitag 29. November 1996
Formatsymbole *Datum*: D, DD DDD, DDDD M, MM MMM, MMMM YY, YYYY	 Tageszahl <- 29 Wochentag <- Fr, Freitag Monatszahl <- 11 Monatsname <- Nov, November Jahreszahl <- 96, 1996 Beispiele: SELECT FORMAT(eintritt,'dd.mmm.yy') FROM persdat WHERE persnr = 1 <- 01. Feb. 80 FORMAT(eintritt,'d.m.yyyy') <- 1.2.1980

Datums- und Zeitformate		
Formatsymbole *Zeit*:		
h, hh	Stunden	<- 12
m, mm	Minuten	<- 25
s, ss	Sekunden	<- 50
AM/PM	12 Stunden	<- AM oder PM
	Beispiele: SELECT FORMAT(#12:25:50#,'h.m.s') FROM persdat WHERE persnr = 1 <- 12.25.50 FORMAT(#16:25:50#,'h.m.s AM/PM') <- 4.25.50 PM	

Datumsfunktion DATE()

Mit der Funktion DATE() können Datumsberechnungen vorgenommen, aber auch Zeitdifferenzen berechnet werden. Das verdeutlichen die nächsten Beispiele.

Problem: Sie wollen wissen, ob das System bei dem Hinzufügen und Abziehen von Tagen das Schaltjahr berücksichtigt. Schaltjahre sind alle durch 4 teilbaren Jahre. Jahrhundertjahre sind nur dann Schaltjahre, wenn sie durch 400 teilbar sind. Das Jahr 1992 war ein Schaltjahr, das Jahr 2000 war ein Schaltjahr, das Jahr 1900 war kein Schaltjahr.

```
I:  SELECT DATE('01.03.1992') - 1                  (A4901)
    FROM persdat WHERE persnr = 1
J:  SELECT #1992-3-1# - 1                          (A4901)
    FROM persdat WHERE persnr = 1
J:  SELECT DATEVALUE('1.3.92') - 1                 (A4901A)
    FROM persdat WHERE persnr = 1
```

Ergebnis: DATUM
29.02.1992

In der JET-Datenbank werden Datumsergebnisse in der Form YYYY-MM-DD hh:mm:ss angezeigt. Wenn Sie das Ergebnis in der Form 29.02.1992 wünschen, formatieren Sie das Ausgabefeld mit der FORMAT()-Funktion:

```
J:  SELECT                                         (A4901B)
      FORMAT(#1992-3-1# - 1,'DD.MM.YYYY')
      FROM persdat WHERE persnr = 1
```

```
I: SELECT DATE('01.03.1900') - 1                   (A4902)
     FROM persdat WHERE persnr = 1
J: SELECT #1990-3-1# - 1                           (A4902)
      FROM persdat WHERE persnr = 1
```

Ergebnis: DATUM
28.02.1900

Problem: Wie viele Tage liegen zwischen dem 3.3.92 und 29.2.92?

```
I: SELECT                                          (A4903)
   DATE('03.03.1992') - DATE('29.02.1992')
      FROM persdat WHERE persnr = 1
J: SELECT #1992-3-3# - #1992-2-29#                 (A4903)
      FROM persdat WHERE persnr = 1
```

Ergebnis: DIFFERENZ
3

Die Datumsangaben in Datumsspalten können in die Zeitberechnung einbezogen werden.

Beispiel: Der Mitarbeiter Luft mit der Personalnummer 5 will wissen, wie viele Tage er nach dem Mitarbeiter Eifer mit der Personalnummer 1 in das Unternehmen eingetreten ist. Luft weiß, dass er am 15.5.1985 eingetreten ist. Hinweis: Eifer ist am 1.2.1980 eingetreten.

```
I:   SELECT DATE('15.05.1985') - eintritt          (A4904)
       FROM persdat WHERE persnr = 1
J:   SELECT #1985-5-5# - eintritt                  (A4904)
      FROM persdat WHERE persnr = 1
```

Ergebnis:	DIFFERENZ
	1930

Funktion DATE(numwert)
In INFORMIX können Sie in der Klammer der Funktion DATE() auch numerische Werte oder numerische Ausdrücke einsetzen. Dann errechnet INFORMIX das Datum, das um so viele Tage nach dem 31.12.1899 liegt, wie der numerische Wert oder das Ergebnis des Ausdruckes angibt.

Beispiel: Wer ist 31025 Tage nach dem 31.12.1899 in das Unternehmen eingetreten?

```
I:  SELECT pname, eintritt                                  (A4905)
      FROM persdat
      WHERE eintritt > DATE(31025)
```

Ergebnis:	PNAME	EINTRITT
	Luft	15.05.85
	Bind	15.05.85

Funktion DAY()
Die Datumsfunktionen DAY(), MONTH() und YEAR() gestatten es, auf einzelne Elemente eines Datums zuzugreifen.

Beispiel: Der Personalleiter möchte wissen, welche Mitarbeiter zum 15. eines Monats eingestellt worden sind.

```
J,I: SELECT pname, eintritt                                 (A4906)
     FROM persdat WHERE DAY(eintritt) = '15'
```

Ergebnis:	PNAME	EINTRITT
	Luft	15.05.1985
	Bind	15.05.1985

Entsprechend werden die Funktionen MONTH() und YEAR() eingesetzt.
Beispiel: Welche Mitarbeiter sind im Januar in das Unternehmen eingetreten?

```
J: SELECT pname, eintritt FROM persdat
   WHERE month(eintritt) = 1                          (A4906A)
```

Ergebnis:	PNAME	EINTRITT
	Meier	1975-01-01 00:00:00

Beispiel: Welche Mitarbeiter wurden im März 1984 eingestellt?

```
J: SELECT pname, FORMAT(eintritt,'DD.MM.YY')      (A4906B)
    FROM persdat
    WHERE month(eintritt) = 3 AND
    year(eintritt) = 1984
```

Ergebnis:	PNAME	EINTRITT
	Meier	01.03.84
	Strom	01.03.84

Funktion WEEKDAY()
Sind einzelne Wochentage zu bestimmen, ist die Funktion WEEKDAY() anzuwenden.

Beispiel: An welchem Wochentag ist der Mitarbeiter Luft in das Unternehmen eingetreten?

```
I,J:  SELECT WEEKDAY(eintritt) FROM persdat         (A4907)
      WHERE pname = 'Luft'
```

Ergebnis:	Wochentag (INFORMIX)	Wochentag (JET)
	3	4

Die Zählweise der Wochentage ist bei INFORMIX und JET unterschiedlich. Bei INFORMIX hat der Sonntag die Ziffer 0, bei JET die Ziffer 1.

Funktionen DATEADD(), DATEDIFF() und DATEPART in JET:

Beispiel: Sie ziehen vom aktuellen Datumswert 5 Tage ab mit der Funktion

DateAdd(intervall,zahl,ausgangsdatum)

```
SELECT DATEADD('d', - 5, DateValue(now)) (A4930)
FROM persdat WHERE persnr = 1
```

Beim Hinzuzählen von Werten wird eine positive Zahl eingesetzt. Als Intervallkürzel setzen Sie *d, y, w, ww, m, q, yyyy, h, n* und *s* ein.

Beispiele:

Datumsfunktion	**Intervall**	**Ergebnis**
DateAdd(,'d', 5, #2001-09-02#)	d=Tag	07.09.01
DateAdd('y', 5, #2001-09-02#)	y=Kalendertag	07.09.01
DateAdd('w', 5, #2001-09-02#)	w=Wochentag	07.09.01
DateAdd('ww', 1, #2001-09-02#)	ww=Woche	09.09.01
DateAdd('m', 1, #2001-09-02#)	m=Monat	02.10.01
DateAdd('q', 1, #2001-09-02#)	q=Quartal	02.12.01
DateAdd('yyyy', 1, #/2001-9 -4#)	yyyy=Jahr	04.09.02
DateAdd('h', 5, #5:00:00 PM#)	h=Stunde	22:00:00
DateAdd('n', 5, #5:00:00 PM#)	n=Minute	17:05:00
DateAdd('s', 15, #5:00:00 PM#)	s=Sekunde	17:00:15

Beispiel: Die Anzahl der Intervallzeiträume zwischen zwei Datumswerten ermitteln Sie mit

DateDiff(intervall,enddatum,anfangsdatum[,FirstDayofWeek] [,FirstWeekofYear])

Mit *FirstDayofWeek* können Sie den Wochenanfang festlegen:
Keine Angabe: 1 ist Sonntag, 2 Montag, 3 Dienstag usw.
2: 1 ist Montag, 2 Dienstag usw.

Mit *FirstWeekofYear* geben Sie an, ab welcher Woche im Jahr die Wochenzählung beginnt:
0 = Systemeinstellung
1 = Zählbeginn mit 1.1.
2 = Zählbeginn mit erster Woche, die 4 Tage hat (wie in Deutschland)
3 = Zählbeginn mit erster vollständiger Woche

```
SELECT DATEDIFF('d', #2000-02-28#, #2000-03-01#) (A4931)
       FROM persdat WHERE persnr = 1
```

Ergebnis: 2, weil Schaltjahr

Weitere *Beispiele:*
DateDiff('d', #2001-3-1#, #2001-2-28#) <- -1, weil kein Schaltjahr
DateDiff('ww', #2001-1-1#, #2001-5-22#, 2, 2) <- 20.Woche

DateDiff berechnet Monatsdifferenzen korrekt:
DateDiff('m', #2001-3-1#, #2001-2-28#) <- 0, weil noch kein Monat vergangen ist

Bei Jahresdifferenzen treten Fehler auf:
DateDiff('yyyy', #2001-3-30#, #2000-5-1#) <- -1, obwohl noch kein Jahr vergangen ist

Beispiel: DatePart() können Sie anstelle der Funktionen Year(), Month(), Day(), Weekday(), Hour(), Minute() und Second() einsetzen.

```
SELECT DATEADD('d', #2000-2-28#)                    (A4932)
FROM persdat WHERE persnr = 1
```

Ergebnis: 28 wie bei SELECT DAY(#2000-2-28#) ...

Beispiel: DatePart() ist auch geeignet zur Ermittlung der korrekten Kalenderwoche. In Deutschland beginnt die Zählung mit der Woche, die mindestens 4 Tage besitzt:

DatePart('ww', #2000-9-4#, 2, 2) <-36.Woche

Funktion DATESERIAL() in JET:

```
SELECT DATESERIAL                                   (A4933)
     (YEAR(#2000-2-10#),MONTH(#2000-2-10#),
     DAY(#2000-2-10#) + 7)
     FROM persdat WHERE persnr = 1
```

Ergebnis: 17.2.2000

Weitere Beispiele:
DateSerial(Year(#2000-2-10#),
Month(#2000-2-10#) + 1, Day(#2000-2-10#)) <- 10.3.00

```
DateSerial(Year(#2000-2-10#) + 1,
        Month(#2000-2-10#), Day(#2000-2-10#))      <- 10.2.00
DateSerial(Year(#2000-2-10#),
        Month(#2000-2-10#) + 1, 0)                 <- 29.2.00
                                                    (Monatsletzter)
DateSerial(Year(#2000-2-10#),
        Month(#2000-2-10#) + 1, 1)          <- 01.3.00 (nächster 1.)
```

Wie leistungsfähig eine Datumsfunktion sein kann, zeigt das folgende *Beispiel:* Sie wollen wissen, welches Datum der Montag hat, der dem 20.11.2001 folgt. Hinweis: Der 20.11.2001 ist ein Dienstag. (A4934)

```
(A4934)                              Ergebnisbildung
SELECT #2001-11-20# +                WEEKDAY(#2001-11-20#) = 3
(9 -WEEKDAY(#2001-11-20#)) Mod 7     (9 - 3) : 7 = 0 Rest 6
FROM persdat WHERE persnr = 1        20.11.2001 + 6 = 26.11.2001
```

Weitere Datumsfunktionen in INFORMIX

In INFORMIX gibt es außer den oben genannten noch weitere Datumsfunktionen:

Datumsfunktion	Die Funktion zeigt aus dem DATE-Feld an
MDY	Monat, Tag und Jahr
DAY(tage)	addiert Tageszahl zum Datum 31.12.1899 und nennt den neuen Tag
MONTH(tage)	addiert Tageszahl und nennt neuen Monat
YEAR(tage)	addiert Tageszahl und nennt neues Jahr

Mit der Funktion MDY() können der Monat (M = Month), der Tag (D = Day) und das Jahr (Y = Year) einzeln definiert werden.

Beispiel: Welche Mitarbeiter wurden im Januar eingestellt?

```
SELECT pname, eintritt FROM persdat              (A4908)
WHERE eintritt =
        MDY(1,DAY(eintritt),YEAR(eintritt))
```

Ergebnis:	PNAME	EINTRITT
	Meier	01.01.1975

Wenn Sie in der Spalte *eintritt* den Monat März und das Jahr 1984 suchen wollen, lautet die Bedingung

```
WHERE eintritt = MDY(3,DAY(eintritt),1984)
```

Beispiel: Welcher Wochentag ergibt sich, wenn auf den 31.12.1899 370 Tage hinzuaddiert werden?

```
SELECT DAY(370)                              (A4909)
  FROM persdat WHERE persnr = 1
```

Ergebnis: NEUER_TAG
5

Entsprechend werden die Funktionen MONTH(zahl) und YEAR(zahl) verwendet.

4.9.2 Datumsfunktionen in ORACLE

In ORACLE gibt es folgende Datumsfunktionen:

Datumsfunktion	**Die Funktion**
SYSDATE	nennt das heutige Datum
ADD_MONTHS(datumsspalte,zahl)	addiert Monate
LAST_DAY(datumsspalte)	nennt letzten Monatstag
MONTHS_BETWEEN(datumsspalte, datumsspalte)	nennt Anzahl Monate zwischen erstem und zweitem Datum
NEXT_DAY (datumsspalte, 'wochentagsstring')	nennt nächstes Datum für den im String definierten Tag
ROUND (datumsspalte)	rundet das Datum

Die in ORACLE möglichen FORMAT-Definitionen besprechen wir in *4.10.2 Umwandlungsfunktionen.*

Wie die Funktionen einzusetzen sind, zeigen die folgenden Beispiele.
Beispiel: Am 12.06.2002 nachmittags (SYSDATE) wollen wir feststellen, wie viel Tage seit dem Eintritt des Mitarbeiters Eifer vergangen sind. Eifer ist am 1.2.1980 eingetreten. Unter Berücksichtigung der Tageszeit sind dies 8167,66 Tage.

```
SELECT pname, SYSDATE - eintritt                    (A4910)
  FROM persdat WHERE persnr = 1
```

Ergebnis:	PNAME	SYSDATE-EINTRITT
	Eifer	8167,66

Beispiel: Das Ergebnis soll ohne Nachkommastellen aufgerundet angezeigt werden.

```
SELECT pname, ROUND(SYSDATE - eintritt)      (A4910A)
  FROM persdat WHERE persnr = 1
```

Ergebnis:	PNAME	SYSDATE-EINTRITT
	Eifer	8168

Beispiel: Das Ergebnis soll ohne Berücksichtigung der Tageszeit angezeigt werden.

```
SELECT pname, TRUNC(SYSDATE - eintritt)      (A4910B)
  FROM persdat WHERE persnr = 1
```

Ergebnis:	PNAME	SYSDATE-EINTRITT
	Eifer	8167

Beispiel: Wann feiert der Mitarbeiter Eifer das 25-jährige Jubiläum?

```
SELECT pname, ADD_MONTHS(eintritt,300)         (A4911)
  FROM persdat WHERE persnr = 1
```

Ergebnis:	PNAME	ADD_MONTH
	Eifer	01-FEB-05

Beispiel: Welches Datum definiert den letzten Tag im Februar 2000?

```
SELECT LAST_DAY('01-FEB-00')                   (A4912)
  FROM persdat WHERE persnr = 1
```

Ergebnis: LAST_DAY
29-FEB-00

Beispiel: Wie viele Monate liegen zwischen dem Eintritt des ersten und des letzten Mitarbeiters? Der erste Mitarbeiter ist am 1.1.1975 eingetreten, der letzte am 15.5.1985.

```
SELECT                                              (A4913)
  MONTHS_BETWEEN (MIN(eintritt), MAX(eintritt))
  FROM persdat
```

Ergebnis: MONTHS_BETWEEN
-124.45

Die Differenz in Monaten beträgt also 124. Dazu kommen 14 Tage, das sind 45 % eines Monats.

Beispiel: Am Mittwoch, dem 12.06.2002, wollen wir feststellen, welches Datum der nächste Montag hat.

```
SELECT NEXT_DAY (SYSDATE,'mon')                     (A4914)
  FROM persdat
```

Ergebnis: NEXT_DAY
17.06.02

Anstelle von mon (Montag) können Sie die Abkürzungen die (Dienstag), mit (Mittwoch) usw. einsetzen. Wenn Sie mit früheren Versionen arbeiten, lauten die Abkürzungen mon, tue, wed, thu, fri, sat und sun.

4.9.3 Datumsfunktionen in DB2

In DB2 stehen folgende Datumsfunktionen zur Verfügung:

Datumsfunktion	Die Funktion
CHAR()	beeinflusst die Ausgabeform des Datums.
CURRENT DATE	zeigt das aktuelle Datum an.
DAYS()	rechnet ein Datum in Tage um ab dem 1.1.1901.
DATE()	gibt einen Datumswert aus.
DAY()	nennt den Tagesteil eines Datums.
MONTH()	nennt den Monatsteil eines Datums.
YEAR()	nennt den Jahresteil eines Datums.

Wie diese Datumsfunktionen eingesetzt werden, zeigen die nachstehenden Beispiele.

Frage: Welches Datum haben wir heute? Wir unterstellen bei dieser Abfrage, dass das aktuelle Datum der 12.06.2001 ist.

```
SELECT CURRENT DATE FROM persdat        (A4915)
 WHERE persnr = 1
```

Ergebnis: AKTUELLES DATUM
12.06.2001

Frage: Wie lange ist der Mitarbeiter mit der Personalnummer 1 bereits im Unternehmen tätig? Mitarbeiter Eifer mit der Personalnummer 1 ist am 1.2.80 eingetreten. Wir unterstellen, dass das aktuelle Datum der 12.6.2001 ist.

```
SELECT pname, CURRENT DATE - eintritt  (A4916)
 FROM persdat
 WHERE persnr = 1
```

Ergebnis:

PNAME	DIFFERENZ		
	Jahre	Monate	Tage
Eifer	21	04	11

Frage: Wie viele Jahre ist der Mitarbeiter Eifer in dem Unternehmen tätig, wenn das aktuelle Datum der 12.6.2001 ist?

```
SELECT pname, YEAR(CURRENT DATE -
                   eintritt)            (A4917)
 FROM persdat WHERE persnr = 1
```

Ergebnis:

PNAME	JAHRE
Eifer	21

Frage: Wie viele Tage sind am 15.5.1985 seit dem 1.1.1901 vergangen?

```
SELECT DAYS('15.05.1985')               (A4918)
 FROM persdat WHERE persnr = 1
```

Ergebnis:

TAGE
724776

Frage: Wie viele Tage ist der Mitarbeiter Eifer mit der Personalnummer 1 nach dem Mitarbeiter Meier mit der Personalnummer 10 in das Unternehmen eingetreten? Dazu ermitteln wir zunächst die Tage zwischen dem 1.1.1901 und dem Eintrittsdatum von Meier:

```
SELECT DAYS(eintritt)                   (A4919)
FROM persdat WHERE persnr = 1
```

Zwischenergebnis:

TAGE
722846

Dann subtrahieren wir von dem Ergebnis die Tage von Meier:

```
SELECT 722846 - DAYS(eintritt)          (A4920)
  FROM persdat WHERE persnr = 10
```

Ergebnis:

TAGE
1857

Der Mitarbeiter Meier ist 1857 Tage vor Eifer eingetreten.

Problem: Der Mitarbeiter Luft mit der Personalnummer 5 will wissen, wie viele Tage er nach dem Mitarbeiter Eifer mit der Personalnummer 1 in das Unternehmen eingetreten ist. Luft weiß, dass er am 15.5.1985 eingetreten ist. Hinweis: Eifer ist am 1.2.1980 eingetreten.

```
SELECT DAYS('15.05.1985') -
       DAYS(eintritt)                (A4921)
  FROM persdat WHERE persnr = 1
```

Ergebnis DIFFERENZ
1930

Beispiel: Wie viele Tage liegen zwischen dem 03.03.92 und dem 28.02.92?

```
SELECT DATE('03.03.1992') - DATE('28.02.1992') (A4922)
  FROM persdat WHERE persnr = 1
```

Ergebnis: DIFFERENZ
4

4.9.4 Datums- und Zeitfunktionen in MySQL

Sie können **aktuelle Datums- und Zeitwerte** auch ohne Bezugnahme auf eine Datenbank ausgeben.

```
SELECT CURDATE();              (A4901a.mys)    (1)
SELECT CURDATE() + 0;          (A4901b.mys)    (2)
SELECT CURRENT_DATE;           (A4901c.mys)    (3)
SELECT CURTIME();              (A4902a.mys)    (4)
SELECT CURTIME() + 0;          (A4902b.mys)    (5)
SELECT CURRENT_TIME;           (A4902c.mys)    (6)
SELECT CURRENT_TIMESTAMP;      (A4903a.mys)    (7)
SELECT NOW();                  (A4903b.mys)    (7)
SELECT NOW() + 0;              (A4903c.mys)    (8)
SELECT SYSDATE();              (A4903d.mys)    (7)
```

(1) Nennt das aktuelle Datum im Format Jahr-Monat-Tag
(2) Nennt das aktuelle Datum im Format JahrMonatTag
(3) Nennt das aktuelle Datum im Format Jahr-Monat-Tag
(4) Nennt die aktuelle Zeit im Format hh:mm:ss

(5) Nennt die aktuelle Zeit im Format hhmmss
(6) Nennt die aktuelle Zeit im Format hh:mm:ss
(7) Nennt das aktuelle Datum und die aktuelle Zeit im Format Jahr-Monat-Tag hh:mm:ss.
(8) Nennt das aktuelle Datum und die aktuelle Zeit im Format JahrMonatTaghhmmss.

Mit den folgenden Funktionen werden aus einem gegebenen Datum bestimmte **Teilwerte** herausgefiltert:

Funktion	**Ergebnis**
`WEEKDAY(datum)`	0 bis 6 für Montag bis Sonntag
`DAYofWEEK(Datum)`	1 bis 7 für Sonntag bis Samstag
`DAYNAME(datum)`	Sunday bis Saturday
`WEEK(datum)`	Kalenderwoche, Wochenbeginn mit Sonntag
`WEEK(datum,1)`	Kalenderwoche, Wochenbeginn mit Montag
`WEEK(datum,2)`	Kalenderwoche, Wochenbeginn mit Dienstag
`DAYofMONTH(datum)`	Tageswert des Datums
`MONTH(datum)`	Monatswert des Datums
`MONTHNAME(datum)`	Monatsname des Datums: z.B. June
`DAYofYEAR(datum)`	Tage des Datums ab 1.1. des Jahres
`QUARTER(datum)`	Quartal 1 bis 4 des Datums
`YEAR(datum)`	Jahreswert des Datums

Beispiele für Datumsbestimmungen:

```
SELECT pname, DAYNAME(eintritt)                    (A4904.mys)
   FROM persdat WHERE persnr = 4;
```

```
Ergebnis:  Strom       Thursday
```

```
SELECT pname FROM persdat                          (A4905.mys)
   WHERE YEAR(eintritt) = 1975;
```

```
Ergebnis:  Meier
```

Abfrage	**Ergebnis**
`SELECT DAYNAME('2002-01')`	Tuesday
`SELECT WEEKDAY('2002-01-01')`	1 w (0 = Montag)
`SELECT DAYofWEEK('2002-01-01')`	3, (1 = Sonntag)
`SELECT DAYNAME('1977-01-01')`	Saturday
`SELECT DAYNAME('1978-01-01')`	Sunday

Abfrage	Ergebnis
SELECT DAYofMonth('2002-7-23');	23
SELECT DAYofYEAR('2002-7-23');	204
SELECT QUARTER('2002-07-23');	3

Zum Filtern eines Teilwertes können Sie auch die Funktion EXTRACT() einsetzen:

EXTRACT(type-Konstanten FROM datumzeit)

Type-Konstanten	Inhalt	Format
DAY	Tage	TT
MONTH	Monate	MM
YEAR	Jahre	JJ
SECOND	Sekunden	ss
MINUTE	Minuten	mm
HOUR	Stunden	hh
DAY_HOUR	Tage, Stunden	TT hh
DAY_MINUTE	Tage, Stunden, Minuten	TT hh:mm
DAY_SECOND	Tage, Stunden, Minuten, Sekunden	TT hh:mm:ss
YEAR_MONTH	Jahre, Monate	JJ-MM

Abfrage	Ergebnis
SELECT EXTRACT(MONTH FROM '2002-05-23 12:33:55');	5
SELECT EXTRACT(DAY_MINUTE FROM '2002-05-23 12:33:55');	231233

Teilwert aus der Uhrzeit:

Abfrage	Ergebnis
SELECT HOUR(NOW());	Aktuelle Stunde aus der Uhrzeit
SELECT HOUR('23:44:56');	23

Berechnen von Datums- und Zeitwerten: Sie können mit den Werten der Datums- und Zeit-Datentypen keine Berechnungen durchführen. Sie müssen dazu Funktionen verwenden.

```
DATE_ADD(anfangswert, INTERVAL wert type)
```

alternativ

```
ADDDATE(anfangswert, INTERVAL wert type)
```

Abfrage	Ergebnis
SELECT DATE_ADD('2000-2-28', INTERVAL 1 DAY);	2000-02-29
SELECT DATE_ADD('1999-12-31', INTERVAL 2 MONTH);	2000-02-29
SELECT DATE_ADD('2000-3-1', INTERVAL -1 DAY);	2000-02-29
SELECT DATE_ADD('2002-3-1', INTERVAL -1 DAY);	2002-02-28

Für das Abziehen von Kalenderwerten setzen Sie ein:

`DATE_SUB (anfangswert, INTERVAL wert type)`

alternativ: `SUBDATE (anfangswert, INTERVAL wert type)`

Abfrage	Ergebnis
SELECT DATE_SUB('2002-3-2', INTERVAL '2:4' YEAR_MONTH);	1999-11-02

Für das Addieren/Subtrahieren von Monaten gibt es die Funktion PERIOD_ADD():

Abfrage	Ergebnis
SELECT PERIOD_ADD(200212, 3);	200303
SELECT PERIOD_ADD(200212, -5);	200207

Um die **Differenz zwischen zwei Datumswerten** zu erhalten, errechnen Sie die Anzahl der Tage seit dem 1.1.00 aus beiden Datumswerten und subtrahieren sie. Mit der Funktion *TO_DAYS(datum)* werden die ab dem Jahre 0 seit dem Datum vergangenen Tage genannt. Mit *FROM_DAYS(anzahl-tage-seit dem 1.1.00)* wird das zugehörige Datum bestimmt:

Abfrage	Ergebnis
SELECT TO_DAYS('2002-03-01');	731275
SELECT FROM_DAYS(731275 + 5);	2002-03-06

Beispiel: Wie viele Tage ist der Mitarbeiter mit der Personalnummer 4 für die Firma tätig? Das aktuelle Datum sei der 15.12.2002. Das Ausgabefeld soll *TageInFirma* heißen.

```
SELECT pname,                                   (A4922.mys)
  TO_DAYS(eintritt) AS TageInFirma
    - TO_DAYS(eintritt) AS TageInFirma
```

```
  FROM persdat
  WHERE persnr = 4:
Ergebnis: Strom  6863
```

Datumsausgaben formatieren Sie mit der Funktion

DATE_FORMAT(datum, format).

Darin wird das Format mit Datumskonstanten definiert, die mit % beginnen:

Format	Inhalt	Beispiel
%Y	Jahr	2002
%y	Jahr	02
%j	Jahr	001, 002, ...255 (Tag im Jahr)
%m	Monat	01
%c	Monat	1
%M	Monat	January
%b	Monat	Jan
%d	Tag	01
%D	Tag	1st, 2nd, 3rd ...
%e	Tag	1

Abfrage	Ergebnis
SELECT DATE_FORMAT('2002-03-05', '%e.%c.%y');	5.3.02
SELECT DATE_FORMAT('2002-03-05', 'The %D. of %M');	The 5th of March
SELECT DATE_FORMAT('2002-03-05', '%e.%M %Y');	5.March 2002
SELECT DATE_FORMAT('2002-03-05', '%j.Tag in %Y');	064.Tag in 2002

Formatierungskonstanten für die Anzeige der Woche im Jahr und des Tages in der Woche sind:

Format	Inhalt	Beispiel
%U	Woche in Jahr	0, 1, ...52 (Sonntag = 1.Wochentag)
%u	Woche in Jahr	0, 1, ...52 (Montag = 1.Wochentag)
%w	Tag in Woche	0 = Sunday, ... 6 = Saturday
%W	Tag in Woche	Sunday, Monday, ...Saturday
%a	Tag in Woche	Sun, Mon, ... Sat

Abfrage	Ergebnis
SELECT DATE_FORMAT('2002-03-05', '%W in der %u.Woche %Y');	Tuesday in der 10.Woche 2002

So zeigen Sie das Eintrittsdatum des Mitarbeiters Strom in tt.mm.jjjj an:

```
SELECT pname,                                           (A4931.mys)
  DATE_FORMAT(eintritt, '%e.%c.%Y')
  FROM persdat
  WHERE pname = 'Volt';
Ergebnis: Volt  1.2.1980
```

Zeitwerte formatieren Sie mit der Funktion *TIME_FORMAT (zeit. format):*

Format	Inhalt	Beispiel
%T	Uhrzeit	14:23:55
%r	Uhrzeit	10:23:55 AM oder 14:23:55 PM
%p	Uhrzeit	AM oder PM
%k	Stunde	3, 23 (in 24 Stunden)
%l	Stunde	3, 11 (in 12 Stunden)
%H	Stunde	03, 23 (in 24 Stunden)
%h / %I	Stunde	3, 11 (in 12 Stunden)
%i	Minute	00, 01, ...59
%S /%s	Sekunde	00, 01, ...59

Abfrage	Ergebnis
SELECT TIME_FORMAT('23:44:20', '%r');	11:44:20 PM
SELECT TIME_FORMAT ('23:44:20','Es ist %k Uhr, %i Minuten und %s Sekunden');	Es ist 23 Uhr, 44 Minuten und 20 Sekunden

4.10 Zeichenketten-, Umwandlungs- und andere Funktionen

4.10.1 Zeichenkettenfunktionen

Die Inhalte von Textfeldern sind Zeichenketten (englisch: strings). Mit Zeichenkettenfunktionen werden Strings bearbeitet.

Zeichenkettenfunktionen in ORACLE:

Zeichenketten-funktion	Die Funktion
ASCII()	nennt die Codenummer eines ASCII-Zeichens.
CHR()	wandelt die Codenummer in ASCII-Zeichen um.
INITCAP()	wandelt den ersten Buchstaben eines Wortes in Großbuchstaben um.
INSTR()	nennt die Position eines Zeichens im String.
LENGTH()	gibt die Zeichenanzahl an.
LOWER()	wandelt in Kleinbuchstaben um.
LPAD()	setzt Zeichen vor Zeichenkette.
LTRIM()	löscht links stehende Zeichen.
RPAD()	setzt Zeichen hinter eine Zeichenkette.
RTRIM()	löscht rechts stehende Zeichen.
SOUNDEX()	liefert den Code für Vergleiche.
SUBSTR()	definiert eine Teilzeichenkette.
TRANSLATE()	tauscht Zeichen aus.
UPPER()	wandelt in Großbuchstaben um.

Zeichenkettenfunktionen in DB2:

Zeichenketten-funktion	Die Funktion
LENGTH()	gibt die Zeichenanzahl an.
SUBSTR()	ermittelt eine Teilzeichenkette.
TRANSLATE()	tauscht Zeichen aus.

Zeichenkettenfunktionen in JET-Datenbank:

Zeichenketten-funktion	Die Funktion
ASC(string)	liefert ASCII-Codenummer des 1. Zeichens ASC('Hans') <- 72
CHR(code)	wandelt Codenummer in ASCII-Zeichen um CHR(65) <- A

Zeichenketten-funktion	Die Funktion
CSTR(ausdruck)	wandelt Ausdruck um in String CSTR(34.67) <- '34,67'
INSTR ([anf]string,suchz[,1/0])	nennt Position eines Zeichens im String INSTR('Hans','a') <- 2 INSTR(1,'HANS','a',1) <- 2 1: ohne Beachtung von Groß-/Kleinschreibung
LCASE(string)	wandelt um in Kleinbuchstaben LCASE('O.KURZ') <- o.kurz
LEFT(string, länge)	nennt linksbündige Teilzeichenkette LEFT('Meyer',2) <- Me
LEN(string)	gibt Zeichenanzahl an LEN('Meyer') <- 5
LTRIM(string)	schneidet vorlaufende Leerzeichen ab LTRIM(' Meyer') <- Meyer
MID(string,anfang,länge)	nennt mittige Teilzeichenkette MID('Meyer',2,2) <- ey
RIGHT(string, länge)	nennt rechtsbündige Teilzeichenkette RIGHT('Meyer',2,2) <- er
RTRIM(string)	schneidet nachfolgende Leerzeichen ab LTRIM('Meyer ') <- Meyer
SPACE(anzahl)	gibt Leerzeichen aus SPACE(10) <- 10 Leerzeichen
STRING(anzahl, zeichen)	gibt eine Anzahl von Zeichen aus STRING(10, 'e') <- eeeeeeeeee STRING(10, '*') <- ********** STRING(10, 42) <- **********
TRIM(string)	wie LTRIM
UCASE(String)	wandelt um in Großbuchstaben UCASE('meier') <- MEIER
&	Operator zur Verkettung 'Hans' & ' ' & 'Mey' <- Hans Mey

Zeichenkettenfunktionen in MySQL

Die Funktionen ASCII(), INSTR(), LCASE(), LEFT(), LENGTH(), LTRIM(), MID(), RIGHT(), RTRIM(), SOUNDEX(), SPACE() , TRIM(), UCASE() haben die gleiche Bedeutung, wie das oben für die anderen

Datenbanken beschrieben worden ist. Bei den folgenden weiteren Funktionen haben wir *str* als Kürzel für *string* eingesetzt:

Zeichenketten-funktion	**Die Funktion**
CHAR(codenummer)	gibt das Zeichen aus, das zu der Codenummer gehört
CONCAT(str1, str2, ...)	verkettet Zeichenketten
ELT(position, str1, str2, ...)	gibt aus mehreren Zeichenketten die durch eine Positionszahl definierte Zeichenkette aus
FIELD(str, str1, str2,...)	nennt den Standort der Zeichenkette innerhalb mehrerer Zeichenketten
FIND_IN_SET(str, strliste)	sucht in einer Liste von Strings den definierten Wert und nennt dessen Position. Beachten Sie, dass in der Zeichenkettenliste die Werte nur durch Kommata ohne Hochkommata getrennt stehen.
INSERT(str,position,länge, neustr)	Die Teilzeichenkette, die ab *position* be ginnt und so lang wie der Inhalt von *länge* ist, wird ausgetauscht mit dem Inhalt von *neustr*
LOCATE(substr, str)	nennt die Position eines Zeichens, die erste Position einer Zeichenkette
RPAD(str, länge,neustr)	ergänzt die Zeichenkette *str* auf die vereinbarte Länge mit dem Inhalt von *neustr*
REPEAT(str, anzahl)	gibt eine Zeichenkette wiederholt aus
REPLACE(str,vonstr,zustr)	ersetzt *vonstr* durch *zustr*
REVERSE(str)	gibt Zeichenkette in umgedrehter Reihenfolge aus
SUBSTRING(str,position [,länge])	wird wie MID() eingesetzt
SUBSTRING_INDEX(str, begrenzungszeichen, anzahl)	Ist die Anzahl positiv, wird der Teilstring angezeigt, der links vor dem in Anzahl genannten Begrenzungszeichen beginnt. Ist die Anzahl negativ, wird der Teilstring angezeigt, der rechts nach dem in Anzahl genannten Begrenzungszeichen beginnt. Das Zählen beginnt von rechts.
TRIM([LEADING/ TRAILING/BOTH] [zeichen]FROM str)	kann bestimmte Zeichen abschneiden.

Abfrage	**Ergebnis**
`SELECT CONCAT(pvname, ' ', pname) FROM persdat WHERE persnr = 1`	Rik Eifer
`SELECT ELT(3,'Hans', ' ', 'Albers');`	Albers
`SELECT FIELD('Albers','Hans', ' ', 'Albers');`	3
`SELECT FIND_IN_SET('Peter','Hans, Peter,Albers');`	2
`SELECT LOCATE('burg', 'Hamburg');`	4
`SELECT SUBSTRING('Hamburg ist groß', 9);`	ist groß
`SELECT SUBSTRING('Hamburg ist groß', 9, 4);`	ist
`SELECT SUBSTRING('Hamburg ist groß' FROM 9);`	ist groß
`SELECT SUBSTRING('Hamburg ist groß' FROM 9 FOR 4);`	ist groß
`SELECT SUBSTRING_INDEX('graugroßgrässlich', 'g',3);`	graugroß
`SELECT SUBSTRING_INDEX('grau groß grün', 'g',2);`	grau
`SELECT REVERSE('rot');`	tor
`SELECT REPEAT('NRW', 3);`	NRWNRWNRW
`SELECT REPLACE('Allaballa', 'la', 'i');`	Alibali
`SELECT RPAD('x',4,'y');`	xyyy
`SELECT INSERT('Wiedersehen',7,5,'schauen');`	Wiederschauen
`SELECT INSERT('Wiedersehen',1,6.'Hören und ');`	Hören und sehen
`SELECT CHAR(65);`	A
`SELECT TRIM(TRAILING 'e' FROM 'eeeeEmilieeee');`	eeeeEmili
`SELECT TRIM(BOTH 'e' FROM 'eeeeEmilieeee');`	Emili

In den nachfolgenden Ausführungen wird die Wirkungsweise einiger Funktionen anhand von Fragestellungen und Beispielen aufgezeigt.

Beispiel: Welchen ASCII-Code hat das erste Zeichen in der Zeichenkette *pname* des Mitarbeiters Eifer mit der Personalnummer 1?

```
M,O: SELECT pname, ASCII(pname)                         (A41001)
       FROM persdat WHERE persnr = 1
  J: SELECT pname, ASC(pname) FROM persdat
       WHERE persnr = 1                                 (A41001)
```

Ergebnis: PNAME ASCII-Nr(pname)
Eifer 69

Ergebnis:	PNAME	ASCII-Nr(pname)
	Eifer	69

Frage: Welche ASCII-Codenummer hat «A»?

```
M,O:  SELECT ASCII('A')                                 (A41002)
        FROM persdat WHERE persnr = 1
J:  SELECT ASC('A') FROM persdat
        WHERE persnr = 1                                (A41002)
```

Ergebnis:	ASCII-Nr('A')
	65

Beispiel: Es sollen die ersten Buchstaben der Wörter «h. o. kurz» in Großbuchstaben umgewandelt werden.

```
O:  SELECT INITCAP ('h. o. kurz')                       (A41004)
      FROM persdat WHERE persnr = 1
```

Ergebnis:	INITCAP
	H. O. Kurz

Beispiel: Der Name des Mitarbeiters mit der Personalnummer 1 soll in Großbuchstaben angezeigt werden.

```
M,O:  SELECT UPPER(pname)                               (A41005)
        FROM persdat WHERE persnr = 1
J:  SELECT UCASE(pname) FROM persdat
        WHERE persnr = 1                                (A41005)
```

Ergebnis: UPPER(pname)
EIFER

Beispiel: Es soll festgestellt werden, an welcher Stelle das Zeichen e im Namen des Mitarbeiters mit der Personalnummer 3 zum ersten Mal vorkommt.

```
O:   SELECT
      pname, INSTR(pname, 'e', 1, 1)                  (A41007)
      FROM persdat WHERE persnr = 3
M,J: SELECT pname, INSTR(pname, 'e') FROM persdat
      WHERE persnr = 3                                 (A41007)
oder:  SELECT pname, INSTR(1,pname, 'e',1) FROM persdat
        WHERE persnr = 3                               (A41007)
```

Ergebnis:

PNAME	INSTR(pname, 'e',1,1)
Meyer	2

Bei ORACLE gibt die erste Zahl hinter ‹e› an, ab welcher Stelle in der Zeichenfolge gesucht werden soll; die zweite Zahl, das wievielte ‹e› es sein soll. Bei JET gibt die erste Zahl an, das wievielte ‹e› gesucht werden soll; die zweite Zahl, ab welcher Stelle die Suche beginnen soll.

Frage: An welcher Stelle kommt e zum zweiten Mal vor?

```
O:  SELECT pname, INSTR(pname, 'e', 1, 2)          (A41008)
      FROM persdat WHERE persnr = 3
I:  SELECT INSTR(2,pname, 'e',1) FROM persdat
      WHERE persnr = 3                              (A41008)
```

Ergebnis:

PNAME	INSTR(pname, 'e',1,2)
Meyer	4

Anstelle eines Zeichens kann auch eine Teilzeichenkette als Suchbegriff genannt werden: INSTR(pname, 'ei',1, 1).

Frage: Aus wie viel Zeichen besteht der Name des Mitarbeiters mit der Personalnummer 1?

```
M,D,O: SELECT pname, LENGTH(pname)                    (A41009)
        FROM persdat WHERE persnr = 1
J:     SELECT LEN(pname) FROM persdat
        WHERE persnr = 1                               (A41009)
```

Ergebnis:	PNAME	LENGTH(pname)
	Eifer	5

Da *pname* mit CHAR(12) definiert ist, wird in *DB2* als Länge 12 genannt. Bei der Definition mit VARCHAR(12) würde 5 angezeigt.

Frage: Welcher Name klingt wie «L ft»?

```
M,O: SELECT pname FROM persdat                        (A41015)
     WHERE SOUNDEX(pname) = SOUNDEX('L ft')
```

Ergebnis:	PNAME
	Luft

Beispiel: In der Zeichenkette «2,375.80» soll das Komma durch einen Punkt und der Punkt durch ein Komma ersetzt werden.

```
O:  SELECT
     TRANSLATE('2,375.80', ',.', '.,')                (A41016)
     FROM persdat WHERE persnr = 1
```

Ergebnis:	TRANSLATE
	2.375,80

Hinter der Zeichenkette «2,375.80» werden, in Hochkommata eingeschlossen, zuerst die Zeichen genannt, die ausgetauscht werden, und dann die Zeichen, durch die sie ersetzt werden sollen. Wenn in der Zeichenkette «Handekachen» das «a» durch ein «u» ersetzt werden soll, lautet die Funktion:

```
    TRANSLATE ('Handekachen', 'aa', 'uu')
```

Wie die Funktion TRANSLATE in DB2 anzuwenden ist, zeigt das nächste Beispiel. In der Zeichenkette «Hans» soll das «a» in ein «e» umgewandelt werden.

```
D:  SELECT TRANSLATE('Hans', 'e', 'a')              (A41019)
    FROM persdat WHERE persnr = 1
```

Ergebnis: TRANSLATE
Hens

4.10.2 Umwandlungsfunktionen

Umwandlungsfunktionen in ORACLE

ORACLE-Funktionen	Die Funktion
TO_NUMBER()	wandelt Zahl in Zeichenkette um in numerischen Wert.
TO_DATE()	wandelt Zeichenkette in Datum um.
TO_CHAR()	wandelt Zahl oder Datum in Zeichenkette um.

Aufgabe: Umwandlung einer Zeichenkette in eine Zahl.

```
    SELECT TO_NUMBER('2389.75')                     (A41024)
    FROM persdat WHERE persnr = 1
```

Ergebnis: TO_NUMBER('2389.75')
2389.75

Aufgabe: Umwandlung einer Zeichenkette in ein Datumsformat.

```
SELECT TO_DATE ('10-AUG-01')
FROM persdat WHERE persnr = 1
```

Aufgabe: Umwandlung eines Datums in eine Zeichenkette.

```
    SELECT TO_CHAR                                  (A41026)
    (eintritt, 'DAY, dd.MONTH, SYEAR')
    FROM persdat WHERE persnr = 1
```

Ergebnis: TO_CHAR(EINTRITT,'DAY,DD.MONTH,
SYEAR')
FRIDAY, 01.FEBRUARY , NINETEEN-EIGHTY

In einer Anweisung gibt das Format *DAY* den Tagesnamen aus, *DD* den Tag im Monat als zweistellige Zahl, *MONTH* den Monatsnamen mit 9 Zeichen – zum Beispiel Juni mit 5 nachfolgenden Leerstellen – und SYEAR (auch YEAR möglich) das Jahr. Mit SYEAR werden Minuszeichen bei Datumsangaben vor Christi Geburt gesetzt.

Beispiele für weitere Umwandlungen und Formatierungen:

Umwandlungsfunktion	**Ergebnis**
TO_DATE('20010810')	10-AUG-01
TO_CHAR('10-AUG-01','YYY') auch möglich: Y / YY	10-AUG-001
TO_CHAR('10-AUG-01','MM')	10-08-01
TO_CHAR('10-AUG-01','Q')	3, weil 3. Quartal
TO_CHAR('10-AUG-01','D')	6, weil Freitag
TO_CHAR('10-AUG-01','DD')	10, weil 10. Tag
TO_CHAR('10-AUG-01','DDD')	222. Tag im Jahr
TO_CHAR('10-AUG-01','DY')	FRI, weil Freitag
TO_CHAR('10-AUG-01','WW')	32. Woche im Jahr
TO_CHAR('10-AUG-01','W')	2.Woche im Monat
TO_CHAR(SYSDATE,'HH12')	5, wenn 5:23 /17:23
TO_CHAR(SYSDATE,'HH24')	14, wenn 14:23:40
TO_CHAR(SYSDATE,'MI')	23, wenn 14:23:40
TO_CHAR(SYSDATE,'SS')	40, wenn 14:23:40

Umwandlungsfunktionen in DB2

Funktionen	**Die Funktion**
DECIMAL()	gibt eine Dezimalzahl zurück.
FLOAT()	gibt eine Gleitkommazahl zurück.
INTEGER()	gibt den Ganzzahlwert an.

Aufgabe: Die Personalnummer *persnr* vom Typ SMALLINT in der Tabelle *persdat* soll in eine Dezimalzahl umgewandelt werden.

```
SELECT persnr, DECIMAL(persnr,1)      (A41028)
  FROM persdat WHERE persnr = 1
```

Ergebnis:	PERSNR	2
	1	1

Aufgabe: Die Ganzzahlwerte des Gehaltes sind anzuzeigen.

```
SELECT INTEGER(gehalt)                    (A41030)
FROM persdat WHERE persnr = 1
```

Ergebnis:	1
	3800

Umwandlungsfunktionen in der JET-Datenbank

Funktionen	Die Funktion wandelt um	
CDATE('datum')	eine Zeichenkette in den Typ DATE	
	CDATE('12.02.1996')	<- 1996-02-12
HEX(zahl)	in Hexadezimaldarstellung	
	HEX(10)	<- A
	HEX(10.5)	<- A
	HEX(10.6)	<- B
	HEX(459)	<- 1CB
OCT(zahl)	in Oktaldarstellung	
	OCT(10)	<- 12
STR(zahl)	in Zeichenkette	
	STR(35)	<- '35'
CSTR(zahl)	in Typ String	
	CSTR(35.25)	<- '35,25'
VAL(string)	in Zahl	
	VAL('35')	<- 35
INT(zahl)	in Datentyp INTEGER, entfernt Dezimalstellen	
	INT(10.99)	<- 10,0
	INT(-99.2)	<- -100,0
FIX(zahl)	in ganzzahligen Wert	
	FIX(10.99)	<- 10,0
	FIX(-99.2)	<- -99,0
CINT(zahl)	in Datentyp INTEGER, rundet	
	CINT(10.55)	<- 11
	CINT(10,49')	<- 10

Umwandlungsfunktion in MySQL

Die Funktion CONV(zahlinausgangsbasis, ausgangsbasis, zielbasis) konvertiert eine im Format der Ausgangsbasis eingegebene Zahl in eine Zahl mit anderer Basis. Nicht als Ziffern eingegebene Werte werden in Hochkommata eingeschlossen.

Abfrage	Ergebnis
`SELECT CONV(14, 10, 16);`	14 dezimal = E hexadezimal
`SELECT CONV(111, 2, 10);`	111 dual = 7 dezimal
`SELECT CONV(10, 10, 8);`	10 dezimal = 12 oktal

HEX(zahl) liefert das gleiche Ergebnis wie CONV(zahl,10,16), die Funktion OCT(zahl) das Ergebnis wie CONV(zahl,10,8).

4.10.3 Mathematische Funktionen

Mathematische Funktionen in ORACLE

ORACLE-Funktionen	Die Funktion
GREATEST()	gibt den größten Wert einer Liste aus.
LEAST()	gibt den kleinsten Wert einer Liste aus.
NVL()	ermöglicht das Rechnen mit NULL-Werten.

Beispiel: Welcher String hat den größten Wert?

```
O:        SELECT GREATEST('Hans', 'Adolf',
                          'Reinhard')           (A41020)
           FROM persdat WHERE persnr = 1
```

Ergebnis: GREATEST( )
Reinhard

Entsprechend wird LEAST() eingesetzt, wenn der kleinste Wert zu bestimmen ist.

Eine Rechenoperation auf einem Feld, das NULL beinhaltet, hat NULL zum Ergebnis. Mit NVL() wird eine Addition bzw. Subtraktion ermöglicht. Es wird angenommen, dass die Tabelle *persdat* eine weitere Zeile mit der Personalnummer 88 und den Wert NULL in der Spalte *gehalt* enthält. Es soll der Wert 99 für Gehalt eingetragen werden.

```
SELECT persnr, NVL(gehalt,0) + 99     (A41023)
 FROM persdat WHERE persnr = 88
```

Ergebnis: PERSNR GEHALT
88 99

Mathematische Funktionen in der JET-Datenbank

Funktion	Die Funktion gibt an
ABS(zahl)	Absoluter Wert ABS(23.55) <- 23,55
SQR(zahl)	Quadratwurzel SQR(16) <- 4
RANDOMIZE() / RND()	Zufallszahl RND() <- 0,17 … Zufallszahl zwischen 0 und 100 RND() * 100 <- 40,33 … Ganzzahl zwischen 10 und 60 INT((60-10+1) * RND + 10) <- 14
ATN(zahl)	Arkustangens ATN(1) * 4 <- 3,14159265 (= Pi)
COS(bogenmaß)	Cosinus
SIN(bogenmaß)	Sinus
TAN(bogenmaß)	Tangens
EXP(zahl)	liefert Basis des natürlichen Logarithmus potenziert mit einer Zahl: e^{zahl} EXP(1) <- 2.7182818
LOG(zahl)	berechnet natürlichen Logarithmus LOG(2,7182818) <- 1

Einige Beispiele für den Einsatz trigonometrischer Formeln:

Umrechnung von 30 Grad in das Bogenmaß mit Formel *Grad * Pi / 180:*

```
J: SELECT 30 * 3,14159265 / 180
    FROM persdat WHERE persnr = 1                <- 0.5235987
```

Umrechnung von 60 Grad in das Bogenmaß mit Formel *Grad * Pi / 180:*

```
J: SELECT 60 * 3,14159265 / 180
    FROM persdat WHERE persnr = 1                <- 1.0471975
```

Sinus des Bogenmaßes 0,5235987:

```
J: SELECT SIN(0.5235987)
    FROM persdat WHERE persnr = 1                       <- 0,5
```

Cosinus des Bogenmaßes 1.0471975:

```
J: SELECT COS(1.0471975)
    FROM persdat WHERE persnr = 1                       <- 0,5
```

Der Sinus des Winkels von 90° ist 1, der Cosinus 0. Der Argustangens dieser beiden Werte beträgt:

```
J: SELECT ATN(1.00 + 0.00)
    FROM persdat WHERE persnr = 1                       <- 0,5
```

Mathematische Funktionen in MySQL

POW(zahl, hochzahl)	potenziert
SQRT(zahl)	zieht Quadratwurzel aus nicht negativem Wert
EXP(x)	bestimmt den Potenzwert der natürlichen Exponentialfunktion x. Die Umkehrung vonEXP(x) ist
LOG(x)	der natürliche Logarithmus
LOG10(x)	bestimmt den Logarithmus zur Basis 10
Round(zahl,n)	rundet Betrag nach kaufmännischen Rundungsregeln ab der Stelle, die durch den Wert von n angegeben wird.

TRUNCATE(zahl, n)	schneidet eine Zahl nach der Nachkommastelle n ab
ABS()	nennt vorzeichenlosen Zahlenwert eines numerischen Ausdrucks
RAND(zahl)	erzeugt eine Zufallszahl, bei fehlender Zahl oder negativer Zahl zwischen 0 und 0,999
SIGN(zahl)	Vorzeichenfunktion gibt mit dem Ergebnis 1 an, dass die Zahl positiv, mit –1, dass sie negativ und mit 0, dass sie 0 ist
CEILING(x)	liefert die nächstgrößere ganze Zahl, die größer oder gleich x
FLOOR(X)	liefert die nächstkleinere ganze Zahl, die kleiner oder gleich x
GREATEST(ausdruck1, ausdruck2, ...)	ermittelt den größten Wert der Ausdrucksliste
LEAST(ausdruck1, ausdruck2, ...)	liefert den kleinsten Wert.

Abfrage	**Ergebnis**
`SELECT 5.4 % 2.2;`	1
`SELECT POW(9,3);`	729
`SELECT SQRT(16);`	4
`SELECT SQRT(-16);`	NULL
`SELECT POW(729,1/3);`	9
`SELECT EXP(1);`	2,718282
`SELECT LOG(2,718282);`	1
`SELECT LOG10(2);`	0,3010
`SELECT ROUND(-35.4445,2);`	-35.44
`SELECT TRUNCATE(5.1545,1);`	5.1
`SELECT ABS(-35.4445);`	35.4445
`SELECT SIGN(23);`	1
`SELECT SIGN(-23);`	-1
`SELECT SIGN(0);`	0
`SELECT CEILING(5.7);`	6
`SELECT FLOOR(5.7);`	5

Abfrage	Ergebnis
`SELECT GREATEST(5,7,3.33);`	7.00
`SELECT LEAST(5,7,3.33);`	3.33

Trigonometrische Funktionen in MySQL	Bezeichnung in MySQL
Arcuscosinus	`ACOS(x)`
Cosinus	`COS(x)`
Arcussinus	`ASIN(x)`
Sinus	`SINUS(x)`
Arcustangens	`ATAN(x)`
Cotangens	`COT(x)`
Tangens	`TAN(x)`

Das Bogenmaß wird mit Hilfe der Funktion DEGREES(x) in Grad umgewandelt.

Abfrage	Ergebnis
`SELECT DEGREES(Pi());`	180

4.10.4 Logische Funktionen und spezielle Funktionen

Logische Funktionen in der JET-Datenbank

Funktion	Funktion prüft, ob Ausdruck	
ISNULL(ausdruck)	NULL enthält	
	ISNULL('')	<- 0 (für falsch)
	ISNULL(Null)	<- -1 (für wahr)
ISNUMERIC(ausdruck)	als Zahl ausgewertet werden kann	
	ISNUMERIC('24')	<- 0 (für falsch)
SGN(zahl)	Vorzeichen besitzt	
	SGN(34.33)	<- 1 (für positiv)
	SGN(-34.33)	<- -1 (für negativ)
	SGN(0)	<- 0 (kein Vorzeichen)

Logische Funktionen in MySQL

Funktion	Funktion prüft, ob Ausdruck
IF(ausdruck1, ausdruck2,ausdruck3)	Wenn *ausdruck1* den Wert 0, kleiner 0 oder NULL aufweist, wird *ausdruck3* angezeigt, sonst ausdruck2.
IFNULL(ausdruck1, ausdruck2)	Weist *ausdruck1* den Wert NULL auf, wird *ausdruck2* ausgegeben, ansonsten der Wert von *ausdruck1*.
INTERVAL(ausdruck, ausdruck1, ausdruck2,...)	Intervall liefert den Wert 0, wenn Wert in *ausdruck* kleiner als in *ausdruck1*, 1, wenn Wert in *ausdruck* kleiner als in *ausdruck2*, 2, wenn Wert in *ausdruck* kleiner als in *ausdruck3*, –1, wenn Wert in *ausdruck* ist NULL Werte ab ausdruck1 müssen in aufsteigender Reihenfolge angeordnet sein!
ISNULL(ausdruck)	gibt 0 aus, wenn in ausdruck nicht NULL ist, sonst 1.
STRCMP(str1,str2)	vergleicht Strings. Die Funktion meldet 0, wenn str1 gleich str2 –1, wenn ungleich 1, wenn str2 ist NULL, wenn ein Parameter NULL enthält

Abfrage	Ergebnis
`SELECT IF(5/2,'größer 0','kleiner 0');`	größer 0
`SELECT IF(0/2,'größer 0','kleiner 0');`	kleiner 0
`SELECT IFNULL(5/2,'0NULL');`	2.50
`SELECT IFNULL(NULL,'Ausdruck1 ist NULL');`	Ausdruck1 ist NULL
`SELECT INTERVAL(2,7,9,12);`	0
`SELECT INTERVAL(15-4,7,9,12);`	2

Weitere Funktionen in MySQL

Abfrage	Ergebnis
`SELECT USER();`	z.B.ODBC@localhost
`SELECT VERSION();`	z.B 4.0.1.-alpha-nt

4.11 SQL-Operatoren LIKE, BETWEEN, IN und MATCHES verwenden

Die Operatoren LIKE, BETWEEN und IN können Sie in allen Datenbanksystemen in der WHERE-Klausel einsetzen. Der Operator MATCHES steht nur in INFORMIX zur Verfügung.

4.11.1 Operator LIKE

Beim Vergleich eines Textfeldes mit einem Textmuster darf nicht der Operator = verwendet werden. Wollte man alle Namen, die mit M anfangen, mittels

WHERE pname = "M"

abfragen, würde kein Name angezeigt. Vielmehr muss der Operator LIKE verwendet werden. Außerdem ist dem System mitzuteilen, dass die übrigen Buchstaben des Textfeldes keine Bedeutung für den Suchvorgang haben. Es sind also Platzhalter bzw. Jokerzeichen für unbekannte oder unerhebliche Zeichen in das Textmuster einzubeziehen. Man unterscheidet folgende Jokerzeichen:

% steht für eine beliebige Anzahl beliebiger Zeichen,
_ steht für ein einziges Zeichen.

Diese Jokerzeichen werden auch im SQL-Fenster von MS Query eingesetzt. In Access und in VBA-Prozeduren müssen Sie aber eingeben

* für eine beliebige Anzahl von Zeichen,
? für ein einziges Zeichen

Somit ist die Suche nach den Namen der Mitarbeiter, die mit M beginnen, wie folgt zu formulieren:

```
          SELECT pname FROM persdat                (A41101)
            WHERE pname LIKE 'M%'
```

```
I:        SELECT pname FROM persdat                (A41101a)
            WHERE pname LIKE 'M*'
```

Ergebnis: PNAME
Meier
Meieris
Meyer

An einem weiteren Beispiel sei die Wirkung des Platzhalters _ aufgezeigt. Gesucht werden die Namen, die der Zeichenkette «Me er» entsprechen. An der dritten Stelle darf in den gesuchten Namen ein beliebiger Buchstabe stehen.

```
I,M,O     SELECT pname FROM persdat                (A41102)
            WHERE pname LIKE 'Me_er'
```

Ergebnis: PNAME
Meyer
Meier

In DB2 und JET wird bei LIKE die gesamte Breite der Spalte *pname* von 12 Zeichen in den Vergleich einbezogen, also auch vorhandene Leerstellen. Dehalb muss in diesen Datenbanken die Abfrage lauten:

```
D, QUERY  SELECT pname FROM persdat                (A41102a)
            WHERE pname LIKE 'Me_er%'

Access    SELECT pname FROM persdat                (A41102b)
            WHERE pname LIKE 'Me?er*'
```

Wenn Sie jedoch in DB2 den Datentyp VARCHAR statt CHAR verwenden, kann es bei der üblichen Abfrage bleiben.

4.11.2 Operator BETWEEN

Der Operator BETWEEN wird zur Formulierung von Bereichsabfragen eingesetzt. Er kann bei Textspalten, Datumsspalten und bei numerischen Spalten verwendet werden. BETWEEN wählt die Daten aus, die sich zwischen einem unteren und oberen Grenzwert befinden. Die definierten Grenzwerte werden in die Ausgabe einbezogen. Die folgenden Problemlösungen zeigen die Wirkungsweise von BETWEEN.

Abfrage einer Zeichenspalte
Welche Namen beginnen mit Großbuchstaben, die zwischen S und Z einschließlich liegen?

```
              SELECT pname FROM persdat            (A41104)
               WHERE pname BETWEEN 'S' AND 'Z'
```

Ergebnis:

PNAME
Strom
Volt

Da der Operator BETWEEN die Werte ab dem unteren Grenzwert ausgibt, wird der Name «Strom» einbezogen.

Abfrage einer Datumsspalte
Welche Mitarbeiter sind zwischen dem 1.1.84 und dem 31.12.85 in das Unternehmen eingetreten?

```
  I,O:        SELECT pname, eintritt FROM persdat  (A41105)
               WHERE eintritt BETWEEN
                 DATE('01.01.1984') AND DATE('31.12.1985')
```

Ergebnis:

PNAME	EINTRITT
Meyer	01.03.1984
Strom	01.03.1984
Luft	15.05.1985
Bind	15.05.1985

```
D:      SELECT pname, eintritt FROM persdat         (A41105)
         WHERE eintritt BETWEEN
                ('01.01.1984') AND ('31.12.1985')
J:      SELECT pname, eintritt FROM persdat         (A41105)
         WHERE eintritt BETWEEN
         #1984-1-1# AND #1985-12-31#
oder:   SELECT pname, eintritt FROM persdat         (A41105A)
         WHERE eintritt BETWEEN
         DATEVALUE('1.1.84') AND
         DATEVALUE('31.12.85')
M:      SELECT pname, eintritt FROM persdat         (A41105)
         WHERE eintritt BETWEEN
        '1984-01-01' AND '1985-12-31';
```

Die Abfrage könnte auch so lauten:

```
SELECT pname, eintritt FROM persdat          (A41105B)
  WHERE YEAR(eintritt) BETWEEN 1984 AND 1985
```

Abfrage einer numerischen Spalte
Welche Mitarbeiter verdienen zwischen 4000 und 5000 €?

```
SELECT pname, gehalt FROM persdat    (A41106)
 WHERE gehalt BETWEEN 4000 AND 5000
```

Ergebnis:

PNAME	GEHALT
Luft	4500.00
Volt	4200.00
Bind	4000.00
Meier	5000.00

4.11.3 Operator IN

Der Operator IN ist vergleichbar mit der Elementabfrage in der Mengenlehre. Er stellt fest, ob der Inhalt der befragten Spalte in einer der angegebenen Mengen enthalten ist. Der Operator IN kann auf Zeichenspalten, Datumsspalten und numerische Spalten angewendet werden.

Zur Beantwortung der Frage, welche Mitarbeiter Söhne bzw. Töchter haben, kann man folgende Anweisung einsetzen:

```
SELECT DISTINCT persnr FROM fmitglieder (A41107B)
WHERE vwgrad IN ('s','t')
```

Ergebnis:	PERSNR
	10
	8
	5

Hinter dem Schlüsselwort IN werden in runden Klammern die Suchbegriffe einfach hintereinander aufgelistet.
Gleiche Ergebnisse erzielt man, wenn die Bedingung mit den Operatoren OR und = gebildet wird. So lautet die Anweisung unter Verwendung von OR und =:

```
SELECT DISTINCT persnr FROM fmitglieder          (A41107A)
 WHERE vwgrad = 's' OR
       vwgrad = 't'
```

Aus dem Vergleich der beiden SQL-Anweisungen ist zu erkennen, dass IN die Abfrage vereinfacht.
Das folgende Beispiel zeigt die Anwendung des IN-Operators auf eine Datumsspalte. Es sollen die Namen der Mitarbeiter ausgegeben werden, die in dem Jahr 1975 oder 1984 eingetreten sind.

```
SELECT                                (A41108)
 pname, eintritt FROM persdat
 WHERE YEAR(eintritt) IN (1975,1984)
```

Ergebnis:	PNAME	EINTRITT
	Meyer	01.03.1984
	Strom	01.03.1984
	Meier	01.01.1975

Die Anwendung von IN auf eine numerische Spalte zeigt das nächste Beispiel. Es ist die Frage zu beantworten, welche Mitarbeiter in den Abteilungen 2 bzw. 4 arbeiten.

```
SELECT pname FROM persdat                (A41109)
 WHERE abtnr IN (2,4)
```

Ergebnis: PNAME
Eifer
Meier
Strom
Bind

4.11.4 Operator MATCHES in INFORMIX

Der Operator MATCHES steht nur in INFORMIX zur Verfügung. Er wird ähnlich wie LIKE verwendet. Mit MATCHES werden in dem Abfragewert von Zeichenketten jedoch andere Platzhalter verwendet:

* steht für eine beliebige Anzahl unterschiedlicher Zeichen.
? steht für ein einziges Zeichen.
[ ] In eckigen Klammern werden Werte zum Suchen oder zum Nichtsuchen definiert:

[A-D] Alle Werte, die mit den Buchstaben A, B, C oder D beginnen, werden gesucht.
[^BELM] Alle Werte, die mit B, E, L oder M beginnen, werden von der Suche ausgeschlossen.

Aufgabe: Welche Mitarbeiternamen beginnen mit den Buchstaben B, C, D, E?

```
SELECT pname FROM persdat              (A41110A)
 WHERE pname MATCHES '[B-E]*'
```

Ergebnis: PNAME
Eifer
Bind

Aufgabe: Welche Mitarbeiternamen beginnen nicht mit B, E, L, M?

```
SELECT pname FROM persdat             (A41110B)
 WHERE pname MATCHES '[^BELM]*'
```

Ergebnis:

PNAME
Strom
Volt

Aufgabe: Welche Gehälter beziehen Mitarbeiter, die entweder Meier oder Meyer heißen?

```
SELECT pname, gehalt FROM persdat    (A41111)
 WHERE pname MATCHES 'Me[iy]er'
```

Ergebnis:

PNAME	GEHALT
Meyer	2450.00
Meier	5000.00

4.11.5 Operator & in der JET-Datenbank

Mit dem Operator & werden Zeichenketten in Ausgabefelder eingefügt.

Aufgabe: In welcher Abteilung arbeitet der Mitarbeiter mit der Personalnummer 1?

```
J: SELECT pname & ' arbeitet in Abteilung ',
     abtnr                                         (A41112)
    FROM persdat WHERE persnr = 1
```

Ergebnis: Eifer arbeitet in Abteilung 4,0.

4.11.6 In MySQL mit CONCAT() Zeichenketten verbinden

Die Funktion CONCAT() verbindet Zeichenketten und Variablenwerte. Mit CONCAT_WS() wird das an erster Stelle in der Klammer eingegebene Zeichen als Trennzeichen verwendet:

```
M:  SELECT CONCAT(pname,' arbeitet in Abteilung ', abtnr)
    FROM persdat WHERE persnr = 1;                (A41112)
M:  SELECT CONCAT_WS(' ',pname,'arbeitet in Abteilung', abtnr)
    FROM persdat WHERE persnr = 1;                (A41112A)
```

Ergebnis: Eifer arbeitet in Abteilung 4

4.12 Daten in Zwischentabellen speichern

Aufgabe: Der Personalleiter möchte wissen, welcher Mitarbeiter das niedrigste Gehalt hat.

Diese Abfrage ist in zwei Schritten zu lösen. In einem Schritt wird festgestellt, wie hoch das niedrigste Gehalt ist. Im zweiten Schritt wird ermittelt, wer das niedrigste Gehalt bekommt. In DB2, ORACLE und JET ist dieses Problem mit Hilfe einer Unterabfrage zu lösen. INFORMIX bietet hier die Möglichkeit, die Ergebnisse von Abfragen in Zwischentabellen zu speichern. Dazu fügen Sie an die SQL-Anweisung die Klausel

INTO TEMP zwischentabellenname

an.

Diese Tabellen sind temporär. Sie sind nur während der Arbeitssitzung verfügbar. Am Ende werden sie automatisch gelöscht. Möchten Sie diese bereits während der Arbeitssitzung löschen, erreichen Sie das durch die Anweisung

DROP TABLE zwischentabellenname

Zur Lösung der obigen Problemstellung wird zunächst das Minimum der Gehaltsspalte der Tabelle *persdat* in die Zwischentabelle *zwidat* geschrieben:

```
I:        SELECT MIN(gehalt) mingehalt            (A41201)
            FROM persdat
            INTO TEMP zwidat
```

Hinter MIN(gehalt) wurde ein **Alias** vereinbart. Alias ist zu übersetzen mit «anderer Name». Alias können Sie einsetzen, um Ausgabespalten einen anderen Namen zu geben. Er steht durch eine Leerstelle getrennt hinter dem Ausdruck, den er bezeichnen soll. Wollen Sie berechnete Spalten in eine Zwischentabelle speichern, so müssen Sie für diese Spalten Namen vergeben. Hier wurde die Spalte in der temporären Tabelle *zwidat* mit *mingehalt* bezeichnet.
Die temporäre Tabelle *zwidat* können Sie genau wie jede andere Tabelle in Abfragen einbeziehen. Das zeigt die nächste Abfrage, in der nun der Mitarbeiter herausgesucht wird, der das niedrigste Gehalt bekommt.

```
I:  SELECT pname, mingehalt                         (A42102)
     FROM persdat, zwidat
     WHERE gehalt = mingehalt
```

In MySQL wird die Zwischentabelle mit CREATE TEMPORY TABLE erstellt. Wie in INFORMIX werden in der folgenden SELECT-Abfrage dann hinter FROM die Zwischentabelle und die Haupttabelle aufgerufen:

```
M:   CREATE TEMPORARY TABLE mingehalt                (A4131)
         SELECT MIN(gehalt) AS minimum FROM persdat;
     SELECT pname, minimum
        FROM persdat, mingehalt
        WHERE gehalt = minimum;
```

4.13 Erläuternde Kommentare einfügen

Erläuternde Texte erleichtern zuweilen die Interpretation der Ergebnisse, die das Datenbanksystem liefert. In INFORMIX, ORACLE und JET sind solche Texte innerhalb einer Anweisung zugelassen. Sie werden in Hochkommata eingeschlossen.

Beispiel: Die Personalnummer und der Name des Mitarbeiters mit der Personalnummer 10 sollen in der Zeichenkette

Der Mitarbeiter mit der Personalnummer   10
heißt Meier

angezeigt werden.

```
SELECT                                              (A41401)
'Der Mitarbeiter mit der Personalnummer ', persnr,
'heißt ', pname
FROM persdat WHERE persnr = 10
```

In MySQL können Sie zwischen drei Möglichkeiten wählen:

-- Kommentare werden mit zwei auf einander folgenden Bindestrichen und einem Zwischenraum eingeleitet. Diese Kommentare enden am Zeilenende.

Kommentare werden durch # eingeleitet. Auch diese Kommentare enden am Zeilenende.

/* Kommentare beginnen mit /* und enden mit */. Diese Kommentare können sich über mehrere Zeilen erstrecken.

Beispiel:

```
# SQL-Anweisung mit zwei Kommentaren:                 (A41301.mys)
SELECT pname        -- Mitarbeiternamen
  FROM persdat
/*Diese Anweisung gibt
  alle Namen der Mitarbeiter aus */;
```

4.14 Übungen

UE41501: Alle Zeilen der Tabelle *abteilg* sollen angezeigt werden.

UE41502: Name und Vorname aller Mitarbeiter sind auszugeben.

UE41503: Welche Aufträge werden in der Tabelle *tposten* aufgeführt?

UE41504: Welche Mitarbeiter verdienen weniger als 4000 € Grundgehalt?

UE41505: In welchen Zeilen der Tabelle *auftrag* stehen in der Spalte *abdatum* NULL-Werte?

UE41506: Wie viel Stunden hat der Mitarbeiter mit der Personalnummer 1 an dem Auftrag 3333 gearbeitet?

UE41507: Wie viel Stunden hat der Mitarbeiter mit der Personalnummer 1 im Februar 2002 an dem Auftrag 3333 gearbeitet?

UE41508: Welche Mitarbeiterinnen verdienen weniger als 4000 € oder sind vor dem 1.1.85 eingetreten?

UE41509: Für welche Aufträge hat der Mitarbeiter mit der Personalnummer 3 gezeichnet (*tartnr* = 6)? Auch der Tag und die Stundenzahl sind anzuzeigen.

UE41510: Geben Sie an, wie oft und mit wie viel Stunden insgesamt der Mitarbeiter mit der Personalnummer 3 im Februar 2002 für Aufträge gezeichnet hat.

UE41511: Zeigen Sie das höchste, das kleinste, das durchschnittliche Gehalt und die Summe der Gehaltszahlungen im Januar 2002 an.

UE41512: Errechnen Sie das Ergebnis des Ausdrucks ((3+5)*(5-2))/8.

UE41513: Welche Vornamen der Mitarbeiter enden mit a? In DB2 können Sie diese Abfrage nicht lösen, weil *pvname* als CHAR-Spalte und nicht als VARCHAR-Spalte in der Tabelle *persdat* definiert ist.

UE41514: Welche Mitarbeiter sind im Februar für den Auftrag 2222 eingesetzt worden?

UE41515: Welche Mitarbeiter haben im Februar an den Aufträgen 1111 und 2222 gearbeitet?

4.15 Lösungen

UE41501:

```
SELECT * FROM abteilg
```

UE41502:

```
SELECT pname, pvname FROM persdat
```

UE41503:

```
SELECT DISTINCT aufnr FROM tposten
```

UE41504:

```
SELECT * FROM persdat WHERE gehalt < 4000
```

UE41505:

```
SELECT * FROM auftrag WHERE abdatum IS NULL
```

UE41506:

```
SELECT persnr, tstd FROM tposten
  WHERE persnr = 1 AND
         aufnr = 3333
```

UE41507:

```
SELECT persnr, tbnr, tstd FROM tposten
  WHERE persnr = 1    AND
         aufnr = 3333 AND
        tbnr BETWEEN 20020201 AND 20020228
```

UE41508:

```
SELECT pname, geschlecht, eintritt, gehalt
  FROM persdat
  WHERE geschlecht = 'W'  AND
   (gehalt < 4000 OR eintritt < '01.01.1985')
```

UE41509:

```
SELECT aufnr, tbnr, tstd FROM tposten
  WHERE persnr = 3 AND tartnr = '6'
```

UE41510:

```
SELECT COUNT(*), SUM(tstd) FROM tposten
  WHERE persnr = 3 AND
        tartnr = '6' AND
        tbnr BETWEEN 20020201 AND 20020228
```

UE41511:

```
SELECT MAX(mgehalt), MIN(mgehalt),
       AVG(mgehalt), SUM(mgehalt)
  FROM mgehalt
  WHERE jahr = 94 AND monat = 1
```

UE41512:

```
SELECT ((3+5)*(5-2))/8
  FROM persdat WHERE persnr = 1
```

UE41513:

```
SELECT pvname FROM persdat
  WHERE pvname LIKE '%a'
```

UE41514:

```
SELECT DISTINCT persnr FROM tposten
  WHERE tbnr BETWEEN 20020201 AND 20020228 AND
    aufnr = 2222
```

UE41515:

```
SELECT DISTINCT persnr FROM tposten
  WHERE tbnr BETWEEN 20020201 AND 20020228 AND
    aufnr IN (1111,2222)
```

5 Daten aus mehreren Tabellen abfragen (Joins)

5.1 Kartesisches Produkt aus zwei Tabellen bilden

Bei normalisierten Datenbanken müssen häufig zwei und mehr Tabellen abgefragt werden, um die gewünschten Informationen zu erhalten. Dabei tritt das Problem auf, die an der Abfrage beteiligten Tabellen logisch in der richtigen Weise miteinander zu verknüpfen. Werden Tabellen ohne eine Verknüpfungsvorschrift in einer Abfrage verbunden, so wird bei der Ausführung der Abfrage das kartesische Produkt gebildet. Dabei wird jede Reihe der einen Tabelle mit jeder Reihe der anderen Tabelle kombiniert. Das zeigt das nachstehende Beispiel, in dem die Tabellen *persdat* und *fmitglieder* beziehungslos miteinander verbunden werden. Der Einfachheit halber sollen nur die Nummer und der Name des Mitarbeiters aus der Tabelle *persdat* sowie der Vorname des Familienmitgliedes aus der Tabelle *fmitglieder* in die Abfrage einbezogen werden.

```
SELECT persdat.persnr, persdat.pname, fmitglieder.vorname
FROM persdat, fmitglieder
```

Ergebnis:

PERSNR	PNAME	VORNAME
1	Eifer	Else
1	Eifer	Theo
1	Eifer	Hanna
1	Eifer	Christa
1	Eifer	Heinz
1	Eifer	Beate
1	Eifer	Heinrich
3	Meyer	Else
usw.		

Die obige Ergebnisanzeige ist unvollständig. Da die Tabelle *persdat* 8 Reihen enthält, die Tabelle *fmitglieder* aus 7 Reihen besteht, werden insgesamt 7 × 8 = 56 Zeilen ausgegeben. Es wird aber dennoch deutlich, dass ohne eine logische Verbindung zwischen den Tabellen keine sinnvollen Ergebnisse gewonnen werden können.

5.2 Logische Verbindungen mit Equi-Join herstellen

Eine Verknüpfung von Tabellen kann nur dann gelingen, wenn bereits beim Entwurf darauf geachtet wurde, dass sie sich über Schlüsselspalten miteinander verbinden lassen.

Tabelle PERSDAT	
persnr	pname
1	Eifer ...
3	Meyer ...
4	Strom ...
5	Luft

Tabelle FMITGLIEDER	
persnr	vorname
3	Heinrich
5	Beate
5	Heinz

Verknüpfungsspalte

Die logische Zuordnung einer Tabellenzeile aus Tabelle 1 zu der richtigen Tabellenzeile aus Tabelle 2 wird über identische Werte in Schlüsselspalten hergestellt:

tabellenname1.schlüsselspalte = tabellenname2.schlüsselspalte

Man bezeichnet diese Verbindung auch als Equi-Join. Die Abkürzung Equi steht für «Gleichheit». Join ist mit «Verknüpfung» zu übersetzen. Sind die Namen der Schlüsselspalten in den beiden Tabellen verschieden, kann auf eine Qualifizierung des Spaltennamens verzichtet werden. Qualifiziert wird ein Spaltenname, indem ihm der Tabellenname vorangestellt wird.
Die korrekte Verbindung der Tabelle *persdat* mit der Tabelle *fmitglieder* sei an folgender Problemstellung aufgezeigt: Es sollen die Personal-

nummer, der Name sowie die Vornamen vorhandener Familienmitglieder des Mitarbeiters mit der Personalnummer 10 angezeigt werden.

Lösungsansatz: Für diese Abfrage müssen die beiden Tabellen *persdat* und *fmitglieder* miteinander verknüpft werden. Die Verbindung erfolgt über die Spalte *persnr*, die in beiden Tabellen geführt wird.

```
SELECT persdat.persnr, pname, vorname        (A5101)
FROM   persdat, fmitglieder
WHERE persdat.persnr = fmitglieder.persnr AND
      persdat.persnr = 10
```

Ergebnis:

PERSNR	PNAME	VORNAME
10	Meier	Else
10	Meier	Theo
10	Meier	Hanna

Als Bindeglied wird die Spalte *persnr* verwendet, die in beiden Tabellen vorkommt. Da das System bei nicht eindeutigen Spaltennamen nicht feststellen kann, in welcher Tabelle der Wert gesucht werden soll, muss der Tabellenname hinzugefügt werden; der Spaltenname *persnr* muss qualifiziert werden:

```
persdat.persnr, fmitglieder.persnr
```

Die Tabellennamen der zu verknüpfenden Tabellen werden hinter der FROM-Klausel aufgelistet.
Die Equi-Bedingung in der WHERE-Klausel besagt, dass jene Zeilen zu suchen sind, deren Personalnummern gleich sind. Davon soll jedoch nur jene Zeile ausgegeben werden, die die Personalnummer 10 hat. Bei der Bedingung persnr = 10 wurde in der Abfrage A5101 dem Spaltennamen die Tabelle *persdat* zugeordnet. Es hätte aber auch die Tabelle *fmitglieder* sein können:

```
fmitglieder.persnr = 10
```

5.3 Andersnamen für Tabellen vereinbaren

Bei der Eingabe einer Abfrage kann es lästig werden, wenn man immer wieder lange Tabellennamen wie «fmitglieder» eintasten muss. Deshalb arbeitet man in Joins gern mit Tabellen-Kurznamen, Andersnamen oder Alternativnamen. Alternativnamen werden benötigt, wenn Tabellen auf sich selbst zu beziehen sind. Sie können synonyme Namen oder Alias-Namen sein.

5.3.1 Synonyme Bezeichner

Synonym vereinbaren

Andersbezeichnungen (synonyme Namen) werden mit der SQL-Anweisung CREATE SYNONYM vereinbart. In DB2 kann die Anweisung erst in Version 2 (ab 1996) verwendet werden. In JET-Datenbanken und MySQL läuft diese Anweisung nicht.

Beispiel: Die Tabelle *persdat* soll alternativ mit dem Kurznamen *p* angesprochen werden können.

```
CREATE SYNONYM p FOR persdat                         (A5201)
```

Nach erfolgreicher Eingabe des SYNONYM-Befehls können Sie die Daten der Tabelle *persdat* alternativ ansprechen:

```
SELECT * FROM p                                      (A5201A)

SELECT * FROM persdat                                (A5201B)
```

In der Anweisung kann alternativ der Zusatz PUBLIC eingesetzt werden: CREATE PUBLIC synonym FOR tabelle. Auf die damit verbundenen Möglichkeiten gehen wir in Kapitel 11 ein.

Synonym löschen

Die Löschung von Synonymen erfolgt durch die Anweisung

DROP SYNONYM andersname

5.3.2 Alias-Bezeichner definieren

Es gibt auch die Möglichkeit, Kurzbezeichnungen nur für die Dauer einer Befehlsausführung zu definieren. Wir nennen diese Bezeichner Alias-Bezeichner.
Alias-Namen werden in dem FROM-Zusatz des SELECT-Befehls vereinbart. Zwischen dem Tabellennamen und der nachgestellten Alias-Bezeichnung steht nur ein Leerzeichen. Sie können in allen Datenbanksystemen eingesetzt werden. Wir arbeiten in den Beispielen dieses Buches deshalb ausschließlich mit Alias-Bezeichnern.

Beispiel: Die obige SQL-Anweisung A5101 lautet bei Verwendung von Alias-Bezeichnern:

```
SELECT p.persnr, pname, vorname                    (A5202)
FROM   persdat p, fmitglieder f
WHERE  p.persnr = f.persnr AND
       p.persnr = 10
```

Für die Dauer der aktuellen Befehlsausführung wird der Tabelle *persdat* die Alias-Bezeichnung *p* und der Tabelle *fmitglieder* der Alias *f* zugewiesen. Die Eindeutigkeit der Spalte *persnr* wird jetzt mit *p.persnr* und *f.persnr* hergestellt.

5.4 Join-Analysen für Inner-Equi-Joins durchführen

Die korrekte Verbindung zwischen den Tabellen, die in einer Abfrage angesprochen werden, ist Voraussetzung für ein korrektes Ergebnis. Um unsinnige und unrichtige Anzeigen zu vermeiden, führt man bei Abfragen mit mehreren Tabellen eine Join-Analyse durch, aus der dann die Verknüpfungsfunktion entwickelt wird.

Beispiel: Der Personalleiter will wissen, welche Mitarbeiter Familienmitglieder haben, wie diese mit Vornamen heißen und ob es sich dabei um den Ehemann oder die Ehefrau, um einen Sohn oder um eine Tochter handelt.
Mit der Join-Analyse stellen wir fest, welche Tabellen und welche Verknüpfungsspalten angesprochen werden.

Angesprochene Tabellen und Alias-Namen	**Angesprochene Tabellenspalten**	**Verknüpfungs-spalten**
persdat p	persnr, pname	p.persnr
fmitglieder f	fmnr, vorname	f.persnr f.vwgrad
vwgrade v	vwname	v.vwgrad

In den Tabellen *persdat* und *fmitglieder* müssen die Zeilen mit übereinstimmender Personalnummer logisch verknüpft werden, in den Tabellen *fmitglieder* und *vwgrade* die Zeilen mit übereinstimmendem Schlüssel des Verwandtschaftsgrades.

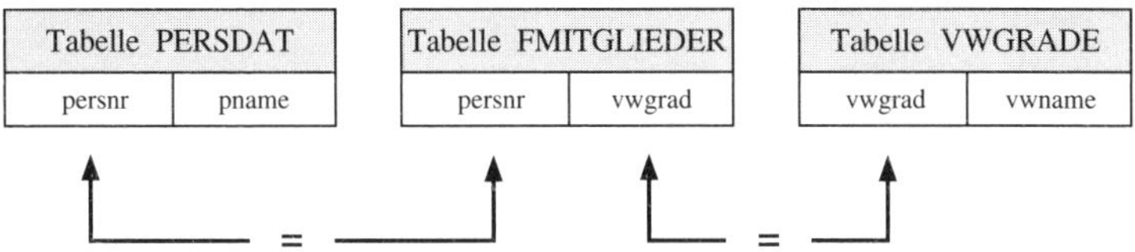

Die Verknüpfungsvorschrift lautet deshalb:

p.persnr = f.persnr AND
f.vwgrad = v.vwgrad

Sie wird in der WHERE-Klausel notiert. Die Anweisung lautet dann:

```
SELECT p.persnr, pname, fmnr, vwname, vorname (A5401)
FROM  persdat p, fmitglieder f, vwgrade v
WHERE p.persnr = f.persnr AND
      f.vwgrad = v.vwgrad
```

Ergebnis:

PERSNR	PNAME	FMNR	VWNAME	VORNAME
3	Meyer	1	Ehemann	Heinrich
5	Luft	2	Sohn	Heinz
5	Luft	1	Ehefrau	Beate
8	Volt	1	Tochter	Christa
10	Meier	3	Tochter	Else
10	Meier	2	Sohn	Theo
10	Meier	1	Ehefrau	Hanna

In der Bildschirmanzeige werden nur die Namen der Belegschaftsmitglieder genannt, die Familienmitglieder besitzen. Die Tabellenzeilen aus der Tabelle *persdat* mit den Personalnummern 1, 4, 7 und 9 werden nicht ausgegeben, weil für diese Zeilen die Bedingung p.persnr = f.persnr nicht zutrifft. Abfragen, bei denen ausschließlich die innerhalb beider Tabellen vorhandenen Zeilen mit gleichem Schlüsselwert berücksichtigt werden, nennt man auch **Inner-Equi-Joins**.

An einem weiteren Beispiel sei der Inner-Equi-Join dargestellt. Es sind die Mitarbeiter zu ermitteln, die im Februar 2002 mehr als 4000 € verdient haben.

Join-Analyse:

Angesprochene Tabellen und Alias-Namen	Angesprochene Tabellenspalten	Verknüpfungs-spalten
persdat p	pname	p.persnr
mgehalt m	mgehalt	m.persnr

Verknüpfungsbedingungen: jahr = 2002
monat = 2
mgehalt > 4000 oder
4000 < mgehalt

```
SELECT pname, mgehalt                                  (A5402)
FROM persdat p, mgehalt m
WHERE p.persnr = m.persnr AND
          jahr = 2002     AND
         monat = 2        AND
          4000 < mgehalt
```

Ergebnis:

PNAME	MGEHALT
Meier	6001.74
Volt	4240.00
Luft	4600.00
Eifer	6063.63

5.5 OUTER-, LEFT-, RIGHT-Join vereinbaren

Mit einem Inner-Equi-Join sind nicht alle Informationswünsche zu erfüllen. Das zeigt das folgende Beispiel. In ihm werden aus einer Tabelle sämtliche Reihen ausgegeben, denen aus einer anderen Tabelle Reihen aufgrund übereinstimmender Schlüsselwerte zugeordnet werden.

Beispiel: Der Personalleiter will wissen, welche Mitarbeiter Familienmitglieder haben, wie diese mit Vornamen heißen und welchen Verwandtschaftsgrad sie haben. Zusätzlich sollen die Mitarbeiter ohne Familienangehörige genannt werden.

Das Abfrageergebnis sollte wie folgt gestaltet sein:

PERSNR	PNAME	FMNR	VWGRAD	VORNAME
9	Bind			
8	Volt	1	t	Christa
7	Meieris			
5	Luft	2	s	Heinz
5	Luft	1	f	Beate
4	Strom			
3	Meyer	1	m	Heinrich
1	Eifer			
10	Meier	3	t	Else
10	Meier	2	s	Theo
10	Meier	1	f	Hanna

Aus der Tabelle *persdat* werden sämtliche Reihen ausgegeben, die im Falle der Entsprechung mit Reihen aus der Tabelle *fmitglieder* verbunden werden. Eine solche Verbindung, auch Inklusionsverknüpfung genannt, bezeichnen wir nachfolgend mit **OUTER-Join.**
Beim OUTER-Join ist zwischen der Haupttabelle und der nachgeordneten Tabelle zu unterscheiden. Jene ist die Haupttabelle, aus der sämtliche Reihen in die Ausgabe übernommen werden sollen. In dem obigen Beispiel ist *persdat* die Haupttabelle. *fmitglieder* ist die nachgeordnete Tabelle, weil aus ihr nur die Reihen in die Ausgabe gelangen, bei denen eine Gleichheit in der Join-Spalte vorliegt. In der Abfrage muss die nachgeordnete Tabelle kenntlich gemacht werden. In INFORMIX wird

in der FROM-Klausel die Tabelle durch ein vorangestelltes OUTER als nachgeordnete Tabelle gekennzeichnet. In ORACLE wird in der WHERE-Klausel die Join-Spalte der nachgeordneten Tabelle durch ein nachgestelltes (+) markiert. Der Outer-Equi-Join-Operator darf in einer Anweisung nur einmal eingesetzt werden.

In der JET-Datenbank und MySQL können Sie JOIN-Operationen mit den Operatoren **INNER JOIN, LEFT JOIN** und **RIGHT JOIN** erstellen. LEFT JOIN bewirkt, dass aus der links vor LEFT JOIN genannten Tabelle auch jene Datensätze angezeigt werden, denen kein Schlüsselwert aus der rechts genannten Tabelle entspricht. Bei RIGHT JOIN werden alle Datensätze aus der rechts genannten Tabelle ausgegeben. Bei INNER JOIN werden nur jene Datensätze aus den Tabellen verknüpft, die in einem gemeinsamen Feld gleiche Werte besitzen. In JET können Sie LEFT JOIN und RIGHT JOIN innerhalb von INNER JOIN verschachteln, nicht aber INNER JOIN innerhalb von LEFT JOIN oder RIGHT JOIN. **Beachten Sie:** Die Bedingungsvereinbarung wird beim Einsatz dieser Zusätze nicht hinter WHERE, sondern hinter **ON** vereinbart.

DB2 kennt keine OUTER-Verbindung. Hier muss man den UNION-Operator in Verbindung mit einer Unterabfrage anwenden. Die Unterabfrage behandeln wir in Kapitel 6, den Operator UNION in Kapitel 8.

In INFORMIX lautet die SQL-Anweisung:

```
SELECT p.persnr, pname, fmnr, vwgrad, vorname  (A5501)
  FROM persdat p, OUTER fmitglieder f
  WHERE p.persnr = f.persnr
```

In ORACLE ist die Anweisung wie folgt zu formulieren:

```
SELECT p.persnr, pname, fmnr, vwgrad, vorname  (A5501)
 FROM  persdat p, fmitglieder f
 WHERE p.persnr = f.persnr(+)
```

In der JET-Datenbank und in MySQL wird die Aufgabenstellung mit LEFT JOIN gelöst.

```
J: SELECT p.persnr, pname, fmnr, vwgrad, vorname  (A5501)
    FROM persdat p LEFT JOIN fmitglieder f
    ON p.persnr = f.persnr
```

Möchte man auch noch die Tabelle *vwgrade* in die Abfrage A5501 einbeziehen, so liefert INFORMIX bei der SQL-Anweisung

```
SELECT p.persnr, pname, fmnr, vwname, vorname  (A5502)
FROM  persdat p, OUTER fmitglieder f, vwgrade v
WHERE p.persnr = f.persnr AND
      f.vwgrad = v.vwgrad
```

ein kartesisches Produkt zwischen *persdat* und *vwgrade*. Zwischen *persdat* und *vwgrade* gibt es keine logische Verknüpfung.

Bei ORACLE wird mit A5502 ein korrektes Ergebnis ausgegeben:

```
SELECT p.persnr, pname, fmnr, vwname, vorname  (A5502)
FROM  persdat p, fmitglieder f, vwgrade v
WHERE p.persnr = f.persnr (+) AND
      f.vwgrad = v.vwgrad
```

In der JET-Datenbank setzen Sie LEFT JOIN ein. Beachten Sie in der Anweisung (A5502) die Reihenfolge der ON-Abfragen und die Klammersetzung: Zuerst wird die Bedingung definiert, die auf die innen genannten Tabellen *fmitglieder* und *vwgrade* zutrifft, dann die Bedingung für die Tabellen *persdat* und *fmitglieder*.

```
J: SELECT p.persnr, pname, fmnr, vwname, vorname  (A5502)
    FROM persdat p LEFT JOIN
     (fmitglieder f LEFT JOIN(vwgrade v)
    ON f.vwgrad = v.vwgrad)
    ON p.persnr = f.persnr
```

In MySQL muss die Abfrage mit LEFT JOIN anders als in JET eingegeben werden:

```
SELECT p.persnr, pname, fmnr, vwname, vorname     (A5502)
    FROM   persdat p
     LEFT JOIN fmitglieder f
```

```
 ON p.persnr=f.persnr
LEFT Join vwgrade v
ON  f.vwgrad = v.vwgrad;
```

An einem weiteren Beispiel sei der Aufbau eines OUTER-Joins dargelegt. Der Personalleiter will wissen, welche Mitarbeiter Familienmitglieder haben, wie diese mit Vornamen heißen, in welcher Abteilung sie arbeiten und wie diese Abteilung bezeichnet ist. Auch die Mitglieder ohne Familienangehörige sollen genannt werden.

Join-Analyse:

Angesprochene Tabellen und Alias-Namen	**Angesprochene Tabellenspalten**	**Verknüpfungs-spalten**	
persdat p	persnr, pname, abtnr	p.persnr	p.abtnr
fmitglieder f	fmnr, vorname	f.persnr	
abteilg a	abtname		a.abtnr

```
I:   SELECT p.persnr, pname, vorname, p.abtnr, abtname
      FROM persdat p, OUTER fmitglieder f, abteilg a
      WHERE p.persnr = f.persnr AND
            p.abtnr = a.abtnr                      (A5503)
```

```
O:     SELECT p.persnr, pname, vorname, p.abtnr, abtname
        FROM persdat p, fmitglieder f, abteilg a
        WHERE p.persnr = f.persnr (+) AND
              p.abtnr = a.abtnr                  (A5503)
```

Ergebnis:

PERSNR	PNAME	VORNAME	ABTNR	ABTNAME
1	Eifer		4	Transport
3	Meyer	Heinrich	4	Transport
4	Strom		2	Verwaltung
5	Luft	Heinz	3	Steuerung
5	Luft	Beate	3	Steuerung
7	Meieris		3	Steuerung
8	Volt	Christa	3	Steuerung

9	Bind		2	Verwaltung
10	Meier	Else	1	Leitung
10	Meier	Theo	1	Leitung
10	Meier	Hanna	1	Leitung

Auch bei INFORMIX wird bei drei Tabellen im OUTER-Join ein sinnvolles Ergebnis ausgegeben, wenn die dritte eingesetzte Tabelle mit der Tabelle *persdat* verknüpft werden kann.

Hinweis: Der besseren Übersicht wegen wurde die Ausgabe nach der Personalnummer sortiert. Die Sortierung wird durch die Klausel ORDER BY persnr im Anschluss an die WHERE-Bedingungen erzielt. Näheres über die Sortierung erfahren Sie in Kapitel 7.

In JET und in MySQL läuft die entsprechende Anweisung, wenn Sie die Tabellen in anderer Reihenfolge verknüpfen und RIGHT JOIN einsetzen: Nur so gibt es gleiche Schlüsselwerte zwischen den Tabellen *fmitglieder / persdat* und *persdat / abteilg*.

```
J: SELECT p.persnr, pname, vorname, p.abtnr, abtname
                                                   (A5503)
     FROM fmitglieder f RIGHT JOIN (persdat p LEFT JOIN
                                     (abteilg a)
     ON p.abtnr = a.abtnr)
     ON p.persnr = f.persnr
```

Die Benutzer des Datenbanksystems DB2 besitzen nicht die Möglichkeit, einen Outer-Join-Operator einzusetzen. Das bedeutet aber nicht, dass Sie deshalb auf vergleichbare Ergebnisausgaben verzichten müssen. Sie müssen nur anders vorgehen. Im Vorgriff auf die Kapitel 6 und 8 zeigen wir Ihnen ohne weiteren Kommentar hier die «Outer Join»-Lösung der Aufgabenstellung A5502 mit UNION und Subselect:

```
SELECT p.persnr, pname, fmnr, vwname, vorname (A5504)
FROM persdat p, fmitglieder f, vwgrade v
WHERE p.persnr = f.persnr AND
      f.vwgrad = v.vwgrad
UNION
SELECT persnr, pname, persnr, '        ', '          '
```

```
FROM persdat
WHERE persnr NOT IN
 (SELECT persnr FROM fmitglieder)
ORDER BY 1
```

Ergebnis:

PERSNR	PNAME	FMNR	VWNAME	VORNAME
1	Eifer	1		
3	Meyer	1	Ehemann	Heinrich
4	Strom	4		
5	Luft	1	Ehefrau	Beate
5	Luft	2	Sohn	Heinz
7	Meieris	7		
8	Volt	1	Tochter	Christa
9	Bind	9		
10	Meier	1	Ehefrau	Hanna
10	Meier	2	Sohn	Theo
10	Meier	3	Tochter	Else

Diese Anweisung läuft natürlich auch in den anderen Datenbanken.

Aufgrund der obigen Ausführungen kann man bei der Abfrage aller Schlüsselwerte aus zwei Tabellen folgende Fälle unterscheiden:

1. Alle Schlüsselwerte sind in beiden Tabellen gleicherweise vorhanden. In diesem Fall bereitet es keine Schwierigkeiten, alle Reihen jeder Tabelle mit dem Equi-Join anzusprechen.
2. Eine Tabelle enthält mehr Schlüsselwerte als die andere. In diesem Fall enthält die Equi-Join-Ausgabe nur solche Zeilen, deren Schlüsselwerte in den anderen Tabellen stehen.
3. Eine Tabelle enthält mehr Schlüsselwerte als die andere, das Datenbanksystem gestattet den Einsatz von Join-Operatoren. In diesem Fall ist mit dem Einsatz eines Outer-Join-Operators die Ausgabe aller Zeilen möglich.
4. Eine Tabelle enthält mehr Schlüsselwerte als die andere, das Datenbanksystem gestattet nicht den Einsatz eines Outer-Join-Operators. In diesem Fall müssen Sie mit dem Operator UNION und Unterabfragen arbeiten.

5.6 Daten in mehreren Tabellen auswählen

Im vorigen Abschnitt wurden stets sämtliche Reihen der angesprochenen Tabellen ausgegeben. Bei vielen Problemstellungen kommt es jedoch darauf an, dass nur die Informationen angezeigt werden, auf die es dem Fragenden ankommt.

Beispiel: Der Personalleiter will wissen, ob und welche Familienmitglieder der Mitarbeiter Meyer mit der Personalnummer 3 hat.

Join-Analyse:

Angesprochene Tabellen und Alias-Namen	**Angesprochene Tabellenspalten**	**Verknüpfungsspalten**
persdat p	pname	p.persnr
fmitglieder f	f.persnr, fmnr, vwgrad, vorname	f.persnr f.persnr = 3

Die logische Verknüpfung lautet dann:

p.persnr = f.persnr AND
f.persnr = 3

```
SELECT f.persnr, pname, fmnr, vwgrad, vorname   (A5601)
FROM persdat p, fmitglieder f
WHERE p.persnr = f.persnr AND
      f.persnr = 3
```

Ergebnis:	PERSNR	PNAME	FMNR	VWGRAD	VORNAME
	3	Meyer	1	m	Heinrich

Die Einschränkung der Suche auf den Mitarbeiter mit der Personalnummer 3 wird in der WHERE-Klausel definiert. In der WHERE-Klausel sind also nicht nur die Verknüpfungsregeln, sondern auch die Bedingungen für die Zeilenauswahl anzugeben.
Wie sich das Datenbanksystem verhält, wenn es keine zutreffende Verknüpfung vornehmen kann, zeigt das nächste Beispiel.

Beispiel: Der Personalleiter will wissen, ob und welche Familienmitglieder der Mitarbeiter Eifer mit der Personalnummer 1 hat.

```
SELECT f.persnr, pname, fmnr, vwgrad, vorname   (A5602)
FROM persdat p, fmitglieder f
WHERE p.persnr = f.persnr AND
      f.persnr = 1
```

Ergebnis: PERSNR PNAME FMNR VWGRAD VORNAME
Meldung: Keine Zeilen gefunden

Das System meldet, dass es keine Zeile gefunden hat, auf die die hinter WHERE angegebene Bedingung zutrifft. In der Tabelle *fmitglieder* gibt es keine Reihe mit der Personalnummer 1. Um den Aussagewert zu erhöhen, sollte man die Join-Operatoren einsetzen:

FROM persdat p, OUTER fmitglieder f
FROM persdat p LEFT JOIN fmitglieder f ON p.persnr = f.persnr

Es können eine Vielzahl von Tabellen und Bedingungen in einer Abfrage angegeben werden. Es ist jedoch darauf zu achten, dass die Bedingungen in der richtigen Weise miteinander verknüpft werden. Die Join-Bedingungen müssen stets durch AND verbunden werden. Die Verbindung der Auswahlbedingungen richtet sich nach der Aufgabenstellung. Bedingungen, die sich aus Teilbedingungen zusammensetzen, sind zu klammern. Das zeigt das nächste Beispiel.

Beispiel: Die Geschäftsleitung wünscht eine Liste mit den Namen der verheirateten Mitarbeiter und deren Abteilungszugehörigkeit. Der Verwandtschaftsgrad und der Vorname der Ehefrau oder des Ehemannes sollen ebenfalls angezeigt werden.

Angesprochene Tabellen und Alias-Namen	**Angesprochene Tabellenspalten**	**Verknüpfungs-spalten**
persdat p	pname, pvname	p.persnr, p.abtnr
fmitglieder f	vwgrad, vorname	f.persnr
abteilg a	abtname	a.abtnr

Die Verknüpfungsfunktion verbindet über den Schlüssel *persnr* die Tabellen *persdat* und *fmitglieder* und über den Schlüssel *abtnr* die Tabellen *persdat* und *abteilg*.

```
SELECT                                               (A5603)
  pname, pvname, abtname, vwgrad, ':', vorname
FROM persdat p, fmitglieder f, abteilg a
WHERE p.persnr = f.persnr       AND
      p.abtnr = a.abtnr         AND
      (f.vwgrad = 'm'    OR
      f.vwgrad = 'f')
```

Ergebnis:

PNAME	PVNAME	ABTNAME	VWGRAD		VORNAME
Meier	Adam	Leitung	f	:	Hanna
Luft	Friedrich	Steuerung	f	:	Beate
Meyer	Luise	Transport	m	:	Heinrich

Die Auswahlbedingungen können sich auf mehrere Spalten beziehen. Auch können Spaltenwerte aus mehreren Tabellen in Rechenoperationen eingebunden werden. Das können Sie anhand des nachstehenden Beispiels nachvollziehen.

Beispiel: Der Geschäftsleiter lässt sich anzeigen, welche Leistungen mit wie viel Stunden am 1.3.2002 für den Auftrag 2222 erbracht worden sind. Join-Analyse:

Angesprochene Tabellen und Alias-Namen	**Angesprochene Tabellenspalten**	**Verknüpfungs-spalten**
tposten tp	aufnr, tartnr, tstd	tp.tartnr
tarten ta	tbez, tpreis	ta.tartnr

```
SELECT aufnr, tp.tartnr, tbez, tstd * tpreis  (A5604)
FROM tposten tp, tarten ta
WHERE tp.tbnr   = 20020301    AND
      tp.aufnr  = 2222        AND
      tp.tartnr = ta.tartnr
```

Ergebnis:

AUFNR	TARTNR	TBEZ	TSTD*TPREIS
2222	4	Projektentwurf	360.0000
2222	2	Vorbesprechung	400.0000
2222	6	Zeichnen	540.0000
2222	7	Schreibarbeiten	520.0000

Durch die Möglichkeit, Auswahlbedingungen festzulegen und Bedingungen zu verknüpfen, kann der Nutzer der Datenbank exakt die Informationen aus der Datenbank gewinnen, die er benötigt.

5.7 Verknüpfungen innerhalb der gleichen Tabelle (Self-Joins)

Logische Verknüpfungen von Zeilen innerhalb der gleichen Tabelle nennt man Self-Joins oder Auto-Joins. Vor der Verknüpfung spaltet man die Tabelle mit Alias-Bezeichnern auf. Self-Joins laufen nicht in der JET-Datenbank.

Beispiel: Die Geschäftsleitung will wissen, welche männlichen Mitarbeiter das gleiche Gehalt beziehen wie weibliche Mitarbeiter.

Die Join-Analyse zeigt, dass alle Informationen in der Tabelle *persdat* stehen. Deshalb wird die Tabelle durch folgende Angabe in der FROM-Klausel in zwei Untertabellen aufgeteilt:

FROM persdat mann, persdat frau

Die logische Zuordnung der Tabellenzeilen zu den Untertabellen erfolgt mit Zuordnungsbedingungen:

mann.geschlecht = "M"
frau.geschlecht = "W"

Join-Analyse:

Angesprochene Tabellen und Alias-Namen	Angesprochene Tabellenspalten	Verknüpfungs-spalten
persdat mann	mann.gehalt, mann.pname	mann.geschlecht = 'M'
persdat frau	frau.pname	frau.geschlecht = 'W'

```
SELECT mann.gehalt, mann.pname,                    (A5701)
        mann.geschlecht, frau.pname, frau.geschlecht
FROM persdat mann, persdat frau
WHERE mann.geschlecht = "M" AND
      frau.geschlecht = "W" AND
         mann.gehalt = frau.gehalt
```

Ergebnis:

GEHALT	PNAME	GESCHLECHT	PNAME	GESCHLECHT
2450.00	Meieris	M	Meyer	W

Nur der Mitarbeiter Meieris verdient dasselbe Gehalt wie die Mitarbeiterin Meyer.

5.8 Übungen

UE5801: Aus den Tabellen *tposten*, *tarten* und *auftrag* sollen die Auftragsnummern, die Auftragshöhe, die Personalnummern, die Tätigkeitsarten und die Leistungen der Mitarbeiter für den Auftrag 1111 angezeigt werden.

UE5802: Die Personalnummern und Namen jener Mitarbeiter, die Familienangehörige besitzen, sind mit Anzahl und Zuschlag anzuzeigen (Inner-Equi-Join).

UE5803: Die Personalnummern und Namen aller Mitarbeiter sind anzuzeigen. Bei den Mitarbeitern mit Familienangehörigen sind ebenfalls die Familienmitgliedsnummer und der Zuschlag auszugeben (Outer-Equi-Join in INFORMIX und ORACLE).

UE5804: Welche Mitarbeiter haben am 1.3.2002 am Auftrag 4444 gearbeitet? Personalnummern, Namen, Tätigkeitsarten und Tätigkeitsstunden sind auszugeben.

UE5805: Alle Mitarbeiter der Abteilung 3, die mehr verdienen als der Mitarbeiter der Abteilung 4 mit dem höchsten Gehalt, sind mit der Personalnummer anzuzeigen (Self-Join).

5.9 Lösungen

UE5801:

```
SELECT a.aufnr, aufwert, persnr, tbez,
       tstd * tpreis
  FROM auftrag a, tposten tp, tarten ta
  WHERE tp.tartnr = ta.tartnr    AND
         tp.aufnr = a.aufnr      AND
          a.aufnr = 1111
```

UE5802:

```
SELECT p.persnr, pname, fmnr, zuschlag
  FROM persdat p, fmitglieder f
  WHERE p.persnr = f.persnr
```

UE5803:
(Lösung I)

```
SELECT p.persnr, pname, fmnr, zuschlag
  FROM persdat p, OUTER fmitglieder f
  WHERE p.persnr = f.persnr
```

UE5803:
(Lösung O)

```
SELECT p.persnr, pname, fmnr, zuschlag
  FROM persdat p, fmitglieder f
  WHERE p.persnr = f.persnr (+)
```

(Lösung J)

```
SELECT p.persnr, pname, fmnr, zuschlag
  FROM persdat p LEFT JOIN fmitglieder f
  ON p.persnr = f.persnr
```

UE5804:

```
SELECT p.persnr, pname, aufnr, tp.tartnr, tstd
  FROM persdat p, tposten tp, tarten ta
  WHERE p.persnr = tp.persnr     AND
       tp.tartnr = ta.tartnr     AND
           aufnr = 4444          AND
            tbnr = 20020301
```

UE5805:

```
SELECT DISTINCT abt3.persnr, abt3.gehalt
  FROM persdat abt3, persdat abt4
  WHERE abt3.abtnr = 3       AND
        abt4.abtnr = 4       AND
       abt3.gehalt > abt4.gehalt
```

6 Bedingungen in SELECT-Unterabfragen formulieren (Subquerys)

6.1 Unterabfragen mit relationalen Operatoren

Die Unterabfrage ist eine in Klammern eingeschlossene SELECT-Anweisung innerhalb der WHERE-Klausel einer anderen SELECT-Anweisung. Da die Unterabfragen innerhalb einer SELECT-Abfrage angeordnet werden, nennt man sie auch nested queries. Man benötigt sie in den Fällen, in denen die Suchbedingung vom Ergebnis einer anderen Abfrage abhängt.

Beispiel: Die Geschäftsleitung will wissen, welche Mitarbeiter weniger als das durchschnittliche Gehalt beziehen.

Um diese Frage beantworten zu können, sind zwei Schritte erforderlich. Im ersten Schritt muss das Durchschnittsgehalt festgestellt werden:

```
SELECT AVG(gehalt) FROM persdat                    (A6100A)
```

Ergebnis: Durchschnittsgehalt
3775.00

Das Durchschnittsgehalt beträgt 3775 €. Im zweiten Schritt ist zu ermitteln, wessen Gehalt kleiner ist als das berechnete Durchschnittsgehalt.

```
SELECT pname, gehalt FROM persdat                  (A6100B)
WHERE gehalt < 3775.00
```

Ergebnis:

PNAME	GEHALT
Meyer	2450.00
Meieris	2450.00

Nur die Mitarbeiter Meyer und Meieris verdienen somit weniger als 3775.00 €.
Unter Verwendung einer SELECT-Unterabfrage lautet die SQL-Anweisung:

```
SELECT pname, gehalt FROM persdat                    (A6101)
WHERE gehalt <
  (
  SELECT AVG(gehalt) FROM persdat
  )
```

Ergebnis:

PNAME	GEHALT
Meyer	2450.00
Meieris	2450.00

In der obigen Abfrage A6101 wird der Vergleichswert nicht mehr unmittelbar angegeben. Vielmehr wird er durch die eingeschachtelte Unterabfrage geliefert.
Unterabfragen können in mehreren Ebenen geschachtelt sein. Sie werden in umgekehrter Reihenfolge der Ebenen abgearbeitet, die Unterabfrage auf der untersten Ebene immer zuerst. In Unterabfragen können alle im Zugriff befindlichen Tabellen angesprochen werden, also auch die Tabelle der Hauptabfrage. Außer beim Einsatz des Operators EXISTS bezieht sich eine Unterabfrage stets nur auf eine Spalte.
Liefert die Unterabfrage genau einen Wert, so kann wie im obigen Beispiel die Unterabfrage mit einem relationalen Operator eingeleitet werden. Dieser Fall liegt immer dann vor, wenn in ihr Aggregatfunktionen eingesetzt werden.
Die Anweisung A6101 setzt sich aus zwei selbständigen Abfragen A6100A und A6100B zusammen. Man bezeichnet sie deshalb auch als **unabhängige Unterabfrage.**
Ein weiteres Beispiel mag die Konstruktion einer unabhängigen Unterabfrage verdeutlichen. Die Mitarbeiter der Abteilung 4 sind der Meinung, dass sie zu wenig verdienen. Sie wollen feststellen, welche ande-

ren Mitarbeiter mehr verdienen als das höchste Gehalt in ihrer Abteilung.

```
SELECT pname, gehalt FROM persdat                    (A6102)
WHERE gehalt >
  (
  SELECT MAX(gehalt) FROM persdat
    WHERE abtnr = 4
  )
```

Ergebnis:

PNAME	GEHALT
Luft	4500.00
Volt	4200.00
Bind	4000.00
Meier	5000.00

Da bei Eingabe der Anweisung das höchste Gehalt mit 3800 € aus Abteilung 4 nicht bekannt ist, wurde hinter dem Operator > anstelle des unbekannten Betrages die SELECT-Unterabfrage formuliert, die das höchste Gehalt ermittelt. Die Unterabfrage konnte mit einem relationalen Operator eingeleitet werden, weil die Aggregatfunktion genau einen Wert als Ergebnis hat.

6.2 Unterabfragen mit ALL und ANY

Ist eine Unterabfrage einzuleiten, die einen oder mehrere Werte liefert, so sind die Operatoren ALL und ANY zusammen mit den relationalen Operatoren <, >, <=, >= zu verwenden. Die Abfrage mit Unterabfrage baut sich dann wie folgt auf:

```
WHERE vergleichsspaltenname relationaler_operator ALL/ANY
    (
    SELECT vergleichsspaltenname
    FROM tabellenname
    [WHERE bedingung]
    )
```

Der hinter der WHERE-Bedingung des Haupt-SELECTs eingesetzte Vergleichsspaltenname muss auch in der Unterabfrage als Vergleichsspaltenname verwendet werden. Vergleichsspaltennamen können vom Typ Zahl, Zeichenfeld oder Datum sein.

6.2.1 Operator ALL

Numerischer Vergleich
Mit ALL wird in der Unterabfrage ein Vergleichswert aus einer Gruppe abgefragt. Eine Gruppe innerhalb der Tabelle *persdat* können zum Beispiel die Mitarbeiter der Abteilung 3 bilden; ein Vergleichswert kann das Gehalt sein.

Beispiel: Der Personalleiter will erfahren, wer gleich viel oder mehr verdient als der Mitarbeiter mit dem höchsten Gehalt in Abteilung 3. Name, Abteilung und Gehalt sind anzuzeigen.

```
SELECT pname, abtnr, gehalt                    (A6201)
FROM persdat
WHERE gehalt >= ALL
(
SELECT gehalt
FROM persdat
WHERE abtnr = 3
)
```

Ergebnis:

PNAME	ABTNR	GEHALT
Luft	3	4500.00
Meier	1	5000.00

Gleich viel oder mehr als 4500 € verdienen Luft und Meier.
Wenn Sie für die Gehälter der Abteilung 3 eine Unterabfrage mit **>= ALL** einleiten, ermittelt der Operator ALL (dt.: alle) aus allen in der Abteilung 3 vorhandenen Gehältern das höchste und gibt in der Hauptabfrage solche Zeilen aus, in denen das Gehalt größer/gleich ist. Das höchste Gehalt in Abteilung 3 beträgt 4500 €.
Eine Unterabfrage darf sich auch auf eine Spalte beziehen, die in der Hauptabfrage angesprochen wird. Diese Form der Unterabfrage nennt man **abhängige, korrelierte Unterabfrage.** Folgendes Beispiel zeigt eine solche Unterabfrage.

Beispiel: Welche Mitarbeiter haben im Januar 2002 mehr als 4000 € verdient?

```
SELECT persnr, pname FROM persdat p              (A6202)
WHERE 4000 < All
(
SELECT mgehalt FROM mgehalt
WHERE p.persnr = persnr AND
          jahr = 2002   AND
         monat = 1
)
```

Ergebnisliste:	PERSNR	PNAME
	8	Volt
	5	Luft
	1	Eifer
	10	Meier
	9	Bind

In der Unterabfrage wird auf die Spalte *p.persnr* der Hauptabfrage Bezug genommen.

Die folgende Übersicht zeigt die Wirkungsweise der relationalen Operatoren mit ALL allgemein an:

Operatoren	**Auswahl in der Vergleichsgruppe**	**Anzeige mit der Hauptabfrage: alle Zeilen mit ...**
> ALL	höchster Wert	größeren Vergleichswerten
>= ALL	höchster Wert	größeren und gleichen Vergleichswerten
< ALL	kleinster Wert	geringeren Vergleichswerten
<= ALL	kleinster Wert	geringeren und gleichen Vergleichswerten

Zeichenfeld als Vergleichsspalte
Bei Zeichenfeldern tritt an die Stelle größerer und kleinerer numerischer Werte die Sortierordnung im ASCII-Code.

Beispiel: Welche Mitarbeiter haben «kleinere» Namen als der Mitarbeiter mit dem «kleinsten» Namen in Abteilung 3? Name, Abteilung und Gehalt sind auszugeben.

```
SELECT pname, abtnr, gehalt                              (A6203)
FROM persdat
WHERE pname < ALL
(
SELECT pname
FROM persdat
WHERE abtnr = 3
)
```

Ergebnisliste:

PNAME	ABTNR	GEHALT
Eifer	4	3800.00
Bind	2	4000.00

Der Name Luft ist der Name mit dem «kleinsten» Wert in der Vergleichsgruppe Abteilung 3. Eifer und Bind sind «kleinere» Namen.

Datumsfeld als Vergleichsspalte
Bei Datumsfeldern wird das größere oder kleinere Datum verglichen.

Beispiel: Welche Mitarbeiter sind noch früher als der Mitarbeiter mit dem niedrigsten Eintrittsdatum in der Abteilung 3 in das Unternehmen eingetreten?

```
SELECT pname, eintritt                                   (A6204)
FROM persdat
WHERE eintritt < ALL
(
SELECT eintritt
FROM persdat
WHERE abtnr = 3
)
```

Ergebnisliste:

PNAME	EINTRITT
Meier	01.01.1975

Das niedrigste Eintrittsdatum in Abteilung 3 ist der 1.2.80. Nur Meier ist davor eingetreten.

6.2.2 Operator ANY

Der Operator ANY (dt.: irgendeiner) fragt bei **> ANY** in der Unterabfrage ab, welcher Wert größer ist als irgendein Wert in der Vergleichsgruppe. Das ist jeder Wert, der größer ist als der kleinste Gruppenwert. Bei **< ANY** lautet die Frage: Welcher Wert ist kleiner als irgendein Wert in der Vergleichsgruppe? Das ist jeder Wert, der kleiner ist als der größte Gruppenwert.

Beispiel: Wer erhält ein Gehalt, das größer ist als irgendein Gehalt (also das kleinste Gehalt) in der Gruppe Abteilung 3? Hinweis: In Abteilung 3 verdient Meieris am wenigsten, nämlich 2450 €. Außer Meyer verdienen alle anderen mehr.

```
SELECT pname, abtnr, gehalt                         (A6206)
  FROM persdat
  WHERE gehalt > ANY
(
SELECT gehalt
  FROM persdat
  WHERE abtnr = 3
)
```

Ergebnis:

PNAME	ABTNR	GEHALT
Eifer	4	3800.00
Strom	2	3800.00
Luft	3	4500.00
Volt	3	4200.00
Bind	2	4000.00
Meier	1	5000.00

Auch der ANY-Operator kann mit Zeichen- und Datumsfeldern kombiniert werden. Wir beschränken die Darstellung jedoch auf die Abfrage eines numerischen Feldes. Die folgende Übersicht zeigt die Wirkungsweise der relationalen Operatoren mit ANY allgemein an:

Operatoren	**Auswahl in der Vergleichsgruppe**	**Anzeige mit der Hauptabfrage: alle Zeilen mit ...**
> ANY	kleinster Wert	größeren Vergleichswerten
>= ANY	kleinster Wert	größeren und gleichen Vergleichswerten
< ANY	größter Wert	geringeren Vergleichswerten
<= ANY	größter Wert	geringeren und gleichen Vergleichswerten

6.3 Unterabfragen mit IN und EXISTS

Die Operatoren IN und EXISTS prüfen in der Unterabfrage, ob eine in der Hauptabfrage gestellte Bedingung erfüllt wird.

6.3.1 Operator IN

Eine SQL-Anweisung mit einer IN-Unterabfrage baut sich wie folgt auf:

```
SELECT spaltenauswahl[, spaltenname, ...]
FROM haupttabellenname[, haupttabellenname, ...]
WHERE vergleichsspaltenname [NOT] IN
(
SELECT vergleichsspaltenname
FROM untertabellenname
[WHERE haupttabelle.vergleichsspalte =
            untertabelle.vergleichsspalte]
)
```

Der Operator IN wird in der Regel zur Suche in anderen Tabellen eingesetzt. Er prüft nacheinander für jeden Wert aus der Vergleichsspalte der Haupttabelle, ob dieser Wert in der Vergleichsspalte der Untertabelle steht, bei NOT IN, ob er nicht darin steht. Die Namen der Vergleichsspalten in der Hauptabfrage und in der Unterabfrage müssen gleich sein.

Die Hauptabfrage kann sich auf mehrere Spalten und Tabellen beziehen. In der Unterabfrage ist auch eine WHERE-Klausel zulässig.

Beispiel: Welche Mitarbeiter haben keine Familienmitglieder?

```
SELECT persnr, pname, pvname                    (A6302)
FROM  persdat p
WHERE persnr NOT IN
(
SELECT persnr
  FROM fmitglieder f
  WHERE p.persnr = f.persnr
)
```

Ergebnis:

PERSNR	PNAME	PVNAME
9	Bind	Gisela
7	Meieris	Heinz
4	Strom	Claudius
1	Eifer	Rik

Das folgende Beispiel zeigt eine Anwendung des Operators NOT IN. Es ist die Frage zu beantworten, welcher Mitarbeiter aus welcher Abteilung am 1.3.2002 keine Tätigkeit für einen Auftrag ausgeführt hat.

Join-Analyse:

Angesprochene Tabellen und Alias-Namen	**Angesprochene Tabellenspalten**	**Verknüpfungs-spalten**
persdat p	persnr, pname	p.abtnr
abteilg a	abtname	a.abtnr

```
SELECT p.persnr, pname, abtname                         (A6303)
  FROM persdat p, abteilg a
  WHERE p.abtnr = a.abtnr AND
        p.persnr NOT IN
(
SELECT persnr
  FROM tposten
  WHERE tbnr = 20020301
)
```

Ergebnis:	PERSNR	PNAME	ABTNAME
	9	Bind	Verwaltung
	4	Strom	Verwaltung

Der Unterabfragen-Operator IN erzeugt ein Abfrageergebnis, das auch mit dem Operator = **ANY** oder bei Unterabfragen mit einer einzigen Ergebnisreihe mit dem Operator = erreicht wird.

6.3.2 Operator EXISTS

Wenn in der Unterabfrage nur geprüft werden soll, ob darin gültige Vergleichswerte zum aktuellen Wert der Hauptabfrage existieren, so wird der Operator EXISTS verwendet. Eine SQL-Anweisung unter Verwendung von EXISTS baut sich wie folgt auf:

```
SELECT spaltenauswahl
  FROM haupttabellenname
  WHERE [NOT] EXISTS
(
SELECT *
FROM untertabellenname
[WHERE haupttabelle.vergleichsspalte =
          untertabelle.vergleichsspalte]
)
```

Hinter FROM darf nur eine einzige Tabelle aufgeführt werden, weil der EXISTS-Operator keine Join-Bedingungen zulässt. Vor dem EXISTS-Operator wird kein definitiver Spaltenname eingesetzt.

Mit NOT EXISTS wird die Komplementärmenge der Tabelle angezeigt. Die Unterabfrage mit EXISTS wird in der Regel mit SELECT * eingeleitet. An die Stelle des Sterns kann auch irgendein Spaltenname aus der Haupttabelle treten.

Da bei EXISTS keine Vergleichsspalte die Verbindung zwischen Haupt- und Unterabfrage herstellt, **muss die Verknüpfung in der WHERE-Bedingung der Unterabfrage** vereinbart werden.

Beispiel: Welche in der Tabelle *persdat* genannten Mitarbeiter stehen auch in der Tabelle *fmitglieder*?

```
SELECT persnr, pname FROM persdat p                (A6304)
WHERE EXISTS
(
SELECT * FROM fmitglieder f
WHERE p.persnr = f.persnr
)
```

Ergebnis:

PNAME	PERSNR
Meyer	3
Luft	5
Volt	8
Meier	10

Anstelle des Sterns in der Unterabfrage kann jede in der Tabelle *fmitglieder* vorhandene Spalte genannt werden. Dies ist allerdings nicht in JET-Datenbanken möglich. Ohne die Bedingung p.persnr = f.persnr in der Unterabfrage würden alle Zeilen aus *persdat* angezeigt, ein nicht gewolltes Ergebnis. Eine EXISTS-Unterabfrage ohne die Verknüpfung mit der Hauptabfrage in der WHERE-Klausel führt zu unrichtigen Ergebnissen. Aufgrund dieser notwendigen Verbindung zwischen Hauptabfrage und Unterabfrage gehören EXISTS-Unterabfragen zu den abhängigen Unterabfragen.

EXISTS-Abfragen beanspruchen mehr Rechnerzeit als IN-Abfragen. Es ist daher zweckmäßig, sie durch IN-Abfragen oder möglicherweise durch Joins zu ersetzen, wie die nachstehenden Anweisungen zeigen.

```
SELECT persnr, pname FROM persdat p                (A6305)
  WHERE persnr IN
(SELECT persnr FROM fmitglieder f
   WHERE p.persnr = f.persnr)

SELECT DISTINCT p.persnr, pname                    (A6306)
  FROM persdat p, fmitglieder f
  WHERE p.persnr = f.persnr
```

Das folgende Beispiel zeigt die Anwendung des Operators NOT EXISTS.

Beispiel: Welche in der Tabelle *persdat* genannten Mitarbeiter stehen nicht in der Tabelle *fmitglieder*?

```
SELECT persnr, pname FROM persdat p                (A6307)
WHERE NOT EXISTS
(
SELECT * FROM fmitglieder f
WHERE p.persnr = f.persnr
)
```

Ergebnis:

PNAME	PERSNR
Eifer	1
Strom	4
Meieris	7
Bind	9

Regeln für den Einsatz von Unterabfragen

Aus den obigen Beispielen zu den Unterabfragen, die mit relationalen Operatoren oder mit den Operatoren ALL, ANY, IN, EXISTS eingeleitet werden, lassen sich folgende Regeln ableiten:

1. Wenn das Ergebnis einer Unterabfrage eine einzige Ergebnisreihe ist, kann die Unterabfrage mit relationalen Operatoren eingeleitet werden.

2. Führt die Unterabfrage zu mehr als einer Ergebnisreihe, dann müssen die Operatoren ALL, ANY, IN, EXISTS eingesetzt werden.
3. Wenn in der Unterabfrage nur geprüft werden soll, ob eine Tabellenzeile die gewünschte Bedingung erfüllt, wird der Operator EXISTS verwendet.
4. Unterabfragen werden in der Regel im Befehl SELECT eingesetzt. Sie können auch mit den Befehlen INSERT und UPDATE verwendet werden.

6.4 Synchronisierte Unterabfragen

In synchronisierten Unterabfragen wird in der Unterabfrage dieselbe Tabelle wie in der Hauptabfrage angesprochen. Um Vergleichsfelder in der Haupt- und in der Unterabfrage ansprechen zu können, wird die Tabelle aufgeteilt, indem der Tabelle in der Haupt- oder Unterabfrage oder in beiden ein Alias-Bezeichner zugeordnet wird.

Beispiel: Welche Gehälter sind größer als die Durchschnittsgehälter in der für den Mitarbeiter zutreffenden Abteilung? Mitarbeiter und Gehalt sind anzuzeigen.

In dieser Abfrage reicht es nicht aus, dass die Unterabfrage nur einmal durchgeführt wird. Es muss jedem Gehalt aus der Hauptabfrage das Durchschnittsgehalt der zutreffenden Abteilung gegenübergestellt werden. Dazu wird der Hauptabfrage die Alias-Bezeichnung *a* zugeordnet, damit über die Spalte *abtnr* die Verknüpfung

WHERE abtnr = a.abtnr

innerhalb der gleichen Tabelle definiert werden kann. Die SQL-Anweisung lautet dann:

```
SELECT persnr, abtnr, gehalt                    (A6401)
FROM persdat a
WHERE gehalt >
```

```
(
SELECT AVG(gehalt)
FROM persdat
WHERE abtnr = a.abtnr
)
```

Ergebnis:

PERSNR	ABTNR	GEHALT
1	4	3800.00
5	3	4500.00
8	3	4200.00
9	2	4000.00

Mit dem Alias-Bezeichner *a* in der FROM-Klausel wird die gerade bearbeitete Zeile der Hauptabfrage gekennzeichnet und das System angewiesen, die Unterabfrage für jede Zeile durchzuführen.
In der WHERE-Bedingung wird festgelegt, dass die Unterabfrage mit dem *abtnr*-Wert arbeitet, der in der Hauptabfrage in der Spalte *abtnr* der aktuellen Zeile steht.

6.5 Unterabfragen im Befehl INSERT

Die SELECT-Unterabfrage im INSERT-Befehl überträgt Daten aus einer oder mehreren Quelltabellen in eine Zieltabelle, die bereits angelegt sein muss.
Die Anweisung INSERT SELECT gestattet die Übertragung aller oder ausgewählter Zeilen und Spalten der Quelltabellen in die Zieltabelle. Die Spalten der Zieltabelle müssen im Typ und in der Größe genau den Spalten der Quelltabellen entsprechen, eine Übereinstimmung der Spaltennamen ist aber nicht erforderlich.

Beispiel: In die neu angelegte Tabelle *ueb* mit den Spalten *persnr* und *gehaltfzu* sollen aus der Tabelle *persdat* Werte übertragen werden.

Spalten der Quelltabelle:		Spalten der Zieltabelle:	
PERSNR	SMALLINT	PERSNR	SMALLINT
GEHALT	DECIMAL(8,2)	GEHALTFZU	DECIMAL(8,2)
GEHALT	DECIMAL(8,2)	PDECKUNG	DECIMAL(8,2)

Erstellen Sie die Tabelle *ueb*, die wir in den Abschnitten 6.5 und 6.6 einsetzen wollen.

```
CREATE TABLE ueb                                    (A6501)
  (
  persnr     SMALLINT,
  gehaltfzu  DECIMAL(8,2),
  pdeckung   DECIMAL(8,2)
  )
```

```
J: CREATE TABLE ueb                                 (A6501)
  (
  persnr     SMALLINT,
  gehaltfzu  NUMERIC,
  pdeckung   NUMERIC
  )
```

```
INSERT INTO ueb                                     (A6502)
  SELECT persnr, gehalt, gehalt * 3.6 AS pdeckung
    FROM persdat
```

```
SELECT * FROM ueb                                   (A6503)
```

Ergebnis:

PERSNR	GEHALTFZU	PDECKUNG
9	4000.00	14400.00
8	4200.00	15120.00
7	2450.00	8820.00
5	4500.00	16200.00
4	3800.00	13680.00
3	2450.00	8820.00
1	3800.00	13680.00
10	5000.00	18000.00

Beispiel: In die neu angelegte Tabelle *ueb* sollen aus der Tabelle *persdat* die Personalnummer und das mit dem Faktor 3.6 multiplizierte Gehalt sowie aus der Tabelle *mgehalt* das Januargehalt für den Mitarbeiter mit der Personalnummer 10 übertragen werden.

```
INSERT INTO ueb                                      (A6504)
  SELECT p.persnr, mgehalt, gehalt * 3.6
    FROM persdat p, mgehalt m
    WHERE p.persnr = m.persnr  AND
          p.persnr = 10        AND
              jahr = 2002      AND
             monat = 1
```

```
SELECT * FROM ueb WHERE persnr = 10                  (A6505)
```

Ergebnis:	PERSNR	GEHALTFZU	PDECKUNG
	10	5000.00	18000.00
	10	5900.00	18000.00

In ORACLE, DB2 und JET können in dem SELECT-Zusatz auch Aggregatfunktionen eingesetzt werden. Da dann auch die GROUP-BY-Klausel und der UNION-Operator notwendig werden, die wir erst in Kapitel 7 erläutern, verweisen wir auf die Beispiele in Kapitel 8.

6.6 Unterabfragen im Befehl UPDATE

SELECT-Unterabfragen können bei der UPDATE-Anweisung sowohl in der WHERE-Klausel als auch in der SET-Klausel eingesetzt werden.

6.6.1 SELECT-Unterabfrage in der WHERE-Klausel

Mit der SELECT-Unterabfrage in der WHERE-Klausel des UPDATE-Befehls werden die Zeilen und die Spalten definiert, in denen Aktualisierungen erfolgen sollen.

Beispiel: Der Personalchef erhöht das Gehalt in der Spalte *gehaltfzu* der Tabelle *ueb* um 99 € für die Mitarbeiter, die im Januar 2002 weniger als 3000 € verdient haben.

```
UPDATE ueb                                          (A6601)
  SET gehaltfzu = gehaltfzu + 99
  WHERE persnr IN
(
SELECT persnr
  FROM mgehalt
  WHERE jahr = 2002   AND
       monat = 1      AND
     mgehalt < 3000
)
```

In der SET-Klausel der UPDATE-Anweisung wird mit dem arithmetischen Ausdruck *gehaltfzu + 99* die Erhöhung vereinbart. In der SELECT-Unterabfrage wird definiert, dass nur die Zeilen in der Tabelle *ueb* berücksichtigt werden dürfen, in denen im Januar des Jahres 2002 die Spalte *mgehalt* der Tabelle *mgehalt* einen Betrag unter 3000 € ausweist. Da im Januar nur der Mitarbeiter mit der Personalnummer 7 weniger als 3000 € verdient hat, wird nur diese Zeile in der Tabelle *ueb* geändert.

In der Regel muss in der SELECT-Unterabfrage eine andere Tabelle angesprochen werden. Nur in ORACLE und JET ist es möglich, die Unterabfrage auch in der gleichen Tabelle vorzunehmen, die in der Hauptabfrage verwendet wird.

Beispiel: Der Personalchef erhöht das Gehalt um 99 € für die Mitarbeiter, die in ihrer Abteilung derzeit das geringste Gehalt beziehen. Diese Anweisung läuft nur in ORACLE.

```
O:    UPDATE persdat A                                (A6602)
      SET gehalt = gehalt + 99
      WHERE gehalt =
     (
     SELECT MIN(gehalt)
      FROM persdat B
      WHERE A.abtnr = B.abtnr
     )
```

Um den Vergleich zwischen dem in der aktuellen Zeile der Hauptabfrage gespeicherten Gehalt und dem geringsten Gehalt innerhalb der aktuellen Abteilung definieren zu können, wird die Tabelle *persdat* aufgeteilt. Der Tabelle *persdat* wird in der Hauptabfrage der Alias-Bezeichner *A* und in der Unterabfrage der Alias-Name *B* zugewiesen.
Sie sollten die Gehaltserhöhungen wieder rückgängig machen, um die nachfolgenden Beispiele mit den gleichen Werten nachvollziehen zu können.

6.6.2 SELECT-Unterabfrage in der SET-Klausel

Mit dem SELECT-Befehl hinter SET wird der Wert definiert, der in eine Spalte hineingeschrieben werden soll. Diese wichtige Möglichkeit bieten die Datenbanken INFORMIX und ORACLE. In DB2, MySQL und JET wird der Einsatz des SELECT-Befehls hinter SET abgewiesen. Die nachfolgende Anweisung A6603 kann jedoch in DB2 mit Version 2 (ab 1996) eingesetzt werden.

Beispiel: In der Tabelle *ueb* sollen in die Spalte *gehaltfzu* die Familienzuschussbeträge aus der Tabelle *fmitglieder* addiert werden. Familienzulagen erhalten nur die Mitarbeiter 3, 5, 8 und 10. Zum besseren Verständnis werden die Werte in der folgenden Übersicht ausgewiesen:

PERSNR	GEHALTFZU VOR UPDATE IN UEB	ZUSCHLAG IN DER TABELLE FMITGLIEDER	GEHALTFZU NACH UPDATE IN UEB
3	2450.00	60.00	2510.00
5	4500.00	60.00 + 40.00	4600.00
8	4200.00	40.00	4240.00
10	5000.00	60.00 + 40.00 + 60.00	5160.00

In der obigen Aufgabe werden die Tabellen *ueb* und *fmitglieder* angesprochen. Deshalb wird eine Join-Analyse durchgeführt und *persnr* als Verknüpfungsspalte definiert.

Hinweis: Bei INFORMIX ist es nicht möglich, für *ueb* eine Alias-Bezeichnung wie zum Beispiel *G* einzusetzen. Die Anweisung läuft aber bei Verwendung des vollen Tabellennamens.

Join-Analyse:

Angesprochene Tabellen und Alias-Namen	Angesprochene Tabellenspalten	Verknüpfungs-spalten
ueb ueb		ueb.persnr
fmitglieder f	zuschlag	f.persnr

Um die Summe der Familienzuschläge eines Mitarbeiters zu übertragen, wird in der SET-Klausel der Ausdruck

SUM(zuschlag) + gehaltfzu

eingesetzt.
Damit nur die vier Zeilen mit den Personalnummern 3, 5, 8 und 10 angesprochen werden und nicht alle Zeilen der Tabelle *ueb*, wird mit der mit IN eingeleiteten SELECT-Unterabfrage

(SELECT persnr FROM fmitglieder)

vereinbart, dass nur solche Zeilen geändert werden, deren Personalnummern auch in der Tabelle *fmitglieder* gespeichert sind. Die SQL-Anweisung lautet dann:

```
I,0   UPDATE ueb                                        (A6603)
      SET gehaltfzu =
        (SELECT SUM(zuschlag) + gehaltfzu
           FROM fmitglieder f
           WHERE f.persnr = ueb.persnr
        )
      WHERE persnr IN
        (SELECT persnr FROM fmitglieder)
```

Anhand der SQL-Anweisung

```
    SELECT * FROM ueb                                   (A6503)
```

können Sie sich von der korrekten Befehlsausführung überzeugen.

Ergebnis:

PERSNR	GEHALTFZU	PDECKUNG
9	4000.00	14400.00
8	4240.00	15120.00
7	2549.00	8820.00
5	4600.00	16200.00
4	3800.00	13680.00
3	2510.00	8820.00
1	3800.00	13680.00
10	5160.00	18000.00
10	6060.00	18000.00

6.7 Unterabfragen im Befehl CREATE

In ORACLE und MySQL haben Sie die Möglichkeit, eine Basistabelle zu erstellen, indem Sie mit der SELECT-Unterabfrage die Struktur und die Daten aus einer anderen Tabelle in die neue Tabelle übertragen.

Beispiel: Es sollen für eine bestimmte Anwendung die Personalnummer und der Name der Mitarbeiter aus der Tabelle *persdat* in die Tabelle *vers* übertragen werden.

```
O   CREATE TABLE vers (persnr, name)              (A6701)
      AS SELECT persnr, pname
         FROM persdat
M   CREATE TABLE vers                             (A6701)
      SELECT persnr, pname FROM persdat;
```

6.8 Übungen

UE6901: Welche Mitarbeiter aus Abteilung 4 haben im Februar 2002 mehr verdient als das Durchschnittsgehalt dieses Monats?

UE6902: Die Mitarbeiter, die im Januar 2002 gleich viel oder mehr verdient haben als die Mitarbeiterin mit dem höchsten Gehalt, sind mit Name und Gehalt anzuzeigen.

UE6903: Die männlichen Mitarbeiter, die im Januar 2002 gleich viel oder mehr verdient haben als die Mitarbeiterin mit dem kleinsten Gehalt, sind mit Name und Gehalt anzuzeigen.

UE6904: Welche Mitarbeiterinnen haben keine Familienmitglieder? Lösen Sie die Aufgabe mit dem Operator IN.

UE6905: Welche Mitarbeiterinnen haben keine Familienmitglieder? Lösen Sie die Aufgabe mit dem Operator EXISTS.

UE6906: Stellen Sie fest, welche Tätigkeitsarten am 1.3.2002 nicht ausgeführt worden sind. Lösen Sie die Aufgabe mit dem Operator IN.

UE6907: Stellen Sie fest, welche Tätigkeitsarten am 1.3.2002 nicht ausgeführt worden sind. Lösen Sie die Aufgabe mit dem Operator EXISTS.

UE6908: Auszugeben sind die Personalnummer, das Geschlecht und das Grundgehalt jener Mitarbeiter und Mitarbeiterinnen, die jeweils weniger verdienen als das Durchschnittsgehalt der Männer und der Frauen (synchronisierte Unterabfrage).

UE6909: Erstellen Sie die Tabelle *ziel* mit den Spalten *persnr* und *zgehalt*:

```
   CREATE TABLE ziel
     (persnr   SMALLINT,
      zgehalt  DECIMAL(8,2)
     )
J: CREATE TABLE ziel
     (persnr   SMALLINT,
     zgehalt   NUMERIC)
```

Übertragen Sie in diese Tabelle die entsprechenden Werte aus der Tabelle *persdat* mit dem Befehl INSERT INTO SELECT und vermindern Sie dabei gleichzeitig das Grundgehalt um 3.5 %.
Bei der Lösung für die JET-Datenbank müssen die CREATE- und die INSERT-Anweisung einzeln eingegeben werden. Die Eingabe einer Kommandodatei ist nicht möglich. Verwenden Sie auch den Zusatz *AS zgehalt* hinter *gehalt * 0,965*.

UE6910: Erhöhen Sie in der Tabelle *ziel* das *zgehalt* um 333.33 € für jene Mitarbeiter, die im Januar zwischen 2000 und 3800 € einschließlich verdient haben. Setzen Sie dazu im UPDATE-Befehl die SELECT-Unterabfrage im WHERE-Zweig ein.

UE6911: Erhöhen Sie in der Tabelle *ziel* das *zgehalt* um die Familienzuschläge für Ehefrauen und Ehemänner aus der Tabelle *fmitglieder*. Setzen Sie dazu im UPDATE-Befehl die SELECT-Unterabfrage im SET-Zweig ein. Das ist nur in INFORMIX und ORACLE möglich.

6.9 Lösungen

UE6901:

```
SELECT p.persnr, pname, abtnr, mgehalt
  FROM persdat p, mgehalt m
  WHERE p.persnr = m.persnr    AND
           abtnr = 4           AND
            jahr = 2002        AND
           monat = 2           AND
         mgehalt >
 (SELECT AVG(mgehalt) FROM mgehalt
     WHERE jahr = 2002         AND
          monat = 2)
```

UE6902:

```
SELECT pname, mgehalt FROM persdat p, mgehalt m
  WHERE p.persnr = m.persnr    AND
            jahr = 2002        AND
           monat = 1           AND
         mgehalt >= ALL
    (SELECT mgehalt FROM mgehalt m, persdat p
       WHERE p.persnr = m.persnr AND
                 jahr = 2002     AND
                monat = 1        AND
           geschlecht = 'W')
```

UE6903:

```
SELECT pname, mgehalt FROM persdat p, mgehalt m
  WHERE p.persnr = m.persnr     AND
             jahr = 2002        AND
            monat = 1           AND
       geschlecht = 'M'         AND
          mgehalt >= ANY
  (SELECT mgehalt FROM mgehalt m, persdat p
     WHERE p.persnr = m.persnr AND
              jahr = 2002      AND
             monat = 1         AND
        geschlecht = 'W')
```

UE6904:

```
SELECT persnr, pname, geschlecht FROM persdat
  WHERE geschlecht = 'W'  AND
        persnr NOT IN
  (SELECT persnr FROM fmitglieder)
```

UE6905:

```
SELECT persnr, pname, geschlecht FROM persdat p
  WHERE geschlecht = 'W'  AND
       NOT EXISTS
  (SELECT persnr FROM fmitglieder f
     WHERE p.persnr = f.persnr)
```

UE6906:

```
SELECT tartnr, tbez FROM tarten
  WHERE tartnr NOT IN
  (SELECT tartnr FROM tposten
     WHERE tbnr = 20020301)
```

UE6907:

```
SELECT tartnr, tbez FROM tarten ta
  WHERE NOT EXISTS
  (SELECT * FROM tposten
     WHERE tartnr = ta.tartnr AND
             tbnr = 20020301)
```

UE6908:

```
SELECT persnr, geschlecht, gehalt FROM persdat a
  WHERE gehalt <
  (SELECT AVG(gehalt) FROM persdat
     WHERE geschlecht = a.geschlecht)
```

UE6909:

```
CREATE TABLE ziel
  (persnr   SMALLINT,
   zgehalt  DECIMAL(8,2)
  );
INSERT INTO ziel
  SELECT persnr, gehalt * 0.965
    FROM persdat;
```

UE6910:

```
UPDATE ziel SET zgehalt = zgehalt + 333.33
  WHERE persnr IN
  (SELECT persnr FROM mgehalt
     WHERE jahr = 2002 AND
           monat = 1    AND
           mgehalt BETWEEN 2000 AND 3800)
```

UE6911:

```
UPDATE ziel                        (nur ORACLE)
  SET zgehalt =
    (SELECT zgehalt + SUM(zuschlag)
       FROM fmitglieder f
       WHERE f.persnr = ziel.persnr  AND
             vwgrad IN('m','f'))
  WHERE persnr IN
    (SELECT persnr FROM fmitglieder)
```

7 Daten sortieren, gruppieren und Abfrageergebnisse kombinieren

Daten lassen sich leichter auswerten, wenn sie sortiert oder in Gruppen zusammengefasst werden. Im SELECT-Befehl gibt es für das Sortieren den Zusatz ORDER BY und für das Gruppieren die Klausel GROUP BY. Auch kann es die Aufgabenstellung erfordern, die Ergebnisse mehrerer unabhängiger SELECT-Abfragen zu mischen. Dazu stehen in SQL die Operatoren UNION, INTERSECT und EXCEPT/MINUS zur Verfügung.

7.1 Daten sortieren

Beim Sortieren wird eine bestimmte Reihenfolge für die Ausgabe der Ergebniszeilen festgelegt. Dabei können die Werte jeder Spalte als Sortierkriterium vereinbart werden.
Sortiert werden Ziffern und Zeichenfolgen nach dem ASCII-Code. Das bedeutet bei Zeichenketten, dass Ziffern vor Großbuchstaben, Großbuchstaben vor Kleinbuchstaben und Kleinbuchstaben vor Sonderzeichen angeordnet werden.

Beispiel: Die Geschäftsleitung möchte sich die anrechenbaren Tätigkeiten der Mitarbeiter am 1.3.2002 ansehen. Dazu sollen die Zeilen der Tabelle *tposten* nach der Personalnummer absteigend sortiert angezeigt werden.

```
SELECT persnr, aufnr, tartnr, tstd            (A7101)
  FROM tposten
  WHERE tbnr = 20020301
  ORDER BY persnr DESC
```

Ergebnisliste:

PERSNR	AUFNR	TARTNR	TSTD
10	2222	4	3.00
10	2222	2	4.00
8	4444	2	8.00
7	2222	7	6.50
5	2222	6	6.00
3	4444	6	4.00
3	4444	7	3.00
1	4444	2	8.00

Die Sortierung wird durch die ORDER-BY-Klausel veranlasst. Sie wird wie folgt aufgebaut:

ORDER BY spaltenname/spaltennummer [ASC/DESC]
[,spaltenname/spaltennummer [ASC/DESC], ...]

Die aufsteigende Sortierung ASC (ascending, deutsch: aufsteigend) ist die Voreinstellung der ORDER-BY-Klausel. Nur wenn absteigend DESC (descending, deutsch: absteigend) sortiert werden soll, muss dies im ORDER-Zusatz ausdrücklich vermerkt werden.
Sortiert wird nur, wenn der hinter ORDER BY genannte Spaltenname auch in der SELECT-Klausel angegeben ist. Diese Vorgabe gilt nicht in JET-Datenbanken. Es genügt allerdings auch, wenn Sie hinter SELECT zur Spaltenauswahl das Zeichen * einsetzen. In jedem Fall muss die ORDER-BY-Klausel immer die letzte Klausel innerhalb der SELECT-Anweisung sein. Sie können in der ORDER-BY-Struktur anstelle von Spaltennamen auch Spaltennummern einsetzen.

Beispiel: Die Tabelle *tposten* soll wie bei A7101 nach der Personalnummer absteigend sortiert werden. Anstelle des Spaltennamens soll die Spaltennummer in der ORDER-BY-Klausel verwendet werden.

```
SELECT persnr, aufnr, tartnr, tstd          (A7101A)
  FROM tposten
  WHERE tbnr = 20020301
  ORDER BY 1 DESC
```

Die Reihenfolge, in der Sie hinter SELECT die Spaltennamen einsetzen, bestimmt die Spaltennummer:

Spaltennamen hinter SELECT:	persnr, aufnr, tartnr
Alternative Spaltennummern dann:	1 , 2 , 3

Wenn Sie die Tabelle nach den Auftragsnummern absteigend sortieren wollen, lautet die ORDER-BY-Klausel: ORDER BY 2 DESC.
Es können auch mehrere Spalten benannt werden, nach denen die Sortierung durchgeführt werden soll. Die Sortierung erfolgt dann hierarchisch so, dass die Sortierung nach dem zweiten Spaltennamen innerhalb der Sortierung nach dem ersten Spaltennamen erfolgt, die Sortierung nach dem dritten Spaltennamen innerhalb der Sortierung nach dem zweiten Spaltennamen usw.

Beispiel: Die Zeilen der Tabelle *tposten* vom 1.3.2002 sollen nach den Auftragsnummern aufsteigend, innerhalb der Auftragsnummern nach Personalnummern absteigend und innerhalb gleicher Personalnummern nach Tätigkeitsarten aufsteigend sortiert angezeigt werden.

```
SELECT persnr, aufnr, tartnr, tstd                    (A7102)
  FROM tposten
  WHERE tbnr = 20020301
  ORDER BY 2, 1 DESC, tartnr
```

Ergebnis:	PERSNR	AUFNR	TARTNR	TSTD
	10	2222	2	4.00
	10	2222	4	3.00
	7	2222	7	6.50
	5	2222	6	6.00
	8	4444	2	8.00
	3	4444	6	4.00
	3	4444	7	3.00
	1	4444	2	8.00

Die Sortierklausel kann auch in Joins eingesetzt werden, wie die nachstehende Aufgabe zeigt.

Beispiel: Die Tabelle *tposten* mit den Werten vom 1.3.2002 soll aufsteigend sortiert nach dem Produkt aus Stunden und Tätigkeitspreisen (Leistungswerte) und innerhalb gleicher Leistungswerte nach Personalnummern ausgegeben werden.

Da die Preise der Tätigkeitsarten nicht in der Tabelle *tposten*, sondern in der Tabelle *tarten* stehen, wird eine Join-Analyse vorgenommen:

Angesprochene Tabellen und Alias-Namen	Angesprochene Tabellenspalten	Verknüpfungs-spalten
tposten tp	persnr, aufnr, tartnr, tstd	tp.tartnr
tarten ta	tpreis	ta.tartnr

```
SELECT persnr, aufnr, tp.tartnr, tstd * tpreis
  FROM tposten tp, tarten ta
  WHERE tbnr = 20020301    AND
   tp.tartnr = ta.tartnr
  ORDER BY 4, 1                                    (A7103)
```

Ergebnis:	PERSNR	AUFNR	TARTNR	LEISTUNGSWERTE
	3	4444	7	240.0000
	3	4444	6	360.0000
	10	2222	4	360.0000
	10	2222	2	400.0000
	7	2222	7	520.0000
	5	2222	6	540.0000
	1	4444	2	800.0000
	8	4444	2	800.0000

Die Sortierung umfangreicher Tabellen kann sehr zeitaufwendig sein. Sie wird beschleunigt, wenn für die Tabellen Indexschlüssel vereinbart worden sind. Die Indizierung wird im Kapitel 10 behandelt.

In JET-Datenbanken können Sie mit dem Zusatz *TOP anzahl/percent* eine bestimmte Anzahl von Datensätzen anzeigen, die im oberen oder unteren Teil eines durch eine ORDER-BY-Klausel definierten Bereichs liegen.

Beispiel: Es sollen die 3 Mitarbeiter genannt werden, die am wenigsten verdienen:

```
J:       SELECT TOP 3 pname, gehalt                (A7104)
         FROM persdat
         ORDER BY gehalt ASC
```

Ergebnis:	PNAME	GEHALT
	Meyer	2450,00
	Meieris	2450,00
	Eifer	3800,00
	Strom	3800,00

Da die Mitarbeiter Eifer und Strom gleich viel verdienen, werden 4 Mitarbeiter genannt.

7.2 Zeilen gruppieren

Eine Vielzahl von Informationswünschen bezieht sich auf Gruppen von Daten. So möchte die Unternehmensleitung beispielsweise wissen, wie hoch die für die verschiedenen Aufträge erbrachten Leistungen sind. Die Leistungen pro Auftrag stellen in diesem Zusammenhang eine Gruppe dar. Die Auftragsnummer ist dann der Gruppierungsbegriff, die Summe der Leistungen stellt den Gruppenwert dar. Der Gruppenwert wird durch eine Aggregatfunktion gebildet.
Gruppieren heißt somit, dass solche Zeilen zu einer gemeinsamen Ausgabenreihe zusammengefasst werden, die gleiche Schlüsselwerte haben. Programmierer ersehen aus dieser Formulierung, dass mit dem Gruppierungszusatz die Logik des Gruppenwechsels verwirklicht wird: ein Gruppenwechsel findet statt, sobald sich der Wert in einer Gruppierungsspalte ändert. Als Gruppierungsspalten können zum Beispiel die Spalte *geschlecht* in *persdat* und *persnr* in *tposten* eingesetzt werden.
Zur Gruppenbildung können eine oder mehrere Spalten benannt werden. Das ergibt sich aus der Syntax der GROUP-BY-Klausel:

GROUP BY spaltenname[, spaltenname, ...]

In der GROUP-BY-Klausel können nur solche Spaltennamen aufgeführt werden, die auch hinter der SELECT-Klausel genannt worden sind. Lediglich die hinter SELECT mit den Aggregatfunktionen AVG(), SUM(), MIN(), MAX() und COUNT() definierten Spalten werden nicht in der GROUP-BY-Klausel aufgeführt.

Die folgenden Beispiele zeigen richtige und falsche Zusammenstellungen:

```
SELECT persnr FROM tposten
  GROUP BY persnr                         <- mögliche Abfrage
```

```
SELECT persnr, AVG(tstd)
  FROM tposten
  GROUP BY persnr                         <- mögliche Abfrage
```

```
SELECT persnr, tstd                   <- falsche Abfrage, da kein
FROM tposten                           Gruppenwert mittels Aggre-
GROUP BY persnr                        gatfunktion gebildet wird
```

```
SELECT persnr, tstd
  FROM tposten
  GROUP BY persnr, tstd                    <- mögliche Abfrage
```

Gruppenbildung mit einer Spalte

Beispiel: Der Chef will wissen, wie viele Stunden anrechenbarer Tätigkeiten im Februar (in unserer Speicherung am 28.02.2002) für die einzelnen Aufträge geleistet worden sind. Folgende Liste wird gewünscht:

AUFNR	SUMME_DER_STUNDEN
1111	512.00
2222	218.00
3333	231.00

In dieser Aufgabe stellt der einzelne Auftrag eine Gruppe dar. Die Auftragsnummer dient als Gruppenschlüssel. Pro Auftragsnummer ist die Summe der Stunden zu ermitteln.

```
SELECT aufnr, sum(tstd)                                    (A7201)
  FROM tposten
  WHERE tbnr BETWEEN 20020201 AND 20020228
  GROUP BY aufnr
  ORDER BY aufnr
```

Der GROUP-BY-Zusatz steht in der SELECT-Anweisung nach den Zusätzen FROM und WHERE und vor ORDER BY. Der Gruppenbegriff wird, durch eine Leerstelle getrennt, hinter die GROUP-BY-Klausel geschrieben.

Gruppenbildung mit mehreren Spalten
Bei der obigen Aufgabenstellung handelt es sich um einen einstufigen Gruppenwechsel. Mit dem Wechsel der Auftragsnummer wird eine neue Zeile mit Angabe der Auftragsnummer und Summe ausgegeben. Die Gruppenbildung kann aber auch mehrstufig erfolgen.

Beispiel: Für eine Statistik wird die Untergliederung der in der Tabelle *tposten* für den 01.03.2002 aufgelaufenen Stunden nicht nur nach Auftragsnummern verlangt, sondern auch danach, welcher Mitarbeiter sie geleistet hat. Der besseren Übersicht wegen soll die Anzeige sortiert erfolgen, und zwar aufsteigend nach Auftrags- und Personalnummer.

Folgende Ergebnisliste ist zu erstellen:

AUFNR	PERSNR	SUMME_DER_STUNDEN
2222	5	6.00
2222	7	6.50
2222	10	7.00
4444	1	8.00
4444	3	7.00
4444	8	8.00

Die SQL-Anweisung dazu lautet:

```
SELECT aufnr, persnr, SUM(tstd)                    (A7203)
  FROM tposten
  WHERE tbnr = 20020301
  GROUP BY aufnr, persnr
  ORDER BY aufnr, persnr
```

Bei dieser Abfrage handelt es sich um einen zweistufigen Gruppenwechsel. Die Auftragsnummer stellt die Obergruppe, die Personalnummer die Untergruppe dar. Diese Festlegung erfolgt durch die Reihenfol-

ge der Gruppenschlüssel hinter der GROUP-BY-Klausel. Der übergeordnete Gruppenbegriff wird zuerst genannt.
Ein Mangel in der Darstellung ist, dass keine Stundensummen je Auftrag ausgegeben werden: 19.5 Stunden für Auftrag 2222 und 23.00 Stunden für Auftrag 4444. Um eine Liste mit solchen Zwischensummen zu erhalten, muss SQL in eine Programmiersprache eingebettet werden, oder die Ausgabe muss mit dem in jedem System verfügbaren Listengenerator erstellt werden. Im interaktiven SQL erfahren Sie die Summen je Auftrag nur mit einer gesonderten Abfrage.

```
SELECT aufnr, SUM(tstd)                          (A7203A)
  FROM tposten
  WHERE tbnr = 20020301
  GROUP BY aufnr
```

Ergebnis:	AUFNR	SUMME_DER_STUNDEN
	2222	19.50
	4444	23.00

Gruppierung in Joins
Der Gruppierungsparameter kann auch in Joins verwendet werden.

Beispiel: Ein Abteilungsleiter möchte für die einzelnen Aufträge nicht die verbrauchten Stunden wissen, sondern die Leistungswerte in €. Dazu müssen die Stunden mit den für die Tätigkeiten festgelegten Verrechnungspreisen multipliziert werden.

Während in den vorigen Beispielen alle Informationen in der Tabelle *tposten* gespeichert sind, muss für die Lösung dieser Aufgabe zusätzlich der Preis der innerbetrieblichen Tätigkeiten in der Tabelle *tarten* gesucht werden. Ausserdem muss dafür gesorgt werden, dass die verbrauchten Stunden mit den entsprechenden Tätigkeitspreisen multipliziert werden. Dazu werden die Zeilen der beiden Tabellen mit dem Schlüssel *tartnr* der Tätigkeitsarten miteinander verknüpft.

Join-Analyse:

Angesprochene Tabellen und Alias-Namen	**Angesprochene Tabellenspalten**	**Verknüpfungs-spalten**
tposten tp	aufnr	tp.tartnr
tarten ta		ta.tartnr

```
SELECT aufnr, SUM(tstd * tpreis)                    (A7205)
  FROM tposten tp, tarten ta
  WHERE tp.tartnr = ta.tartnr
  GROUP BY aufnr
  ORDER BY aufnr
```

Ergebnisliste:	AUFNR	SUMME
	1111	50580.0000
	2222	21490.0000
	3333	21030.0000
	4444	2200.0000

Die Leistungssummen je Auftrag werden mit vier Nachkommastellen ausgegeben, weil die Spalten *tstd* und *tpreis* mit insgesamt vier Nachkommastellen eingerichtet worden sind.

Gruppierung in Unterabfragen

Gruppierungen können auch in verschachtelten Abfragen eingebracht werden.

Beispiel: Welche Mitarbeiter haben den Auftrag 1111 kalkuliert? Bei Formulierung der SQL-Anweisung soll statt der Tätigkeitsnummer als Auswahlbedingung «Kalkulation» angegeben werden. Auszugeben sind die Personalnummer und der Name des Mitarbeiters sowie die Bezeichnung seiner Abteilung. Folgende Ergebnisliste erfüllt die gestellte Anforderung:

Ergebnis:	PERSNR	PNAME	ABTNAME
	1	Eifer	Transport
	5	Luft	Steuerung
	8	Volt	Steuerung

Join-Analyse

Angesprochene Tabellen und Alias-Namen	Angesprochene Tabellenspalten	Verknüpfungs-spalten
persdat p	persnr, pname	p.persnr p.abtnr
abteilg a	abtname	a.abtnr
tposten tp		tp.tartnr
tarten ta		ta.tartnr

Die Auswahlbedingung besteht aus drei Elementen. Zum einen muss aus der Personaldatei auf die Abteilungsdatei geschlossen werden. Zum anderen interessiert nur die Tätigkeit Kalkulation. Für diese Tätigkeit muss die Tätigkeitsnummer aus der Tabelle *tarten* ermittelt werden. Schließlich sind aber nur die Aufträge mit der Auftragsnummer 1111 heranzuziehen. Die Personalnummern, die mit dem Auftrag 1111 beschäftigt waren, liefert eine eingeschachtelte Abfrage. In sie muss aber noch eine weitere eingenistet werden, um nur die Personalnummern herauszufiltern, die mit der Kalkulation beschäftigt waren. Die SQL-Anweisung lautet dann:

```
SELECT p.persnr, pname, abtname                    (A7207A)
  FROM persdat p, abteilg a
  WHERE p.abtnr = a.abtnr  AND
        p.persnr IN
    (SELECT persnr FROM tposten
       WHERE tartnr IN
         (SELECT tartnr  FROM tarten
            WHERE tbez LIKE 'Kalkulation')   AND  (1)
         aufnr = 1111
       GROUP BY persnr)
```

(1) In DB2 geben Sie ein: *WHERE tbez LIKE 'Kalkulation%'*

7.3 Gruppen bedingungsabhängig auswählen

Bei der gruppenorientierten Auswertung interessieren oftmals nur die Gruppen, bei denen eine bestimmte Bedingung erfüllt ist. Mit der HAVING-Klausel vereinbaren Sie die Bedingung, unter der ein Gruppenergebnis ausgegeben wird.

Beispiel: In welcher Abteilung arbeiten mehr als zwei Mitarbeiter?

```
SELECT abtnr, COUNT(*)                              (A7300)
  FROM persdat
  GROUP BY abtnr
  HAVING COUNT(*) > 2
```

Ergebnis:	ABTNR	ANZAHL
	3	3

An dem Ergebnis können Sie erkennen, dass nur die Nummer der Abteilung angezeigt wird, in der mehr als zwei Mitarbeiter beschäftigt sind. Die Ergebnisse der anderen Gruppen, die aufgrund unterschiedlicher Abteilungsnummern gebildet worden sind, sind nicht ausgegeben worden.
Die HAVING-Bedingung kann nur zusammen mit und für den Befehlsteil GROUP BY verwendet werden. Für die Formulierung der Bedingung hinter HAVING gelten die gleichen Regeln wie bei der WHERE-Klausel, mit der die Zeilenauswahl aus einer Tabelle vereinbart wird. Es können alle Operatoren genutzt sowie Unterabfragen eingeleitet werden. Es gibt jedoch eine wichtige Einschränkung. Die HAVING-Bedingung kann nur mit den Funktionen

- SUM(),
- AVG(),
- MIN(),
- MAX() und
- COUNT()

eingesetzt werden, um einen Vergleichswert zur Gruppensumme, zum Durchschnitt, Minimum oder Maximum sowie zur Mitgliederanzahl einer Gruppe zu suchen.

HAVING-Bedingungen bei numerischen Spalten

Wie Gruppenbedingungen bei numerischen Spalten vereinbart werden, zeigen wir in den folgenden drei Beispielen.

Beispiel: Die Verwaltung benötigt die Information, an welche Mitarbeiter in den Monaten Januar und Februar jeweils mehr als 5000 € ausgezahlt wurden. Dabei soll auch angezeigt werden, ob die Person männlich oder weiblich ist.

Join-Analyse:

Angesprochene Tabellen und Alias-Namen	**Angesprochene Tabellenspalten**	**Verknüpfungs-spalten**
persdat p	pname, geschlecht	p.persnr
mgehalt m	monat, mgehalt	m.persnr

```
SELECT monat, pname, geschlecht, SUM(mgehalt) (A7301)
  FROM persdat p, mgehalt m
  WHERE p.persnr = m.persnr
  GROUP BY monat, pname, geschlecht
  HAVING SUM(mgehalt) > 5000
  ORDER BY monat
```

Ergebnis:	MONAT	PNAME	GESCHLECHT	MGEHALT
	1	Meier	M	5900.00
	2	Luft	M	6063.63
	2	Meier	M	6001.74

In dieser Anweisung erfolgt die Gruppenbildung nach Maßgabe des Monats, des Mitarbeiternamens sowie des Geschlechts. Das ist erforderlich, weil alle hinter SELECT angegebenen Spalten auch hinter der GROUP-BY-Klausel aufgeführt werden müssen. Lediglich die Spalten, die in eine Aggregatfunktion einbezogen sind, werden nicht in der GROUP-BY-Klausel aufgeführt. Mit

HAVING SUM(mgehalt) > 5000

wird festgelegt, dass nur solche Zeilen anzuzeigen sind, in denen das Gehalt den Betrag von 5000 € übersteigt.
Aus wie viel Mitgliedern eine Gruppe besteht, ermittelt die Funktion COUNT(*). Sie wurde bereits im Eingangsbeispiel erwähnt, aber noch nicht erläutert. Das sei anhand des nachstehenden Beispiels nachgeholt.

Beispiel: In welchen Abteilungen arbeiten mehrere Mitarbeiter?

```
SELECT abtnr, COUNT(*)                                (A7302)
  FROM persdat
  GROUP BY abtnr
  HAVING COUNT(*) > 1
  ORDER BY abtnr
```

Ergebnis:	ABTNR	ANZAHL
	2	2
	3	3
	4	2

Als Gruppenbegriff wurde die Abteilungsnummer festgelegt. Die Funktion COUNT(*) ermittelt, wie oft dieselbe Abteilungsnummer in der Tabelle auftritt. Die Bedingungsvereinbarung

HAVING COUNT(*) > 1

legt fest, dass nur jene Ergebniszeilen angezeigt werden, in denen der Anzahlwert größer als 1 ist.

HAVING-Bedingung bei nicht numerischen Spalten

Unter Verwendung der Funktionen MIN() und MAX() können auch nicht numerische Spalten in die Bedingung der HAVING-Klausel einbezogen werden. Das sei hier am Beispiel einer Datumsspalte aufgezeigt.

Beispiel: Die Geschäftsleitung möchte eine Übersicht darüber, welche geringsten Gehälter, gruppiert nach den Eintrittsterminen zwischen 1.1.80 und 1.1.86, an jeweils wie viel Mitarbeiter im Monat Januar 2002 gezahlt worden sind.

Join-Analyse:

Angesprochene Tabellen und Alias-Namen	**Angesprochene Tabellenspalten**	**Verknüpfungs-spalten**
persdat p	eintritt	p.persnr
mgehalt m	mgehalt	p.persnr

```
SELECT eintritt, MIN(mgehalt), COUNT(*)          (A7304)
  FROM persdat p, mgehalt m
  WHERE p.persnr = m.persnr AND
            jahr = 2002     AND
            monat = 1
  GROUP BY eintritt
    HAVING MIN(eintritt) > '01.01.1980' AND
           MAX(eintritt) < '01.01.1986'
  ORDER BY eintritt
```

Achtung: In JET lauten die Datumsangaben #1980-1-1# und #1986-1-1# und in MySQL '1980-01-01' und '1986-01-01'.

Ergebnis:	EINTRITT	MIN(MGEHALT)	ANZAHL
	01.02.1980	2700	3
	01.03.1984	3200	2
	15.05.1985	4250	2

7.4 Mit UNION Ergebnisausgaben verbinden

Mit UNION können SELECT-Abfragen verbunden werden. Die Ergebnisausgabe des Verbundes enthält dann sämtliche Ergebniszeilen der verbundenen Einzelabfragen. Voraussetzung für die UNION-Klausel ist jedoch, dass die in der Spaltenauswahl genannten Spalten in Typ und Größe in beiden SELECT-Anweisungen übereinstimmen. Eine Namensübereinstimmung ist nicht erforderlich.
Die Übereinstimmung der Spaltentypen und Spaltengrößen kann auch mit Ersatzspalten hergestellt werden. Beispiele:

Spaltenauswahl in der ersten SELECT-Anweisung		**In Typ/Größe übereinstimmende Spalten der 2. SELECT-Anweisung**	
fmnr	SMALLINT	persnr	SMALLINT
gehalt	DECIMAL(8,2)	mgehalt	DECIMAL(8,2)
pname	CHAR(12)	vorname	CHAR(12)
vorname	CHAR(12)	' '	Leerzeichenkette mit 12 Stellen

pname	CHAR(12)	''	Leerzeichenkette bei ORACLE, JET
gehalt	DECIMAL(8,2)	0	Wert 0 bei ORACLE,
'Vorgesetzter'		'Mitarbeiter '	Zeichenketten gleicher Größe

Der Verbund von zwei SQL-Anweisungen sei an folgendem Beispiel erläutert.

Problem: Die Geschäftsleitung will wissen, welche Mitarbeiter dem Abteilungsleiter der Abteilung 3 unterstehen. Es ist nur die Abteilungsnummer bekannt. Der Name des Abteilungsleiters und die Namen der Mitarbeiter müssen gesucht und mit Personalnummer angezeigt werden.

Folgendes Ergebnis soll erzielt werden:

	PERSNR	PNAME	ABTNR
Abt.Leiter:	5	Luft	3
Mitarbeiter:	8	Volt	3
Mitarbeiter:	7	Meieris	3

Die Personalnummer des Leiters einer Abteilung steht in der Spalte *persnr* der Tabelle *ableiter*. In der Tabelle *persdat* stehen die Abteilungsnummern und die Namen der Mitarbeiter. Es sind also zwei Abfragen zu formulieren. Die erste Abfrage bezieht sich auf den Abteilungsleiter, die zweite auf die Mitarbeiter. Damit das Abfrageergebnis zusammengeführt wird, sind die beiden Abfragen miteinander zu verknüpfen. Sie müssen aber in der Weise konstruiert werden, dass ihre Ergebnisse dieselbe Struktur aufweisen.
Hinsichtlich *persnr* und *abtnr* stimmen die Typen in beiden Tabellen überein. In der zweiten Abfrage ist das 12 Stellen lange Feld *pname* auszugeben. Damit die Strukturgleichheit hergestellt wird, wird im ersten SELECT-Befehl eine Zeichenkette mit 12 Leerschritten vereinbart. Die Texte «Abt.Leiter:» und «Mitarbeiter:» werden in gleich große Zeichenketten geschrieben. Hinter dem jeweiligen SELECT ist dann zu notieren:

1. Abfrage:	'Abt.Leiter:	', persnr, '	' , abtnr
2. Abfrage:	'Mitarbeiter:	', persnr, pname	, abtnr

Die SQL-Anweisung lautet dann:

```
SELECT                                                  (A7401)
  'Abt.Leiter:   ', persnr, '            ', abtnr
  FROM ableiter
  WHERE abtnr = 3
UNION
SELECT 'Mitarbeiter:  ', persnr, pname, abtnr
  FROM persdat
  WHERE abtnr = 3
```

Sie führt zu folgendem Ergebnis:

	PERSNR		ABTNR
Abt.Leiter:	5		3
Mitarbeiter:	8	Volt	3
Mitarbeiter:	7	Meieris	3
Mitarbeiter:	5	Luft	3

An dieser Abfrage ist zu beanstanden, dass der Mitarbeiter Luft mit der Personalnummer 5 zweimal genannt wird, einmal als Abteilungsleiter und dann als Mitarbeiter. Das wird vermieden, wenn in der zweiten SELECT-Abfrage die SELECT-Unterabfrage

WHERE ... persnr NOT IN
    (SELECT persnr FROM ableiter)

eingesetzt wird. In der Tabelle *ableiter* sind die Personalnummern 7 und 8 nicht vorhanden. Deshalb werden nur sie in der zweiten SELECT-Anweisung bei der Ansprache der Personalnummern der Tabelle *persdat* ausgegeben.
Damit auch der Name des Abteilungsleiters in der ersten SELECT-Abfrage angezeigt werden kann, ist die Tabelle *ableiter* mit der Tabelle *persdat* zu verbinden. Folgende SQL-Anweisung führt zu dem geforderten Ergebnis:

```
SELECT                                          (A7402)
  'Abt.Leiter:   ', p.persnr, pname, p.abtnr
FROM persdat p, ableiter a
WHERE p.persnr = a.persnr AND
       p.abtnr = 3
UNION
SELECT 'Mitarbeiter:  ', persnr, pname, abtnr
FROM persdat
WHERE abtnr = 3 AND persnr NOT IN
  (SELECT persnr FROM ableiter)
```

Ergebnis:

	PERSNR	PNAME	ABTNR
Abt.Leiter:	5	Luft	3
Mitarbeiter:	8	Volt	3
Mitarbeiter:	7	Meieris	3

Hierarchische Strukturen bei ORACLE abfragen

Wenn Sie die Anweisung in ORACLE nachvollziehen wollen, müssen Sie in der Tabelle *persdat* die Spalte *vorg* einrichten:

```
ALTER TABLE persdat ADD
  (vorg SMALLINT)
```

In die Spalte *vorg* schreiben Sie die Personalnummern der Vorgesetzten, um die hierarchische Struktur des Unternehmens darzustellen:

PERSNR	VORG
1	10
3	1
4	9
5	10
7	5
8	5
9	10
10	0

In ORACLE haben Sie die Möglichkeit, solche hierarchischen Strukturen abzufragen. Dazu gibt es im SELECT-Befehl den CONNECT-BY-PRIOR- und den START-WITH-Zusatz.

In CONNECT BY ist PRIOR der Operator, hinter dem die Hierarchieschlüssel einander zugeordnet werden:

CONNECT BY PRIOR
untergeordneter Schlüssel = übergeordneter Schlüssel

Hinter START WITH wird die Wurzel des Hierarchiebaumes angegeben:

START WITH anfangswert

Beispiel: Die Geschäftsleitung will wissen, welche Mitarbeiter für den Abteilungsleiter Luft arbeiten.

Nur in ORACLE:

```
SELECT persnr, pname, abtnr, vorg                (A7403)
  FROM persdat
  CONNECT BY PRIOR persnr = vorg
  START WITH pname = 'Luft'
```

Ergebnis:

PERSNR	PNAME	ABTNR	VORG
5	Luft	3	10
7	Meieris	3	5
8	Volt	3	5

UNION statt JOIN-Operator

Der JOIN-Operator bewirkt, dass sowohl die Reihen mit übereinstimmenden Join-Werten als auch die Reihen mit nicht übereinstimmenden Join-Werten ausgegeben werden. Verfügt ein Datenbanksystem nicht über den JOIN-Operator, so kann seine Wirkungsweise mit Hilfe des UNION-Operators erzielt werden.

Beispiel: Der Personalleiter will wissen, welche Mitarbeiter wie viele Familienmitglieder haben und wie diese mit Vornamen heißen. Mitarbeiter ohne Familienangehörige sind ebenfalls zu nennen. Die Anzeige soll nach der Personalnummer sortiert sein.

Für die Ausgabe müssen die Tabellen *persdat* und *fmitglieder* angesprochen werden. Die Spalten *persnr* und *fmnr* stimmen im Typ und in der Größe überein. Für *vorname* wird im zweiten SELECT-Befehl eine Zeichenkette aus 12 Leerstellen vereinbart:

Spalten in Tabelle fmitglieder		**In Typ und Größe übereinstimmende Spalten in persdat**	
fmnr	SMALLINT	persnr	SMALLINT
vorname	CHAR(12)	' '	Leerzeichenkette mit 12 Stellen

```
SELECT p.persnr, pname, fmnr, vorname          (A7404)
  FROM persdat p, fmitglieder f
  WHERE p.persnr = f.persnr
UNION
  SELECT persnr, pname, persnr, '            '
  FROM persdat
  WHERE persnr NOT IN
  (SELECT persnr FROM fmitglieder)
ORDER BY 1
```

Ergebnis:

PERSNR	PNAME	FMNR	VORNAME
1	Eifer	1	
3	Meyer	1	Heinrich
4	Strom	4	
5	Luft	2	Heinz
5	Luft	1	Beate
7	Meieris	7	
8	Volt	1	Christa
9	Bind	9	
10	Meier	3	Else
10	Meier	2	Theo
10	Meier	1	Hanna

Die Sortieranweisung bildet immer den Schluss der letzten SELECT-Anweisung. Da es vorkommt, dass die Sortierspalte in den mit UNION verbundenen SELECTs unterschiedliche Namen hat, sollte hinter der ORDER-BY-Klausel stets die Spaltennummer und nicht der Spaltenname gesetzt werden.
In der Sprache der Mengenlehre ausgedrückt, bewirkt der UNION-Operator die Vereinigung von Mengen.

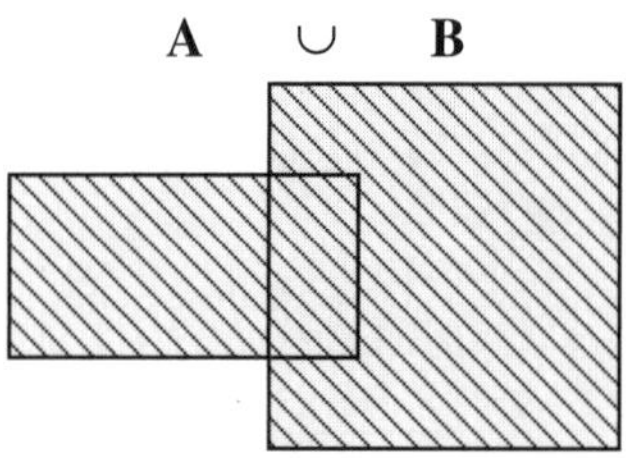

7.5 INTERSECT, EXCEPT/MINUS einsetzen

Fasst man die Ergebnisse von SQL-Anweisungen als Mengen auf, so lassen sich noch weitere Mengen bilden: die Schnittmenge und die Differenzmenge. Eine Schnittmenge zweier Mengen A und B besteht aus den Elementen, die sowohl in der Menge A als auch in der Menge B vorkommen. Im Diagramm:

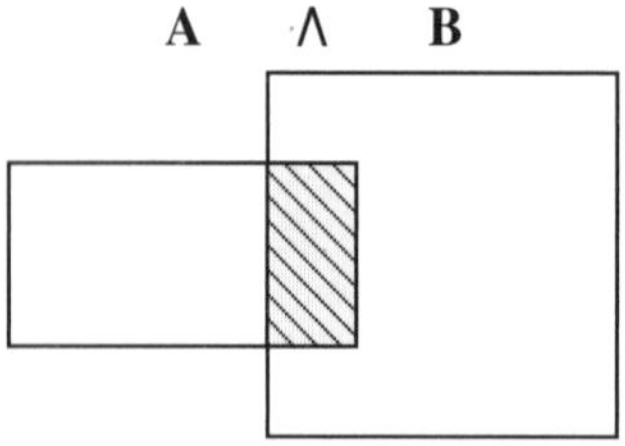

Zur Schnittmengenbildung kennen DB2 und ORACLE den Operator INTERSECT.

Zur Differenzmenge zweier Mengen A und B gehören nur die Elemente von A, die nicht auch zu B gehören.

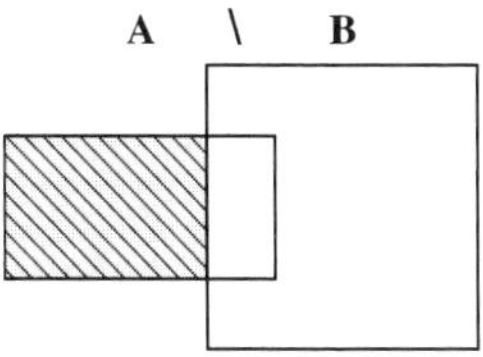

Die Differenzmenge wird in DB2 durch EXCEPT, in ORACLE durch MINUS erzeugt.

Operator INTERSECT

Mit dem Operator INTERSECT werden aus zwei SELECT-Ergebnissen jene Zeilen aus der ersten SELECT-Abfrage angezeigt, die auch in der Ausgabe der zweiten Abfrage enthalten sind.

Beispiel: Aus der Tabelle *persdat* sollen jene männlichen Mitarbeiter angezeigt werden, die am 1.3.2002 am Auftrag 4444 gearbeitet haben.

SQL-Anweisung nur in ORACLE und DB2:

```
SELECT persnr                                   (A7501)
  FROM persdat
  WHERE geschlecht = 'M'
INTERSECT
SELECT persnr
  FROM tposten
  WHERE  tbnr = 20020301   AND
         aufnr = 4444
```

Ergebnis: PERSNR
1

Wie Sie aus der Tabelle *tposten* entnehmen können, haben am 1.3.2002 die Mitarbeiter mit den Personalnummern 1, 3 und 8 am

Auftrag 4444 gearbeitet. Da aber die Mitarbeiter mit den Nummern 3 und 8 nicht männlich sind, werden sie von der Ausgabe ausgeschlossen.
Einfacher und in jedem Datenbanksystem einsetzbar ist die Lösung mit einer Join-Abfrage:

```
SELECT p.persnr, pname                              (A7502)
  FROM persdat p, tposten tp
  WHERE p.persnr = tp.persnr AND
      geschlecht = 'M'       AND
            tbnr = 20020301  AND
           aufnr = 4444
```

Ergebnis:	PERSNR	PNAME
	1	Eifer

Operatoren EXCEPT / MINUS
Mit EXCEPT beziehungsweise MINUS werden aus zwei SELECT-Ergebnissen jene Zeilen aus der ersten SELECT-Abfrage angezeigt, die nicht in der zweiten Abfrage vorhanden sind.

Beispiel: Aus der Tabelle *persdat* sollen die Personalnummern jener männlichen Mitarbeiter angezeigt werden, die am 1.3.2002 nicht am Auftrag 4444 gearbeitet haben und nicht der Verwaltung angehören. Der Einfachheit halber sollen die Mitarbeiter in der Verwaltung direkt mit ihren Personalnummern 4 und 9 angegeben werden.

```
D:  SELECT persnr                                       (A7503)
      FROM persdat
      WHERE geschlecht = 'M' AND
            persnr NOT IN(4,9)
    EXCEPT
    SELECT persnr
      FROM tposten
      WHERE aufnr = 4444      AND
             tbnr = 20020301
```

Ergebnis: PERSNR
5
7
10

Bei ORACLE setzen Sie anstelle von EXCEPT den Operator MINUS ein.
Mit EXCEPT ALL wird die Ausgabe auf identische Zeilen erweitert.
In der JET-Datenbank setzen Sie zur Lösung folgende Anweisung ein:

```
SELECT p.persnr                                     (A7503)
 FROM persdat p, tposten tp
 WHERE geschlecht = 'M'      AND
     p.persnr NOT IN(4, 9)   AND
     p.persnr = tp.persnr    AND
     tbnr = 20020301         AND
     aufnr <> 4444
```

7.6 Übungen

UE7601: Die Familienmitglieder der Mitarbeiter sollen nach dem Verwandtschaftsgrad sortiert werden. Anzuzeigen sind *vwgrad, vwname, persnr, pname* und *vorname.*

UE7602: Welche Mitarbeiter haben wie viele Familienangehörige, und welchen Betrag erhalten sie als Familienzuschlag?

UE7603: Welche Mitarbeiterinnen wurden im Februar für die Tätigkeit Zeichnen eingesetzt? In welchen Abteilungen sind die Mitarbeiterinnen tätig?

UE7604: Für welche Aufträge sind am 1.3.2002 von den Mitarbeitern mehrere Tätigkeitsmeldungen abgegeben worden?

UE7605: Wie viel männliche Mitarbeiter sind jeweils an den verschiedenen Einstellungsterminen zwischen dem 1.1.1984 und dem 30.06.1985 eingestellt worden? Beachten Sie, dass in JET die Datumsangaben #1984-01-01# und #1985-06-30# lauten.

UE7606: Geben Sie in einer Bildschirmanzeige an, wer in Abteilung 4 der Abteilungsleiter ist und wer zu den Mitarbeitern gehört.

7.7 Lösungen

UE7601:

```
SELECT f.vwgrad, vwname, p.persnr, pname, vorname
    FROM persdat p, fmitglieder f, vwgrade v
    WHERE p.persnr = f.persnr  AND
          f.vwgrad = v.vwgrad
    ORDER BY f.vwgrad, p.persnr
```

UE7602:

```
SELECT pname, MAX(fmnr), SUM(zuschlag)
  FROM persdat p, fmitglieder f
  WHERE  p.persnr = f.persnr
  GROUP BY pname
```

UE7603:

```
SELECT 'Gezeichnet haben im Februar: ', pname,
     abtnr
  FROM persdat p, tposten tp
  WHERE p.persnr = tp.persnr   AND
      geschlecht = 'W'         AND
       tp.tartnr = '6'         AND
      tbnr BETWEEN 20020201 AND 20020228
  GROUP BY pname, abtnr
```

UE7604:

```
SELECT aufnr, COUNT(*)
  FROM tposten
  WHERE tbnr = 20020301
  GROUP BY aufnr HAVING COUNT(*) > 1
```

UE7605:

```
SELECT eintritt, COUNT(*)
  FROM persdat
  WHERE geschlecht = 'M'
  GROUP BY eintritt
    HAVING MIN(eintritt) >= '01.01.1984' AND
           MAX(eintritt) <= '30.06.1985'
```

UE7606:

```
SELECT 'Abt.Leiter:   ', p.persnr, pname, p.abtnr
  FROM persdat p, ableiter a
  WHERE p.persnr = a.persnr AND
        p.abtnr = 4
  UNION
  SELECT 'Mitarbeiter:  ', persnr, pname, abtnr
    FROM persdat
    WHERE abtnr = 4 AND
          persnr NOT IN
    (SELECT persnr FROM ableiter)
```

8 Bruttogehaltsabrechnung

Die Entwicklung der Datenbank, wie sie im Kapitel 3 beschrieben wurde, erfolgte mit dem Ziel, dass mit ihr die monatliche Bruttogehaltsberechnung vorgenommen werden kann. Die Bruttogehaltsabrechnung mit Hilfe von SQL-Anweisungen ist Gegenstand dieses Kapitels. Dabei kommt es uns nicht so sehr darauf an, ein praxisgerechtes Verfahren anzubieten. Vielmehr wollen wir einerseits zeigen, dass die Ansatzpunkte zur Lösung eines Problems von Datenbank zu Datenbank anders gelagert sein können. Andererseits sollen anhand einer komplexen Aufgabe die Leistungsfähigkeit sowie die Grenzen von SQL deutlich gemacht werden.

Bei der Berechnung der Gehälter tritt ein typisches SQL-Problem auf, weil Ausgangswerte, die für bestimmte Berechnungen benötigt werden, nicht in Basistabellen gespeichert vorliegen. Wir lösen dieses Problem, indem wir Zwischentabellen anlegen und darin die Ausgangswerte für weitere Berechnungen speichern.

In INFORMIX und MySQL lösen wir die Aufgabe mit temporären Tabellen. In den anderen Datenbanksystemen gibt es keine Möglichkeit, temporäre Tabellen zu erstellen. In ORACLE setzen wir deshalb Views ein. Auch bei Views ist es nicht erforderlich, echte Zwischentabellen anzulegen. Wenn jedoch in Views mit arithmetischen Anweisungen oder der GROUP-BY-Klausel gearbeitet werden muss, können sie nicht mit UPDATE und INSERT bearbeitet werden. Dies ist aber bei unserer Aufgabe erforderlich. Wir legen deshalb in diesem Kapitel für ORACLE die Grundtabelle als echte Zwischentabelle an und zeigen in Abschnitt 9.3, wie die Grundtabellen mit den in Views errechneten Werten gefüllt werden. Die Vorgehensweise in der JET-Datenbank beschreiben wir im Abschnitt 8.5.

Achtung: Die Tabelle *mgehalt* in der Datenbank *testdb* wurde bereits mit den Datensätzen für den Monat Februar eingerichtet, weil diese Daten für einige SQL-Anweisungen in vorhergehenden Kapiteln benötigt wurden. Sie können entweder die Februar-Datensätze löschen mit

DELETE FROM mgehalt WHERE monat = 2

oder Sie fügen in den entsprechenden SQL-Anweisungen in der WHERE-Klausel die Bedingung ein:

tbnr BETWEEN 20020201 AND 20020228

In der Prozedur P8200T.mys für MySQL haben wir dies bereits getan.

8.1 Berechnungsweise

In dem Modellbetrieb UBR setzt sich das monatliche Bruttogehalt der Mitarbeiter wie folgt zusammen:

	Grundgehalt	(*gehalt* in Tabelle *persdat*),
+	Familienzuschlag	(*zuschlag* in *fmitglieder*)
+	Prämie	(zu errechnen aus den Überschüssen)

Die Berechnung des Zuschlags ist relativ einfach. Sie ergibt sich aus der mitarbeiterbezogenen Summierung der Zuschlagsbeträge in der Tabelle *fmitglieder*.

Komplizierter stellt sich die Berechnung der Prämie dar. Damit ein Mitarbeiter eine Prämie erhalten kann, müssen zwei Bedingungen erfüllt sein. Zum einen muss der Auftrag, an dem er mitgewirkt hat, mit einem Überschuss abgeschlossen worden sein. Wurde bei einem Auftrag ein Verlust erwirtschaftet, so wird der Verlust als negative Prämie mit den Überschussprämien aus anderen Aufträgen verrechnet.

Zum anderen muss der Mitarbeiter sein persönliches Deckungssoll erfüllt haben. Das persönliche Deckungssoll (*pdeckung*) beträgt 360 % des Grundgehaltes. Dieser Zuschlag ist erforderlich, um die Fixkosten des Unternehmens zu decken. Die persönliche Leistung berechnet sich aus

pleistung = Tätigkeitsstunden * Tätigkeitspreise

Die Tätigkeitsstunden und Tätigkeitsarten sind in der Tabelle *tposten*, die Preise in der Tabelle *tarten* vermerkt. Liegt *pleistung* unter *pdeckung*, wird die mögliche Prämie entsprechend gekürzt, aber nur bis 0 €. Mitarbeiter in der Verwaltung erhalten keine Prämie.

Für die Bruttogehaltsabrechnung wird eine Tabelle zugrunde gelegt, die folgende Spalten aufweist:

Tabelle GEHABFEB							
persnr	gehalt	zuschlag	gehaltfzu	praemie	pleistung	pdeckung	unter

8.2 Lösung mit temporären Tabellen

In INFORMIX und MySQL lösen Sie die Aufgabe mit temporären Tabellen. Die Tabelle, in der die relevanten Werte eingebracht werden, wird *gehabfeb* genannt. Zum Aufbau der Tabelle werden Daten der Spalten *persnr* sowie *gehalt* aus der Tabelle *persdat* in die Tabelle *gehabfeb* übernommen. Aber auch die anderen Spalten sollen bereits durch diese Anweisung angelegt und mit dem Wert 0 vorbesetzt werden. Das erreicht man dadurch, dass man den Ausdruck GEHALT * 0 zuzüglich Spaltennamen in die SELECT-Anweisung aufnimmt.

Lösung mit INFORMIX:

```
SELECT persnr, gehalt, gehalt*0 zuschlag,  (CRGEHABF)
       gehalt*0 gehaltfzu, gehalt*0 praemie,
       gehalt*0 pleistung, gehalt*0 pdeckung,
       gehalt*0 unter
  FROM persdat
  INTO TEMP gehabfeb
```

Die Familienzuschläge werden aus der Tabelle *fmitglieder* in der temporären Tabelle *fzu* zusammengestellt.

```
SELECT persnr, SUM(zuschlag) zuschlag        (CRFZU)
  FROM fmitglieder
  GROUP BY persnr
  INTO TEMP fzu
```

Aus der Tabelle *fzu* wird der Familienzuschlag in die Spalte *zuschlag* der Tabelle *gehabfeb* übernommen.

```
UPDATE gehabfeb                               (A8101T)
  SET zuschlag =
  (
  SELECT fzu.zuschlag
    FROM fzu
    WHERE gehabfeb.persnr = fzu.persnr
  )
```

```
    WHERE persnr IN
      (SELECT persnr FROM fzu)
```

In der WHERE-Klausel der UPDATE-Anweisung wird durch

persnr IN (SELECT persnr FROM fzu)

sichergestellt, dass nur die Tabellenzeilen von *gehabfeb* geändert werden, deren Schlüssel *persnr* mit dem in der Tabelle *fzu* übereinstimmt. Die erste SELECT-Anweisung hinter SET liefert die Beträge, die der Spalte *zuschlag* zuzuweisen sind. Für die richtige Zuordnung sorgt die WHERE-Klausel gehabfeb.persnr = fzu.persnr.

Mittels der Anweisung

```
  UPDATE gehabfeb                                      (A8102T)
    SET gehaltfzu = gehalt + zuschlag
```

werden zeilenweise *gehalt* und *zuschlag* in die Spalte *gehaltfzu* addiert.

Aus *gehalt* * 3.6 wird der persönliche Kostendeckungsbetrag errechnet und in der Spalte *pdeckung* eingetragen. Von diesem Vorgang sind diejenigen Mitarbeiter ausgeschlossen, die in der Verwaltung arbeiten. Sie haben die Personalnummern 4 und 9.

```
  UPDATE gehabfeb                                      (A8103T)
    SET pdeckung = gehalt * 3.6
    WHERE persnr NOT IN (4,9)
```

Die Anweisung

```
SELECT persnr, gehalt, zuschlag, gehaltfzu, pdeckung
                                                       (A8104T)
  FROM gehabfeb ORDER BY persnr
```

zeigt den momentanen Entwicklungsstand an:

PERSNR	GEHALT	ZUSCHLAG	GEHALTFZU	PDECKUNG
1	3800.00	0	3800.00	13680.00
3	2450.00	60.00	2510.00	8820.00
4	3800.00	0	3800.00	0
5	4500.00	100.00	4600.00	16200.00
7	2450.00	0	2450.00	8820.00
8	4200.00	40.00	4240.00	15120.00
9	4000.00	0	4000.00	0
10	5000.00	160.00	5160.00	18000.00

Die Prämienberechnung erfolgt mit Hilfe einiger Zwischentabellen. Durch eine komplexe Programmierung könnte man zwar auf einige Tabellen verzichten. Um die Entwicklung aber besser nachvollziehen zu können, wird sie in kleinen Schritten vollzogen.
Für die im Monat Februar abgerechneten Aufträge ist zu ermitteln, ob sie mit einem Gewinn oder Verlust abgeschlossen worden sind. Er errechnet sich aus

Auftragswert – erbrachte Leistungen

Mit der Anweisung *CRAufabl* werden die erbrachten Leistungen errechnet und in der Zwischentabelle *aufabl* gespeichert.

```
SELECT tp.aufnr aufnr, aufwert,                    (CRAUFABL)
   SUM(tstd * tpreis) leistung,
   aufwert - sum(tstd * tpreis) praewert
  FROM auftrag a, tposten tp, tarten ta
  WHERE a.aufnr = tp.aufnr          AND
        tp.tartnr = ta.tartnr
  GROUP BY tp.aufnr,aufwert
  INTO TEMP aufabl
```

Mit der Anweisung *CRAuffeb* werden die im Monat abgerechneten Auftragswerte aus der Tabelle *auftrag* erfasst und in der Zwischentabelle *aufabfeb* gespeichert:

```
SELECT aufnr, aufwert,                             (CRAUFFEB)
  FROM auftrag
  WHERE
   abdatum between '01022002' and '28022002'
```

```
GROUP BY aufnr,aufwert
INTO TEMP aufabfeb
```

Aus dem Prämiengrundwert *praewert* ist für jeden Mitarbeiter der persönliche Leistungsanteil pro Auftrag zu bestimmen. Der Anteil ist der Quotient aus der persönlichen Leistung und der Gesamtleistung. Der Prämienanteil berechnet sich dann aus

Anteilprämie = praewert*tstd*tpreis/leistung

Die Werte für *praewert* und *leistung* sind in den Tabellen *aufabl* und *aufabfeb* bestimmt worden. Für die Weiterverarbeitung werden weiterhin die Personalnummer *persnr* sowie die betreffende Auftragsnummer *aufnr* benötigt. Der in einer weiteren temporären Tabelle *prae1* zu erzeugende Datensatz besteht aus folgenden Elementen:

persnr   aufnr   anteilpraemie

Die SQL-Anweisung lautet dann:

```
SELECT persnr, p.aufnr,                              (CRPRAE1)
   praewert*tstd*tpreis/leistung anteilpraemie
  FROM aufabl l, aufabfeb p, tposten tp, tarten ta
  WHERE l.aufnr = p.aufnr   AND
        l.aufnr = tp.aufnr  AND
       tp.tartnr = ta.tartnr
  INTO TEMP prae1
```

Die anteiligen Prämien in der Tabelle *prae1*, die sowohl aus positiven wie auch aus negativen Beträgen bestehen können, werden pro Mitarbeiter in der temporären Tabelle *prae* in der Spalte *saldo* zusammengestellt.

```
SELECT persnr, SUM(anteilpraemie) saldo      (CRPRAE)
  FROM prae1
  GROUP BY persnr
  INTO TEMP prae
```

Der Prämiensaldo wird aus der Tabelle *prae* in die Tabelle *gehabfeb* übernommen.

```
UPDATE GEHABFEB                                    (A8109T)
  SET praemie =
  (SELECT saldo
     FROM prae
     WHERE gehabfeb.persnr = prae.persnr
  )
  WHERE persnr IN (SELECT persnr FROM prae)
```

Die Spalte *praemie* enthält nun den Betrag, den der Mitarbeiter als Prämie erhält, wenn er durch seine persönliche Leistung sein Deckungssoll erfüllt hat. Die bewerteten persönlichen Leistungen der Mitarbeiter, die sie zwischen dem 1. und dem 28. Februar erbracht haben, werden in der Spalte *persleistung* in der temporären Tabelle *plei* zusammengestellt.

```
SELECT persnr, sum(tstd* tpreis) persleistung
  FROM tposten tp, tarten ta
  WHERE tp.tartnr = ta.tartnr    AND
    tbnr BETWEEN 20020201 AND 20020228
  GROUP BY persnr
  INTO TEMP plei                                  (CRPLEI)
```

Die ermittelte persönliche Leistung wird in die Tabelle *gehabfeb*, Spalte *pleistung*, übernommen.

```
UPDATE gehabfeb                                   (A8107T)
  SET pleistung =
  (SELECT persleistung
     FROM plei
     WHERE gehabfeb.persnr = plei.persnr
  )
  WHERE persnr IN (SELECT persnr FROM plei)
```

Für die Prämienberechnung ist es bedeutsam, dass die erbrachten persönlichen Leistungen die persönlichen Kosten decken. Deshalb wird in der Tabelle *gehabfeb* in der Spalte *unter* die Kostenunterdeckung berechnet.

```
UPDATE gehabfeb                                    (A8108T)
  SET unter = pleistung - pdeckung
  WHERE pleistung < pdeckung
```

Die vorläufige Prämie wird mit der Kostenunterdeckung verrechnet.

```
UPDATE gehabfeb                                    (A8111T)
  SET praemie = praemie + unter
```

Dabei ist zu berücksichtigen, dass die Prämie höchstens auf 0,00 € absinken, aber nicht negativ werden kann.

```
UPDATE gehabfeb                                    (A8112T)
  SET praemie = 0
  WHERE praemie < 0
```

Die Tabelle *gehabfeb* müsste nun folgenden Inhalt aufweisen:

PERSNR	GEHALT	ZUSCHLAG	GEHALTFZU	PRAEMIE	PLEISTUNG	PDECKUNG	UNTER
1	3800.00	0	3800.00	682.40	15020.00	13680.00	0.00
3	2450.00	60.00	2510.00	918.28	14860.00	8820.00	0.00
4	3800.00	0	3800.00	0.00	0.00	0.00	0.00
5	4500.00	100.00	4600.00	1463.63	17470.00	16200.00	0.00
7	2450.00	0	2450.00	479.65	12400.00	8820.00	0.00
8	4200.00	40.00	4240.00	0.00	14080.00	15120.00	-1040.00
9	4000.00	0	4000.00	0.00	0.00	0.00	0.00
10	5000.00	160.00	5160.00	841.74	17450.00	18000.00	-550.00

Damit sind die für die Bruttogehaltsabrechnung erforderlichen Werte pro Mitarbeiter ermittelt. Das Bruttogehalt, das sich aus *gehaltfzu* + *praemie* ergibt, ist in die Tabelle *mgehalt* zu übernehmen.

```
INSERT INTO mgehalt                                (A8114T)
  (persnr, jahr, monat, mgehalt)
SELECT persnr, 2002, 2, gehaltfzu + praemie
  FROM gehabfeb
```

Die oben vorgestellte Folge von SQL-Anweisungen kann man natürlich auch in einer SQL-Kommandodatei zusammenstellen. Dabei ist jede Anweisung von der folgenden durch ein Semikolon zu trennen. Wird die Kommandodatei aufgerufen, so läuft die Bruttogehaltsabrechnung automatisch ab.

Lösung in MySQL mit temporären Tabellen:

```
CREATE TEMPORARY TABLE gehabfeb                      (P8200T.mys)
SELECT persnr, gehalt, gehalt* 0 zuschlag,
     gehalt*0 gehaltfzu, gehalt * 0 praemie,
     gehalt*0 pleistung,
     gehalt*0 pdeckung, gehalt*0 unter
   FROM persdat;
CREATE TEMPORARY TABLE fzu
SELECT persnr, sum(zuschlag) zuschlag
   FROM fmitglieder
   GROUP BY persnr;
UPDATE gehabfeb
   SET zuschlag =
    (SELECT fzu.zuschlag FROM fzu
      WHERE gehabfeb.persnr = fzu.persnr);
UPDATE gehabfeb SET zuschlag = 0
   WHERE zuschlag IS NULL;
UPDATE gehabfeb
   SET gehaltfzu = gehalt + zuschlag;
UPDATE gehabfeb
   SET pdeckung = gehalt * 3.6
     WHERE persnr not in (4,9);
CREATE TEMPORARY TABLE aufabl
SELECT tp.aufnr AS aufnr, aufwert,
     sum(tstd * tpreis) AS leistung,
     aufwert - sum(tstd * tpreis) AS praewert
   FROM auftrag a, tposten tp, tarten ta
   WHERE a.aufnr = tp.aufnr  AND
       tp.tartnr = ta.tartnr  AND
      abdatum between '20020202' and '20020228' AND
      tbnr between 20020201 and 20020228
   GROUP BY tp.aufnr,aufwert;
```

```
CREATE TEMPORARY TABLE aufabfeb
SELECT aufnr, aufwert FROM auftrag
   WHERE abdatum between '20020201' and '20020228'
   GROUP BY aufnr,aufwert;
CREATE TEMPORARY TABLE prael
SELECT persnr, p.aufnr,
   praewert*tstd*tpreis/leistung anteilpraemie
   FROM aufabl l, aufabfeb p, tposten tp, tarten ta
   WHERE l.aufnr = p.aufnr   AND
         l.aufnr = tp.aufnr  AND
       tp.tartnr = ta.tartnr AND
    tbnr between 20020201 and 20020228;
CREATE TEMPORARY TABLE prae
SELECT persnr, sum(anteilpraemie) saldo
   FROM prael
   GROUP BY persnr;
UPDATE gehabfeb
   SET praemie =
    (select saldo FROM prae
      WHERE gehabfeb.persnr = prae.persnr);
CREATE TEMPORARY TABLE plei
SELECT persnr, sum(tstd* tpreis) AS persleistung
   FROM tposten tp, tarten ta
   WHERE tp.tartnr = ta.tartnr AND
      tbnr between 20020201 and 20020228
   GROUP BY persnr;
UPDATE  gehabfeb
   SET pleistung =
    (SELECT persleistung FROM plei
      WHERE gehabfeb.persnr = plei.persnr);
UPDATE gehabfeb
   SET unter = pleistung - pdeckung
   WHERE pleistung < pdeckung;
UPDATE gehabfeb
   SET praemie = praemie + unter;
UPDATE gehabfeb
   SET praemie = 0
   WHERE praemie < 0;
UPDATE gehabfeb
```

```
    SET praemie = 0 WHERE praemie IS NULL;
UPDATE gehabfeb
    SET pleistung = 0 WHERE pleistung IS NULL;
UPDATE gehabfeb
    SET pdeckung = 0 WHERE pdeckung IS NULL;
```

8.3 Lösung in ORACLE mit einer Grundtabelle

In ORACLE legen wir die Grundtabelle *gehabfeb* als echte Tabelle an. In diese Tabelle übertragen wir die Werte Gehalt, Familienzuschlag und persönliche Kostendeckungsbeiträge.

Grundtabelle *gehabfeb* erstellen

```
CREATE TABLE gehabfeb                              (CRGEHABF)
  (
   persnr      SMALLINT,
   gehaltfzu   DECIMAL(8,2),
   praemie     DECIMAL(8,2),
   pleistung   DECIMAL(8,2),
   pdeckung    DECIMAL(8,2),
   unter       DECIMAL(8,2)
  )
```

Daten mit INSERT SELECT in die Zwischentabelle übertragen
In ORACLE kann man im INSERT-SELECT-Befehl Aggregatfunktionen einsetzen. Damit wird es möglich, in einer einzigen Anweisung die Personalnummern, die Grundgehälter, die Familienzuschläge und die persönlichen Kostendeckungsbeträge in die Zwischentabelle *gehabfeb* zu schreiben und die anderen Spalten mit dem numerischen Wert null zu initialisieren.

```
INSERT INTO gehabfeb                                  (A8201)
  (persnr, gehaltfzu, praemie, pleistung,
    pdeckung, unter)
  SELECT p.persnr, gehalt + SUM(zuschlag), gehalt * 0,
         gehalt * 0,  gehalt * 3.6, gehalt * 0
    FROM persdat p, fmitglieder f
    WHERE p.persnr = f.persnr
```

```
      GROUP BY p.persnr, gehalt
  UNION
    SELECT persnr, gehalt, gehalt * 0,
           gehalt * 0, gehalt * 3.6, gehalt * 0
      FROM persdat
      WHERE persnr NOT IN
        (SELECT persnr FROM fmitglieder)
```

Die persönlichen Kostendeckungsbeiträge der Mitarbeiter in der Verwaltung werden auf den numerischen Wert null gesetzt:

```
UPDATE gehabfeb                                    (A8202)
  SET pdeckung = 0
  WHERE persnr IN(4,9)
```

Die Tabelle *gehabfeb* enthält nach Durchführung der beiden Anweisungen folgende Daten:

PERSNR	GEHALTFZU	PRAEMIE	PLEISTUNG	PDECKUNG	UNTER
1	3800.00	0.00	0,00	13680.00	0.00
3	2510.00	0.00	0.00	8820.00	0.00
4	3800.00	0.00	0.00	0.00	0.00
5	4600.00	0.00	0.00	16200.00	0.00
7	2450.00	0.00	0.00	8820.00	0.00
8	4240.00	0.00	0.00	15120.00	0.00
9	4000.00	0.00	0.00	0.00	0.00
10	5160.00	0.00	0.00	18000.00	0.00

Die Spalten *praemie, pleistung* und *unter* füllen wir in Abschnitt 9.3 mit dem Einsatz von Views.

8.4 Lösung in ORACLE und DB2

In ORACLE und DB2 können keine temporären Tabellen angelegt werden. Wir setzen stattdessen für die Errechnungen Sichten (Views) ein. Die Vorgehensweise beschreiben wir in Abschnitt 9.3 für ORACLE. Entsprechend gehen Sie in DB2 vor.

8.5 Lösung in der JET-Datenbank

Da auch in der JET-Datenbank keine temporären Tabellen angelegt werden können, schlagen wir vor, für die Errechnung der Monatsgehälter Februar eine VBA-Prozedur einzusetzen, in der die Errechnungen in echten Tabellen erfolgen. Diese Tabellen werden dann am Prozedurende wieder gelöscht.

Wichtig: Schreiben Sie jede Anweisung in eine eigene Zeile! Wenn Sie eine Anweisung auf mehrere Zeilen aufteilen wollen, wird der Zeilenumbruch jeweils mit Leertaste, Unterstrich und [↵] vorgenommen. Die letzte Zeile der Anweisung schließt mit [↵] ab. Zur Eingabeweise sei auch auf Abschnitt 13.1.2 verwiesen.

```
Sub BruttolohnFebruar()                                    (P8001.txt)
Dim Db As Database
' Set Db = CurrentDb                                              (1)
Set Db = OpenDatabase("C:\testdb\testdb.mdb")                     (1)
Db.Execute ("CREATE TABLE gehabfeb
(persnr SMALLINT,ggehalt NUMERIC,                                 (2)
gzuschlag NUMERIC,gehaltfzu NUMERIC, praemie NUMERIC,
pleistung NUMERIC,pdeckung NUMERIC,unter NUMERIC)")
Db.Execute ("INSERT INTO gehabfeb                                 (3)
(persnr,ggehalt,gzuschlag,gehaltfzu,praemie,
pleistung,pdeckung,unter)
SELECT p.persnr,gehalt As ggehalt,SUM(zuschlag) AS gzuschlag,
gehalt As gehaltfzu, gehalt * 0 As praemie,gehalt *
0 As pleistung,
gehalt * 3.6 As pdeckung, gehalt * 0 As unter
FROM persdat p left join fmitglieder f
ON p.persnr = f.persnr
GROUP BY p.persnr, gehalt
ORDER BY p.persnr")
Db.Execute ("Update gehabfeb                                      (4)
SET gehaltfzu = ggehalt + gzuschlag
WHERE gzuschlag > 0")
Db.Execute ("Update gehabfeb                                      (5)
SET gzuschlag = 0
WHERE gzuschlag Is Null")
Db.Execute ("UPDATE gehabfeb                                      (6)
SET pdeckung = 0
WHERE persnr IN(4,9)")
Db.Execute ("CREATE TABLE aufabl                                  (7)
```

```
(aufnr SMALLINT,aufwert NUMERIC, leistung NUMERIC,
praewert NUMERIC)")
Db.Execute ("Insert into aufabl                          (8)
SELECT tp.aufnr, aufwert, Sum(tstd * tpreis)As leistung,
aufwert -sum(tstd * tpreis) As praewert
FROM auftrag a, tposten tp, tarten ta
WHERE a.aufnr = tp.aufnr and
tp.tartnr = ta.tartnr and
abdatum between #2002-02-01# and #2002-02-28#
GROUP BY tp.aufnr, aufwert order by tp.aufnr")
Db.Execute ("CREATE TABLE prael                          (9)
(persnr SMALLINT, aufnr SMALLINT, anteilpraemie NUMERIC)")
Db.Execute ("Insert into prael                           (10)
SELECT persnr,l.aufnr, praewert*tstd*tpreis/leistung AS
anteilpraemie
FROM aufabl l,tposten tp, tarten ta
WHEREl.aufnr = tp.aufnr and
tp.tartnr = ta.tartnr"
Db.Execute ("CREATE TABLE prae(persnr
SMALLINT,saldo NUMERIC)")                                (11)
Db.Execute ("Insert into prae                            (12)
SELECT p.persnr,sum(anteilpraemie) As saldo
FROM persdat p left join prael pr
ON p.persnr = pr.persnr
GROUP BY p.persnr order by p.persnr")
Db.Execute ("UPDATE prae SET saldo =
0 WHERE persnr IN(4,9)")                                 (13)
Db.Execute ("CREATE TABLE plei(persnr
SMALLINT,persleistung NUMERIC)")                         (14)
Db.Execute ("Insert into plei                            (15)
SELECT persnr,sum(tstd * tpreis) As persleistung
FROM tposten tp, tarten ta
WHERE tp.tartnr = ta.tartnr And t
bnr between 20020201 And 20020228
GROUP BY persnr")
Db.Execute ("CREATE TABLE pleistg(persnr
SMALLINT,persleistung NUMERIC)")                         (16)
Db.Execute ("Insert into pleistg                         (17)
SELECT p.persnr, persleistung
FROMpersdat p Left join plei
ON p.persnr = plei.persnr
ORDER BY p.persnr")
Db.Execute ("UPDATE pleistg SET persleistung =
```

```
0 WHERE persnr IN(4,9)")
Db.Execute ("CREATE TABLE gfeb                                    (18)
(persnr SMALLINT,gehalt NUMERIC,zuschlag
Numeric,gehaltfzu Numeric,
praemie NUMERIC,pleistung NUMERIC,pdeckung
NUMERIC,unter NUMERIC)")
Db.Execute ("INSERT INTO gfeb                                     (19)
(persnr,gehalt,zuschlag,gehaltfzu,praemie,pleistung,
pdeckung,unter)
SELECT g.persnr,ggehalt,gzuschlag, gehaltfzu,
saldo, persleistung,
pdeckung, unter
FROM gehabfeb g, prae p, pleistg pl
WHERE g.persnr = p.persnr and
g.persnr = pl.persnr
ORDER BY p.persnr")
Db.Execute ("UPDATE gfeb                                          (20)
SET unter = pleistung - pdeckung where pleistung < pdeckung")
Db.Execute ("UPDATE gfeb SET praemie =
praemie + unter")                                                 (21)
Db.Execute ("UPDATE gfeb SET praemie =
0 where praemie < 0")                                             (22)
Db.Execute ("INSERT INTO mgehalt                                  (23)
(persnr,jahr,monat, mgehalt)
SELECT persnr,2002, 2, gehaltfzu + praemie FROM gfeb")
Db.Execute ("Drop table gehabfeb")        (                       24)
Db.Execute ("Drop table aufabl")
Db.Execute ("Drop table prael")
Db.Execute ("Drop table prae")
Db.Execute ("Drop table plei")
Db.Execute ("Drop table pleistg")
Db.Execute ("Drop table gfeb")
Db.Close
End Sub
```

(1) Die Anweisung lautet *Set Db = Currentdb* in Access und *Set Db = OpenDatabase("C:\testdb\testdb.mdb")* beim Einsatz der Prozedur von Excel aus.

(2) Die Tabelle *gehabfeb* wird erstellt.

(3) Aus den Tabellen *persdat* und *fmitglieder* werden Daten nach *gehabfeb* übertragen.

(4) In der Spalte *gehaltfzu* wird in den Zeilen, in denen die Spalte *gzuschlag* einen Wert über 0 besitzt, der Gehaltszuschlag zum Grundgehalt addiert.
(5) In der Spalte *gzuschlag* werden NULL-Werte in numerische 0-Werte übertragen.
(6) Da die Mitarbeiter mit den Personalnummern 4 und 9 keinen Anspruch auf Prämie haben, werden in der Spalte *pdeckung* die Werte auf numerisch 0 gesetzt.
(7) Die Tabelle *aufabl* wird erstellt.
(8) In die Tabelle *aufabl* werden jene Werte übertragen, mit denen die Prämie errechnet wird.

AufNr	Aufwert	Leistung	Praewert	
1111	56400	50580	5820	<- Gewinn 5820
3333	20800	21030	–230	<- Verlust 230

Die zur Verteilung kommende Prämie beträgt danach 5590 €.
(9) Die Tabelle *prae1* wird erstellt.
(10) In *prae1* wird der Prämienbetrag nach Personalnummern, Aufträgen und Tätigkeitsarten untergliedert eingegeben.
(11) Die Tabelle *prae* wird erstellt.
(12) In *prae* wird der Prämienbetrag von 5590 € nach Personalnummern gruppiert.
(13) Da die Mitarbeiter mit den Personalnummern 4 und 9 keinen Anspruch auf Prämie haben, werden in der Spalte *saldo* die Werte auf numerisch 0 gesetzt.

PersNr	Saldo
1	682,39
3	918,28
4	0.00
5	1463,63
7	479,66
8	654,30
9	0,00
10	1391,74

(14) Die Tabelle *plei* wird erstellt, in der die persönlichen Leistungen der Mitarbeiter gespeichert werden.
(15) Die persönlichen Leistungen sind das Produkt aus den für Aufträge geleisteten Stunden und den dafür vorgegebenen Abrech-

nungspreisen. Die Stunden stehen in *tposten,* die Abrechnungspreise in *tarten.*

PersNr	Persleistung
1	15020
3	14860
5	17470
7	12400
8	14080
10	17450

(16) Die Tabelle *pleistg* wird erstellt.

(17) In *pleistg* werden die Werte aus *plei* kopiert und die Mitarbeiter 4 und 9 einbezogen.

(18) Die Tabelle *gfeb* wird erstellt. Sie entspricht im Aufbau *gehabfeb.*

(19) Aus den Tabellen *gehabfeb, prae* und *pleistung* werden die Werte in *gfeb* übertragen.

(20) In der Spalte *unter* wird die negative Differenz aus dem persönlichen Leistungswert und dem persönlichen Deckungswert ermittelt.

(21) Die ermittelte negative Differenz wird von der Prämie abgezogen.

(22) Prämien, die einen negativen Wert haben, werden auf 0 gesetzt.

(23) Die Summen aus *gehaltfzu* und *praemie* werden in die Tabelle *mgehalt* übertragen.

(24) Die jetzt nicht mehr benötigten Tabellen werden gelöscht.

Wie Sie eine gespeicherte JET-Prozedur in ein Modulblatt kopieren, beschreiben wir in Abschnitt 13.1.4, wie Sie die Prozedur starten, in Abschnitt 13.1.5.

Wenn Sie die in die Tabelle *mgehalt* eingetragenen Werte für den Monat Februar wieder löschen wollen, können Sie die Prozedur *BrLohnFebLöschen* einsetzen:

```
Sub BrLohnFebLöschen()                              (P8002.txt)
          Dim Db As Database
          Set Db = CurrentDb
          Db.Execute ("Delete From mgehalt where monat = 2")
          Db.Close
End Sub
```

9 Sichten verwenden

Mit SELECT-Anweisungen werden Daten aus einer oder mehreren Tabellen in der Datenbank gesucht und ausgegeben. Dabei werden die Daten entsprechend der gewünschten Sichtweise zusammengestellt. Solche Sichtweisen auf die Daten können mit der Anweisung CREATE VIEW gespeichert werden. Gespeicherte Sichtweisen nennt man Views (deutsch: Ansichten). Views enthalten keine Daten, sondern Zeiger. Die Zeiger weisen auf die Datenspalten in den Basistabellen. Views charakterisiert man deshalb auch als virtuelle oder imaginäre Tabellen.

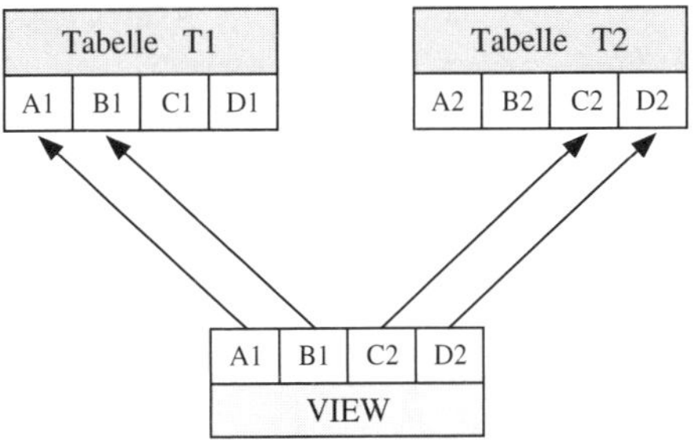

Mit Einschränkungen kann man mit Views in der gleichen Weise arbeiten wie mit Basistabellen. Man kann sie

- mit SELECT abfragen,
- mit INSERT ergänzen,
- mit UPDATE ändern und
- mit DELETE löschen.

Änderungen in Views bewirken gleichzeitig Änderungen in den echten Tabellen und umgekehrt. Das gilt jedoch nur, wenn sich die Sicht in der FROM-Klausel auf eine einzige Tabelle bezieht und die Spalten keine Funktionen oder arithmetischen Operationen enthalten.

Vorteile von Sichten

Sichten helfen, Doppelspeicherungen zu vermeiden. Views mit

- Spalten aus mehr als einer Tabelle,
- SQL-Funktionen sowie arithmetischen Ausdrücken,
- GROUP-BY-Klausel oder
- Unterabfragen

können zwar mit SELECT abgefragt werden, aber aus Gründen der Datensicherheit nicht mit UPDATE, INSERT, DELETE oder ALTER geändert werden.

Nachteile von Views

Bei Datenabfragen mit Views werden zunächst die Anweisungen in der Viewtabelle analysiert. Erst danach kann auf die Daten in den Basistabellen zugegriffen werden. Views benötigen deshalb längere Laufzeiten und legen im Ablauf der Befehlsdurchführung mehrere temporäre Tabellen an. Das kann sogar dazu führen, dass fehlenden Speicherplatzes wegen eine Anweisung nicht ordnungsgemäß ausgeführt wird.

Sichten in MySQL:

Zurzeit unterstützt MySQL noch keine Sichten. Die Implementierung ist vorgesehen. Wenn Sie nur einen Lesezugriff auf die Daten einer oder mehrerer Tabellen wünschen, genügt die Speicherung einer Abfrage und deren Aufruf:

```
SELECT aufnr, SUM(tstd * tpreis) AS kosten       (A9001.mys)
  FROM tposten tp, tarten ta
  WHERE tp.tartnr = ta.tartnr
  GROUP BY aufnr;
mysql> \. A9001.mys                               <- Aufruf
```

Wenn Sie das Ergebnis in einer nachfolgenden Abfrage benötigen, setzen Sie eine temporäre Tabelle und eine Anweisungsfolge ein:

```
CREATE TEMPORARY TABLE mingehalt;                 (A9002.mys)
  SELECT MIN(gehalt) AS minimum FROM persdat;
SELECT pname, minimum
  FROM persdat, mingehalt
  WHERE gehalt = minimum;
```

9.1 Sichten speichern, aufrufen und löschen

Mit einem View wird eine virtuelle Tabelle erzeugt. Diese Tabelle kann man wie eine Basistabelle ansprechen und abfragen. Das zeigen die nachstehenden Beispiele.

9.1.1 View erstellen

Beispiel: Es sollen die Werte der Spalten *persnr* und *pname* aus der Tabelle *persdat,* der Abteilungsname aus der Tabelle *abteilg* und die Januargehälter aus der Tabelle *mgehalt* in die Sicht *gehalt1* übertragen werden.

```
CREATE VIEW gehalt1                                    (A9101)
AS
SELECT p.persnr, pname, mgehalt
   FROM persdat p, abteilg a, mgehalt m
   WHERE  p.persnr = m.persnr    AND
           p.abtnr = a.abtnr     AND
              jahr = 2002        AND
             monat = 1
```

Der erste Teil der CREATE-VIEW-Anweisung dient der Festlegung des View-Namens. Da in unserem ersten Beispiel keine Angaben zu Spaltennamen gemacht werden, übernimmt das System die Spaltennamen *persnr, pname* und *mgehalt* aus den Basistabellen als View-Spaltennamen. Der zweite Teil der CREATE-VIEW-Anweisung – die AS-SELECT-Anweisung – definiert die Auswahl in den Basistabellen.

9.1.2 View ausgeben

Daten aus dem View *gehalt1* werden wie Daten aus Basistabellen mit dem SELECT-Befehl angezeigt.

```
SELECT * FROM gehalt1                           (A9101A)
```

Ergebnis:	PERSNR	PNAME	MGEHALT
	10	Meier	5900.00
	9	Bind	4250.00
	8	Volt	4760.00

Ergebnis:

PERSNR	PNAME	MGEHALT
7	Meieris	2700.00
5	Luft	5000.00
4	Strom	3820.10
3	Meyer	3200.00
1	Eifer	4100.00

Werden im SELECT-Teil der View-Anweisung SQL-Funktionen und arithmetische Operationen verwendet, so müssen die View-Spalten ausdrücklich hinter dem View-Namen in runden Klammern definiert werden. Dies gilt nicht in JET-Datenbanken. Darin dürfen hinter CREATE VIEW keine Klammern stehen. Stattdessen werden derartige View-Spalten in AS SELECT mit *AS viewname* deklariert.

Beispiel: Es ist eine Sicht zu erstellen, die die für die Aufträge bereits erbrachten Leistungen enthält.

```
CREATE VIEW auftrab (aufnr, kosten)                (A9102)
AS
SELECT aufnr, SUM(tstd * tpreis)
  FROM tposten tp, tarten ta
  WHERE tp.tartnr = ta.tartnr
  GROUP BY aufnr
```

In JET-Datenbanken lautet die Anweisung

```
CREATE VIEW auftrab                                (A9102)
AS
SELECT aufnr, SUM(tstd * tpreis) AS kosten
  FROM tposten tp, tarten ta
  WHERE tp.tartnr = ta.tartnr
  GROUP BY aufnr
```

Bei der Anzeige der Sicht *auftrab* sollen die Aufträge aufsteigend sortiert sein.

```
SELECT * FROM auftrab                             (A9102A)
  ORDER BY aufnr
```

Ergebnis:

AUFNR	KOSTEN
1111	50580.0000

2222	21490.0000
3333	21030.0000
4444	2200.0000

Aus der Ergebnisliste ist zu entnehmen, dass die Spalten des Views die Namen tragen, die in der CREATE-Anweisung festgelegt wurden.

Die Anweisung zum Erstellen eines Views hat folgende Struktur:

```
CREATE VIEW viewname
    [( viewspaltenname, viewspaltenname, ...)]
    AS SELECT [spaltenname, spaltenname, ... ]
        FROM tabellenname[, tabellenname, ...]
        [ WHERE bedingung ]
        [ GROUP BY spaltenname ]
        [ WITH CHECK OPTION ]
```

Wie aus der Syntax zu erkennen ist, können beim Erstellen eines Views die ORDER-BY- und UNION-Klauseln nicht eingesetzt werden.

9.1.3 View löschen

Mit der Anweisung DROP VIEW viewname wird ein View wieder gelöscht.

Beispiel: Die Sicht *auftrab* wird gelöscht.

```
DROP VIEW auftrab                                    (A9103)
```

In der JET-Datenbank lautet die Anweisung DROP TABLE viewname:

```
DROP TABLE auftrab                                   (A9103)
```

9.2 Mit Sichten Daten aktualisieren

9.2.1 Aktualisieren ohne Prüfoption

Mit Views können die Daten in Basistabellen aktualisiert werden. Dazu wird ein View erzeugt, in dem Daten eingefügt, geändert und gelöscht werden.

Beispiel: Die Personalnummer, der Name und das Geschlecht der männlichen Mitarbeiter werden im View *maenner* gespeichert.

```
CREATE VIEW maenner                                   (A9201)
AS
SELECT persnr, pname, geschlecht
  FROM persdat
  WHERE geschlecht = 'M'
```

```
SELECT * FROM maenner                                 (A9201A)
```

Ergebnis:

PERSNR	PNAME	GESCHLECHT
7	Meieris	M
5	Luft	M
4	Strom	M
1	Eifer	M
10	Meier	M

Neue Tabellenzeile einfügen

Durch die Anweisung

```
INSERT INTO maenner                                   (A9201B)
  VALUES(50, 'Freienfels', 'M')
```

wird ein neuer Datensatz über den View in die Basistabelle *persdat* eingefügt. Die Daten des neuen Datensatzes können jetzt sowohl im View *maenner* als auch in der Basistabelle *persdat* aufgerufen werden:

```
SELECT * FROM maenner                                 (A9201C)
  WHERE persnr = 50
```

Ergebnis:

PERSNR	PNAME	GESCHLECHT
50	Freienfels	M

Die Anweisung

```
SELECT persnr, pname, geschlecht
  FROM persdat
  WHERE persnr = 50
```

würde dasselbe Ergebnis liefern.

Spaltenwerte ändern

Beispiel: Der Wert Freienfels im neuen Datensatz wird in den Wert Braun geändert.

```
UPDATE maenner                                    (A9201D)
  SET pname = 'Braun'
  WHERE persnr = 50
```

```
SELECT * FROM maenner                             (A9201C)
  WHERE persnr = 50
```

Ergebnis:	PERSNR	PNAME	GESCHLECHT
	50	Braun	M

In dem vorliegenden Beispiel konnten UPDATE und INSERT verwendet werden, weil sich der View auf nur eine Tabelle bezieht und keine SQL-Funktionen beinhaltet.

Zeilen löschen

Durch die Anweisung

```
DELETE FROM maenner                               (A9201E)
  WHERE persnr = 50
```

wird der Datensatz mit der Personalnummer 50 gelöscht. Die Löschung erfolgt über den View in der Basistabelle. Bei einer erneuten Abfrage auf persnr = 50 würde das System melden, dass es keine Zeile gefunden hat.

9.2.2 Aktualisieren mit Prüfoption

Durch einen INSERT kann über einen View ein Datensatz in die Basistabelle eingebracht werden, der mittels eines Views nicht mehr ausgegeben werden kann. Durch die WITH-CHECK-OPTION-Ergänzung kann das verhindert werden. WITH CHECK OPTION läuft nicht in JET-Datenbanken.

Beispiel: Die Daten der weiblichen Mitarbeiter werden im View *frauen* gespeichert. Es soll sichergestellt werden, dass nur solche Datensätze eingefügt werden können, die in der Spalte *geschlecht* den Buchstaben W aufweisen.

```
CREATE VIEW frauen                                    (A9202)
AS
SELECT persnr, pname, geschlecht
  FROM persdat
  WHERE geschlecht = 'W'
  WITH CHECK OPTION
```

Durch WITH CHECK OPTION können nunmehr neue Datensätze im View *frauen* nur dann angehängt werden, wenn in der Spalte *geschlecht* der Wert W steht.

Beispiel: Ein neuer Datensatz mit den Werten 45, Wedefeld und 'M' soll in die Tabellen *frauen* und *persdat* geschrieben werden.

```
INSERT INTO frauen                                   (A9202C)
  VALUES (45, 'Wedefeld', 'M')
```

Das System gibt eine Fehlermeldung aus. Der neue Datensatz wird nicht aufgenommen, weil in der Spalte *geschlecht* der CHECK-Wert falsch ist.

Spaltenwerte ändern

Beispiel: Im Datensatz mit der Personalnummer 9 soll das Geschlecht geändert werden.

```
UPDATE frauen                                        (A9202D)
  SET geschlecht = 'M'
  WHERE persnr = 9
```

Ergebnis: Fehlermeldung

Die Änderung erfolgt nicht, weil ein nicht zugelassener Wert in die Spalte *geschlecht* eingetragen werden soll.

9.3 Mit Sichten Prämienabrechnung durchführen

In Kapitel 8 haben wir beschrieben, wie Sie die Prämien in INFORMIX mit temporären Tabellen errechnen. In diesem Abschnitt zeigen wir, wie Sie die Prämienerrechnungen mit Views durchführen.

Lösung in ORACLE
In ORACLE haben wir in Abschnitt 8.2 die Grundtabelle *gehabfeb* als echte Tabelle mit folgenden Werten angelegt:

```
SELECT * FROM gehabfeb                              (A8102)
  ORDER BY persnr
```

Ergebnis:

PERSNR	GEHALTFZU	PRAEMIE	PLEISTUNG	PDECKUNG	UNTER
1	3800.00	0	0	13680.00	0
3	2510.00	0	0	8820.00	0
4	3800.00	0	0	0.00	0
5	4600.00	0	0	16200.00	0
7	2450.00	0	0	8820.00	0
8	4240.00	0	0	15120.00	0
9	4000.00	0	0	0.00	0
10	5160.00	0	0	18000.00	0

Für die Spalten *praemie, pleistung* und *unter* errechnen wir jetzt die Werte in Views und übertragen sie in die Tabelle.

Auftragsprämien errechnen
Im View *aufabl* werden die für den Auftrag erbrachten Leistungen – verbrauchte Stunden * Stundenpreise – und der Prämienwert als Differenz aus Auftragswert und Leistungen errechnet:

```
CREATE VIEW aufabl                                    (CRAufabl)
AS
SELECT a.aufnr, a.aufwert,
       SUM(tstd * tpreis) AS leistung,
       aufwert - SUM(tstd * tpreis) AS praewert
```

```
        FROM auftrag a, tposten tp, tarten ta
      WHERE a.aufnr = tp.aufnr    AND
        tp.tartnr = ta.tartnr
      GROUP BY a.aufnr, aufwert
      ORDER BY a.aufnr
```

Das View *aufabp* nennt die Aufträge mit Auftragssummen, die im laufenden Monat abgerechnet worden sind.

```
CREATE VIEW aufabp                              (CRAuffeb)
AS
SELECT aufnr, aufwert
  FROM auftrag
  WHERE
   abdatum BETWEEN '1-feb-2002' AND '28-feb-2002'
  GROUP BY aufnr, aufwert
  ORDER BY aufnr
```

In *aufabfeb* stehen dann folgende Werte:

AUFNR	AUFWERT	LEISTUNG	PRAEWERT
3333	20800.00	21030.0000	-230.0000
1111	56400.00	50580.0000	5820.0000

Auftragsprämien auf Mitarbeiter verteilen

Die positiven und negativen Prämien werden in dem View *prae1* zunächst je Auftrag und Tätigkeit errechnet und dann in dem View *prae* nach Personalnummern summiert.

```
CREATE VIEW prae1 (persnr, aufnr, anteilpraemie) (CRPRAE1)
AS
SELECT persnr, p.aufnr,
  praewert*tstd*tpreis/leistung As anteilpraemie
FROM aufabl l, aufabfeb p, tposten tp, tarten ta
WHERE l.aufnr = p.aufnr        AND
      l.aufnr = tp.aufnr       AND
    tp.tartnr = ta.tartnr
```

```
CREATE VIEW prae                                    (CRPRAE2)
  (persnr, saldo)
AS
SELECT persnr, SUM(anteilpraemie)
FROM prae1
GROUP BY persnr
```

Die Sicht *prae* enthält dann folgende Werte:

Ergebnis:	PERSNR	SALDO
	1	682.40
	3	918.28
	5	1463.63
	7	479.65
	8	654.30
	10	1391.74

Persönliche Leistungsbeiträge in Sicht *plei* errechnen

```
CREATE VIEW plei                                  (CRPLEI)
  (persnr, persleistung)
AS
SELECT persnr, SUM(tstd* tpreis)
FROM tposten tp, tarten ta
WHERE tp.tartnr = ta.tartnr AND
      tbnr BETWEEN 20020201 AND 20020228
GROUP BY persnr
```

Die Sicht *plei* enthält danach folgende Werte:

PERSNR	PERSLEISTUNG
1	15020.00
3	14860.00
5	17470.00
7	12400.00
8	14080.00
10	17450.00

Werte aus den Views in Spalten der Tabelle *gehabfeb* übertragen

Spalte *pleistung* füllen:

```
UPDATE  gehabfeb                                            (A9301)
  SET pleistung =
  (SELECT persleistung
    FROM plei
    WHERE gehabfeb.persnr = plei.persnr)
  WHERE persnr IN (SELECT persnr FROM plei)
```

Werte für Spalte *unter* errechnen:

```
UPDATE gehabfeb                                             (A9302)
SET unter = pleistung - pdeckung
WHERE pleistung < pdeckung
```

Werte in Spalte *praemie* schreiben:

```
UPDATE gehabfeb                                             (A9303)
SET praemie =
(SELECT saldo
   FROM prae
   WHERE gehabfeb.persnr = prae.persnr)
WHERE persnr IN (SELECT persnr FROM prae)
```

Prämien mit den Unterdeckungen verrechnen:

```
UPDATE gehabfeb                                             (A9304)
SET praemie = praemie + unter
```

Negative Prämien auf null setzen:

```
UPDATE gehabfeb                                             (A9305)
SET praemie = 0
WHERE praemie < 0
```

Die Tabelle *gehabfeb* weist dann folgende Eintragungen auf:

PERSNR	GEHALTFZU	PRAEMIE	PLEISTUNG	PDECKUNG	UNTER
1	3800.00	682.39	15020.00	13680.00	0.00
3	2510.00	918.28	14860.00	8820.00	0.00
4	3800.00	0.00	0.00	0.00	0.00
5	4600.00	1463.63	17470.00	16200.00	0.00
7	2450.00	479.66	12400.00	8820.00	0.00
8	4240.00	0.00	14080.00	15120.00	-1040.00
9	4000.00	0.00	0.00	0.00	0.00
10	5160.00	841.74	17450.00	18000.00	-550.00

Abschließend sind die errechneten Lohndaten in die Tabelle *mgehalt* zu übertragen, wie es bereits im Abschnitt 8.2 beschrieben worden ist.

9.4 Übungen

UE9401: Die Personalnummern, die Mitarbeiternamen, die Tätigkeitsnummern und die Tätigkeitsbezeichnungen sowie die geleisteten Stunden und die dafür vorgesehenen Tätigkeitspreise sollen für den Auftrag 2222 in dem View *auf2222* gespeichert werden.

UE9402: Aus dem View *auf2222* sind gruppiert nach den Tätigkeitsbezeichnungen die Leistungswerte (*tstd* * *tpreis*) anzuzeigen.

UE9403: Die Sicht *tpos2222* soll die Spalten *tbnr, persnr, aufnr, tartnr* und *tstd* aus *tposten* für den Auftrag 2222 und die CHECK-OPTION-Klausel enthalten. Die CHECK-OPTION-Klausel können Sie jedoch nicht in JET einsetzen.

UE9404: In *tpos2222* soll eine neue Zeile mit den Werten 20020305, 7, 2222, 6, 77 hinzugefügt werden.

UE9405: In *tpos2222* soll eine weitere Zeile mit den Werten 20020305, 7, 3333, 6, 77 hinzugefügt werden. Da die Sicht die CHECK-OPTION-Klausel enthält, muss die Durchführung der Anweisung verweigert werden.

UE9406: Löschen Sie in *tpos2222* die Zeile mit den Werten 20020305, 7, 2222, 6, 77.

9.5 Lösungen

UE9501:

```
CREATE VIEW auf2222
AS
SELECT p.persnr, pname, tp.tartnr, tbez, tstd,
     tpreis
  FROM persdat p, tposten tp, tarten ta
  WHERE p.persnr = tp.persnr   AND
       tp.tartnr = ta.tartnr   AND
          aufnr  = 2222
```

UE9502:

```
SELECT tbez, SUM(tstd * tpreis)
FROM auf2222
GROUP BY tbez
```

UE9503:

```
CREATE VIEW tpos2222
AS
SELECT tbnr, persnr, aufnr, tartnr, tstd
  FROM tposten
  WHERE aufnr = 2222
  WITH CHECK OPTION
```

WITH CHECK OPTION läuft nicht in JET-Datenbanken.

UE9504:

```
INSERT INTO tpos2222
  VALUES (20020305, 7, 2222, '6', 77)
```

UR9505:

```
INSERT INTO tpos2222
  VALUES (20020305, 7, 3333, '6', 77)
```

UE9506:

```
DELETE FROM tpos2222
  WHERE tbnr = 20020305 AND
      persnr = 7
```

10 Datenbank optimieren

Der Zugriff auf Daten der Datenbank kann beschleunigt werden, wenn die Werte der Suchspalte in sortierter Form vorliegen. Das Erstellen eines sortierten Schlüssels für Spalten einer Tabelle nennt man Indexieren. Bei Tabellen, die mit einem zusätzlichen Index ausgestattet sind, kann eine schnelle Suchmethode wie beispielsweise das binäre Suchen eingesetzt werden.

Beim binären Suchen wird ein Datensatz in der Regel schneller gefunden als beim sequenziellen Suchen, bei dem die Datensätze der Reihe nach gelesen werden. Bei 1024 Zeilen beispielsweise wird beim binären Suchen die gewünschte Information spätestens beim 10. Zugriff gefunden, bei 2048 Zeilen beim 11. Zugriff. Beim sequenziellen Suchen müssten dagegen durchschnittlich 512 bzw. 1024 Sätze gelesen werden, um den gesuchten Datensatz zu erhalten.

Auch wenn beim Indexieren sortierte Suchschlüssel angelegt werden, hat das keine Auswirkung auf die Ausgabe der Daten. Falls Sie hier eine sortierte Ausgabe wünschen, müssen Sie auch weiterhin die ORDER-BY-Klausel einsetzen.

Die Genauigkeit und die Zuverlässigkeit von Daten in Datenbanken werden mit dem Stichwort Datenintegrität beschrieben. Der Begriff «referenzielle Integrität» besagt, dass zwischen Spalten unterschiedlicher Tabellen Abhängigkeiten bestehen, die bei Bearbeitungen mit INSERT, UPDATE, DELETE und DROP berücksichtigt werden müssen. Wie Sie die referenzielle Integrität vom System verwalten lassen können, beschreiben wir in Abschnitt 10.6.

10.1 Index anlegen

Der Indexierungsbefehl lautet allgemein:

```
CREATE [UNIQUE] INDEX indexname
    ON tabellenname
    (spaltenname [ASC/DESC]
    [, spaltenname [ASC/DESC], ...])
```

In ORACLE werden weitere Parameter zur Verfügung gestellt, auf die hier nicht eingegangen werden soll. Eine absteigende Reihenfolge im Indexschlüssel wird mit dem Zusatz DESC (descending, dt.: absteigend) vereinbart. Wird keine Sortierklausel gegeben, so erfolgt eine aufsteigende Sortierung.

Welche Spalten der Tabellen sollte man indexieren? Es ist keineswegs zweckmäßig, alle Spalten einer Tabelle zu indexieren. Die Indexierungsreihenfolgen werden nämlich in der Datenbank gespeichert. Wenn in einer Tabelle mit den Befehlen INSERT, UPDATE oder DELETE die Sortierfolge in einer Tabelle verändert wird, muss auch der Index neu angepasst werden. Diese Aktualisierungen kosten natürlich Zeit. Man kann deshalb sagen, dass das Indexieren das Suchen beschleunigt, aber das Aktualisieren verlangsamt.

Für das Indexieren gelten folgende Empfehlungen:

- Spalten mit Primärschlüsseln sollten mit dem UNIQUE-Zusatz indexiert werden.
- Sind Reihen aus mehreren Tabellen logisch zu verknüpfen, so sollten die Bezugsschlüsselspalten indexiert werden.
- In großen Tabellen sollten die Spalten indexiert werden, die häufig in WHERE-, GROUP-BY- oder ORDER-BY-Klauseln eingesetzt werden.
- Nicht mehr benötigte Indexierungen sollten gelöscht werden.

10.2 Index löschen

Ein Index kann jederzeit wieder gelöscht werden. Der Befehl dazu lautet:

```
DROP INDEX indexname
DROP INDEX indexname ON tabellenname          <- JET-
                                                 Datenbank
```

10.3 Einfachindex erstellen

Mit CREATE UNIQUE INDEX wird verhindert, dass in eine Spalte doppelte Werte eingegeben werden.

Beispiel: Das Primärschlüsselfeld *persnr* in der Tabelle *persdat* wird indexiert, um die Eingabe doppelter Werte unmöglich zu machen.

```
CREATE UNIQUE INDEX ipersnr                    (A10101)
  ON persdat (persnr)
```

Als Indexname wurde der Name der indexierten Spalte verwendet, dem hier der Buchstabe i als Hinweis auf die Indexierung vorangestellt wurde. Es könnte stattdessen auch jeder andere Name eingesetzt werden. Für die Bildung von Indexnamen gelten die gleichen Regeln wie für Tabellennamen.

Test: Es soll ein weiterer Datensatz mit der Personalnummer 3 angelegt werden. Die Personalnummer 3 existiert bereits in der Tabelle.

```
INSERT INTO persdat (persnr)                   (A10102)
  VALUES (3)
```

Ergebnis: Fehlermeldung: Doppelter Wert!

Die Indexierung verhindert also die Eingabe redundanter Daten.

10.4 Zusammengesetzten Index vereinbaren

Wenn der Primärschlüssel einer Tabelle aus zwei und mehr Spalten besteht, sollte dafür ein zusammengesetzter Index vereinbart werden.

Beispiel: Der Primärschlüssel der Tabelle *fmitglieder* setzt sich aus der Personalnummer *persnr* und der laufenden Nummer *fmnr* zusammen. Es soll dafür ein Index vereinbart werden. Dadurch wird verhindert, dass in diese Spalten doppelte Werte eingegeben werden.

```
CREATE UNIQUE INDEX ipersnrfmnr                    (A10201)
  ON fmitglieder (persnr, fmnr)
```

10.5 Indexeintragungen überprüfen und reparieren

Es ist nicht auszuschließen, dass ein angelegter Index beschädigt wird. Das kann zum Beispiel passieren, wenn während der Bearbeitung der Datenbank der Strom ausfällt oder das System nicht korrekt heruntergefahren wird. Zerstörte Indexeintragungen führen dann bei Suchprozessen zu fehlerhaften Ergebnissen. Aus diesem Grund gibt es in den Datenbanksystemen Befehle, mit denen beschädigte Indexeintragungen festgestellt und repariert werden.

INFORMIX:

CHECK TABLE tabellenname	prüft Index-Konsistenz
REPAIR TABLE tabellenname	repariert Indexe

ORACLE:

ANALYZE indexname VALIDATE STRUCTURE	überprüft die Integrität einer Indexeintragung und gibt gegebenenfalls eine Fehlermeldung aus. Dann muss der Index gelöscht und neu angelegt werden.

DB2:

REORGCHK datenbankname	stellt fest, ob Tabellen reorganisiert werden müssen
REORG tabellenname IN datenbankname	reorganisiert Tabellen

10.6 Die referenzielle Integrität einer Datenbank erhalten

Um die referenzielle Integrität vom System verwalten zu lassen, müssen Sie bei der Erstellung von Tabellenstrukturen mit CREATE TABLE oder mit ALTER die Zusätze PRIMARY KEY, FOREIGN KEY und REFERENCES einsetzen, bei ORACLE zusätzlich die CONSTRAINT-Klausel. CONSTRAINTs (deutsch: zwangsweise Bindung) können für einzelne Spalten und auf Tabellenebene vereinbart werden. Als CONSTRAINTs können Sie Initialisierungswerte (Beispiele: DEFAULT 0001, DEFAULT 'A') für Spalten vereinbaren. Wie Indizes werden CONSTRAINTs in der Systemtabelle SYSINDEXES verwaltet. Sie bieten gegenüber Indizes den Vorteil, dass mit ihnen die referenzielle Integrität vereinbart werden kann.
Damit beim Testen der nachfolgenden Anweisungen keine Kollisionen mit den bisherigen Tabellen entstehen, werden zwei neue Tabellen eingeführt. *abt* steht für die Abteilungstabelle, *pers* für die Mitarbeitertabelle. Zwischen ihnen bestehen dieselben Beziehungen wie zwischen *persdat* und *abteilg*.

Beispiel: Es soll sichergestellt werden, dass in der Mitarbeitertabelle *pers* in der Spalte mit der Abteilungsnummer *abtnr* keine Abteilungsnummern stehen, die nicht auch in der Abteilungstabelle *abt* in der Spalte *abtnr* vorhanden sind.

Parent-Tabelle
In diesem Beispiel ist die Tabelle *abt* die übergeordnete Tabelle. *abtnr* ist darin die Primärschlüsselspalte mit eindeutigen Werten. Tabellen, die den Primärschlüssel (Primary Key) enthalten, werden Parent-Tabellen genannt.

abt	Tabellenname der Parent-Tabelle
abtnr	Primärschlüssel mit den Werten 1 und 2
abtname	Feld mit den Werten «Leitung» und «Verwaltung»

Dependent-Tabelle
pers ist die abhängige Tabelle, die Dependent-Tabelle. Der Wert im Feld *abtnr* der Tabelle *pers* ist abhängig von dem Vorhandensein dieses Wer-

tes in der Spalte *abtnr* der Tabelle *abt*. Die Spalte *abtnr* ist in *pers* die Bezugsschlüsselspalte, der Foreign Key.

pers	Tabellenname der Dependent-Tabelle
persnr	Primärschlüssel dieser Tabelle
pname	Namensfeld
abtnr	Bezugsschlüssel: Er darf nur die Werte enthalten, die auch in *abt.abtnr* enthalten sind: 1, 2...

Parent-Tabelle mit PRIMARY KEY einrichten
Zur Vereinbarung der referenziellen Integrität wird die Tabelle *abt* mit dem Zusatz PRIMARY KEY erstellt, bei ORACLE und JET zusätzlich mit einer CONSTRAINT-Klausel. Die CONSTRAINT-Klausel kann auch bei INFORMIX eingesetzt werden.

```
I,O: CREATE TABLE abt                                (A10601)
         (
         abtnr    SMALLINT NOT NULL,
         abtname  CHAR(12),
         CONSTRAINT pkabtnr PRIMARY KEY (abtnr)
         );
      INSERT INTO abt VALUES (1, 'Leitung');
      INSERT INTO abt VALUES (2, 'Verwaltung')
```

In INFORMIX läuft die Anweisung ab INFORMIX-SE Version 5.0.

```
D:   CREATE TABLE abt                                (A10601)
         (
         abtnr    SMALLINT NOT NULL,
         abtname  CHAR(12),
         PRIMARY KEY (abtnr)
         )
      INSERT INTO abt VALUES (1, 'Leitung')
      INSERT INTO abt VALUES (2, 'Verwaltung')
```

In der JET-Datenbank können SQL-Anweisungen in einer Kommandodatei nicht gekoppelt werden. Geben Sie deshalb die Anweisungen nacheinander oder mit einer Prozedur ein.

```
J: CREATE TABLE abt                                   (A10601)
     (abtnr  SMALLINT CONSTRAINT pkabtnr PRIMARY KEY,
      abtname CHAR(12)
     )
J: INSERT INTO abt VALUES(1, 'Leitung')              (A10601A)
J: INSERT INTO abt VALUES(2, 'Verwaltung')           (A10601B)
```

Dependent-Tabelle mit FOREIGN KEY und Referenzierung erstellen
Die Tabelle *pers* wird mit dem Zusatz FOREIGN KEY und einer Referenzierung zur Tabelle *abt* erstellt. In dem folgenden Beispiel wird außerdem die DELETE-Regel ON DELETE RESTRICT eingesetzt. Die DELETE-Regel wird weiter unten erläutert.

```
I,O: CREATE TABLE pers                                (A10602)
       (persnr SMALLINT NOT NULL,
        pname  CHAR(12),
        abtnr SMALLINT NOT NULL,
        CONSTRAINT fkabtnr
        FOREIGN KEY (abtnr) REFERENCES abt (abtnr));
     INSERT INTO pers VALUES (10, 'Meier', 1);
     INSERT INTO pers VALUES (4, 'Strom', 2);
     INSERT INTO pers VALUES (9, 'Bind', 2)
```

```
D:   CREATE TABLE pers                                (A10602)
       (
       persnr   SMALLINT NOT NULL,
       pname    CHAR(12),
       abtnr    SMALLINT NOT NULL,
       FOREIGN KEY (abtnr)
       REFERENCES abt ON DELETE RESTRICT
       );
     INSERT INTO pers VALUES (10, 'Meier', 1);
     INSERT INTO pers VALUES (4 'Strom', 2);
     INSERT INTO pers VALUES (9 'Bind', 2);
```

In der JET-Datenbank geben Sie die Anweisungen nacheinander ein:

```
J: CREATE TABLE pers                                    (A10602)
   (
   persnr SMALLINT,
   pname CHAR(12),
   abtnr SMALLINT CONSTRAINT fkabtnr
   REFERENCES abt (abtnr)
   )
J: INSERT INTO pers VALUES(10, 'Meier',1)              (A10602A)
J: INSERT INTO pers VALUES(4, 'Strom',2)               (A10602B)
J: INSERT INTO pers VALUES(9, 'Bind',2)                (A10602C)
```

In **MySQL** können Sie die Parent- und die Dependent-Tabelle wie in ORACLE erstellen. Der mit (A10603) eingegebene Datensatz wird allerdings (zurzeit noch) akzeptiert.

Neue Zeilen mit INSERT-Regel einfügen

Bei den vereinbarten Referenzen zwischen den Tabellen *abt* und *pers* können mit INSERT neue Zeilen mit anderen Schlüsselwerten als 1 und 2 in der Tabelle *abt* angelegt werden. Es ist aber nicht möglich, in *pers* eine Zeile einzufügen, die in der Spalte *abtnr* einen anderen Wert als 1 oder 2 aufweist.

Beispiel: In *pers* soll eine neue Zeile mit dem Wert 3 in *abtnr* angelegt werden.

```
   INSERT INTO pers VALUES (22, 'Heinrich', 3)  (A10603)
```

Das System meldet danach, dass der Wert des FOREIGN KEY keinem Wert des Primärschlüssels in der übergeordneten Tabelle entspricht. Möglich ist aber wohl die Eingabe einer neuen Zeile, in der der Wert für *abtnr* 2 ist:

```
   INSERT INTO pers VALUES (22, 'Heinrich', 2) (A10603A)
```

Zeilen mit DELETE löschen

Im Zusatz REFERENCES kann in DB2 eine von drei DELETE-Regeln eingesetzt werden:

ON	Bedeutung:
DELETE RESTRICT	In der Tabelle *abt* können so lange keine Zeilen gelöscht werden, wie in der Tabelle *pers* Zeilen mit der gleichen Abteilungsnummer stehen.
DELETE CASCADE	Beim Löschen einer Reihe in der übergeordneten Tabelle *abt* werden automatisch alle Zeilen mit gleichem Referenzwert in der abhängigen Tabelle *pers* gelöscht.
DELETE SET NULL	Beim Löschen einer Zeile in der übergeordneten Tabelle werden in der abhängigen Tabelle in Zeilen mit gleichem Referenzwert die Werte auf NULL gesetzt.

In unserem Beispiel A10602 haben wir die ON-DELETE-RESTRICT-Formel eingesetzt. Die folgenden Testeingaben beziehen sich auf diese Ausgangssituation. In der JET-Datenbank laufen die folgenden Anweisungen auch ohne die RESTRICT-Formel.

Beispiel: In *abt* soll die Zeile mit der Abteilungsnummer 1 gelöscht werden.

```
DELETE FROM abt WHERE abtnr = 1                    (A10604)
```

In der Fehlermeldung wird darauf hingewiesen, dass nur ein bedingtes Löschen möglich ist: Vorher müssen die Zeilen in der Tabelle *pers* gelöscht werden, die in *abtnr* den Wert 1 haben.

```
DELETE FROM pers WHERE abtnr = 1;                  (A10605)
DELETE FROM abt WHERE abtnr = 1;
```

Meldung: Eine Reihe gelöscht

Mit dem Befehl UPDATE ändern

In INFORMIX, ORACLE und JET werden Änderungen in Referenzfeldern der abhängigen Tabelle *pers* zurückgewiesen, wenn die Abteilungsnummer nicht in der Tabelle *abt* im Feld *abtnr* vorkommt.

Beispiel: Es ist nicht möglich, den Abteilungswert für den Mitarbeiter mit der Personalnummer 9 von 2 auf 5 zu setzen.

```
UPDATE pers SET abtnr = 5                              (A10607)
  WHERE persnr = 9
```

Wenn in der Tabelle *pers* bestimmte Zeilen als Abteilungsnummern beispielsweise den Wert 5 erhalten sollen, muss zunächst in der Tabelle *abt* eine Zeile mit dem Primärschlüssel 5 angelegt werden. Danach können die Änderungen in *pers* durchgeführt werden.
Operationen, die auf der Basis der in *abt* eingetragenen Primärschlüssel vollzogen werden, sind problemlos durchführbar.

Beispiel: Bei dem Mitarbeiter mit der Personalnummer 9 ist die Abteilungsnummer von 2 auf 1 zu ändern.

```
UPDATE pers SET abtnr = 1                              (A10606)
  WHERE persnr = 9
```

UPDATE-Regel in DB2: In DB2 gibt es außer den drei DELETE-Regeln die UPDATE-Regel

ON UPDATE RESTRICT

Sie kann hinter REFERENCES tabellenname eingefügt werden:

REFERENCES abt
ON DELETE RESTRICT
ON UPDATE RESTRICT

Wenn diese Regel fehlt, können Werte im Bezugsschlüssel *abtnr* der Tabelle *pers* wie in den anderen Datenbanken geändert werden, wenn der neue Wert einem Primärschlüsselwert in der übergeordneten Tabelle *abt* entspricht. Mit der UPDATE-Regel ON UPDATE RESTRICT werden Änderungen in der Referenzspalte der Dependent-Tabelle grundsätzlich zurückgewiesen.

Übergeordnete Tabelle löschen
Wenn die übergeordnete Tabelle *abt* gelöscht wird, werden in untergeordneten Tabellen die FOREIGN-KEY-Bindungen aufgehoben.

Beispiel: Die Tabelle *abt* wird gelöscht. Danach können in *pers* neue Zeilen mit beliebigen Abteilungsnummern eingegeben werden.

```
DROP TABLE abt                                  (A10608)
```

In *pers* kann jetzt eine neue Zeile mit dem Wert 3 in *abtnr* angelegt werden.

```
INSERT INTO pers VALUES (22, 'Heinrich', 3)  (A10603)
```

In der JET-Datenbank können Sie die Tabelle *abt* nur dann löschen, wenn Sie vorher die Tabelle *pers* gelöscht haben.

10.7 Übungen

UE10701: Indexieren Sie das Primärschlüsselfeld *abtnr* in der Tabelle *abteilg* so, dass die Eingabe doppelter Werte abgewiesen wird. Indexname: *iabtnr*.

UE10702: Vereinbaren Sie die Indexierung der Spalte *pname* in der Tabelle *persdat*. Indexname: *ipname*.

UE10703: Löschen Sie *ipname*.

UE10704: Bilden Sie zu Übungszwecken den zusammengesetzten Index für die Spalten *tbnr, persnr, aufnr* und *tartnr* für die Tabelle *tposten*. Indexname: *itpat*.

UE10705: Löschen Sie *itpat* wieder.

10.8 Lösungen

UE10701:

```
CREATE UNIQUE INDEX iabtnr
  ON abteilg(abtnr)
```

UE10702:

```
CREATE INDEX ipname
  ON persdat(pname)
```

UE10703:

```
DROP INDEX ipname
J,M: DROP INDEX ipname ON persdat
```

UE10704:

```
CREATE INDEX itpat
  ON tposten(tbnr, persnr, aufnr, tartnr)
```

UE10705:

```
DROP INDEX itpat
J,M: DROP INDEX itpat ON tposten
```

11 Daten schützen und sichern

Wenn die in Datenbanken gespeicherten Informationen mehreren Benutzern zur Verfügung stehen, muss der Datenbankadministrator durch geeignete Maßnahmen die Gefahr des Datenverlustes, der Fälschung und des Datenmissbrauchs verhindern. Dazu vergibt er Berechtigungen auf Datenbankebene (Zugangsberechtigungen) und auf Tabellenebene (Zugriffsberechtigungen).
In INFORMIX, ORACLE und DB2 gibt es die SQL-Anweisung GRANT, mit der Zugangs- und Zugriffsberechtigungen erteilt werden, und die SQL-Anweisung REVOKE, mit der erteilte Berechtigungen wieder entzogen werden können.
Darüber hinaus gibt es in den Datenbanksystemen spezielle Menüs zur Einrichtung der Sicherungsmaßnamen. Es würde die Zielsetzung des Buches überschreiten, wenn wir darauf im Detail eingehen wollten. Wir beschreiben Ihnen aber im Abschnitt 11.1, wie Sie in Access vorgehen können. Bei den anderen Datenbanken gehen wir vor allem auf die darin einsetzbaren SQL-Anweisungen ein.

11.1 Berechtigungen in der JET-Datenbank vereinbaren

11.1.1 Benutzerarten

Im JET-Datenbank-System sind standardmäßig eingerichtet

1. die Gruppe *Administratoren/admins*
   mit dem Benutzer *Administrator/admin,*
2. die Gruppe *Benutzer/users,* ebenfalls
   mit dem Benutzer *Administrator/admin.*

Alle Benutzer der Datenbank besitzen im Standard-Arbeitsbereich *(Workspace(0))*

1. die DefaultUser-Eigenschaft *Administrator/admin* mit Administrator-Rechten und
2. die DefaultPassword-Eigenschaft "" (NULL-Zeichenfolge für leeres Kennwort).

Das bedeutet, dass

1. beim Öffnen der Datenbank durch einen Benutzer kein Kennwort (Passwort) eingegeben werden muss und
2. dem Benutzer als Administrator alle Datenbankrechte zur Verfügung stehen, wie zum Beispiel Lesen, Aktualisieren, Löschen.

Zum Vereinbaren von Kennwörtern, Benutzern und zum Erteilen von Berechtigungen können Sie die SQL-Anweisungen GRANT und REVOKE nicht einsetzen. Stattdessen definieren Sie Rechte entweder mit Menübefehlen oder mit DAO-Code. Sicherungsmaßnahmen auf Benutzerebene können Sie nur treffen, wenn Sie die Anwendung Access installiert haben.

11.1.2 Workspace-Kennwort vereinbaren

Mit einem Workspace-Kennwort anstelle der Nullzeichenfolge stellen Sie sicher, dass jede in Access eingerichtete Datenbank nur mit diesem Kennwort geöffnet werden kann. Sie benötigen ein Workspace-Kennwort, weil Sie erst nach dessen Vereinbarung Benutzerberechtigungen einrichten können.
Ein Kennwort kann maximal 14 Zeichen lang sein und darf mit Ausnahme von 0 alle Zeichen des ASCII-Codes enthalten. Groß- und Kleinschreibung sind zu beachten!

Beispiel: Weisen Sie mit der DAO-Methode *NewPassword* dem Benutzer *Administrator/admin* das Kennwort *db0kenn* zu. Nähere Informationen zur Vorgehensweise beim Einrichten und Starten von VBA-Prozeduren finden Sie im Abschnitt 13.1.

Öffnen Sie Access und geben Sie im Modulblatt von *Testdb.mdb* ein:

```
Sub WSKennwortvereinbaren()
        Dim WS As Workspace
        Set WS = DBEngine(0)                                (1)
        WS.Users!Admin.NewPassword "", "db0kenn"            (2)
End Sub
```

(1) Workspace(0) wird verfügbar gemacht.
(2) Zum Ändern eines Kennwortes wird die Methode
Objekt.NewPassword altesKennwort,neuesKennwort
eingesetzt. Die "" (NULL-Zeichenfolge) des alten Passwortes wird ersetzt durch *dbokenn.*

Zum Testen schließen Sie Access. Anschließend starten Sie Access und öffnen darin irgendeine Datenbank. Sie müssen sich jetzt mit *db0kenn* anmelden:

In Dialogfeld *Anmelden*
-> Administrator oder: admin   <- als Name eingeben
-> db0kenn   <- als Kennwort eingeben

11.1.3 Datenbank-Kennwort vereinbaren, ändern und löschen

Speziell zum Öffnen der Datenbank *Testdb* soll das Passwort *Testkenn* mit Menübefehlen in Access vereinbart werden.
Öffnen Sie dazu die Datenbank *Testdb* im Exklusivmodus (für den alleinigen Gebrauch):
–> *Datei*
-> *Öffnen*
In *Öffnen*
-> *Testdb*
-> Listenpfeil in Schaltfläche *Öffnen*
-> *Exklusiv öffnen*

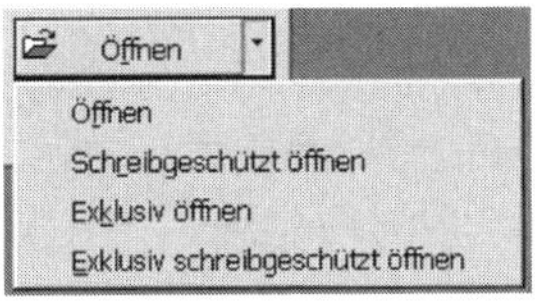

Wählen Sie im Hauptmenüpunkt
-> *Extras*
-> *Sicherheit*

Sie können jetzt auswählen unter

- Datenbankkennwort zuweisen...
- Benutzer- und Gruppenberechtigungen...
- Benutzer- und Gruppenkonten...
- Datenbank ver-/entschlüsseln

Wählen Sie
-> *Datenbankkennwort zuweisen...*
In *Datenbankkennwort zuweisen*

-> Testkenn	als Kennwort eingeben
-> Testkenn	als Kennwort bestätigen
-> *OK*	

Wenn Sie danach Access und darin die Datenbank *Testdb* neu öffnen, müssen Sie sich anmelden mit
In Dialogfeld *Anmelden*

-> Administrator oder admin	als Name eingeben
-> db0kenn	als Kennwort eingeben
-> *OK*	

In Dialogfeld *Kennwort erforderlich*

-> Testkenn	als Kennwort eingeben
-> *OK*	

So löschen oder ändern Sie das vereinbarte Kennwort:
In Menüzeile
-> *Extras*
-> *Sicherheit*
-> *Benutzer- und Gruppenkonten...*

In *Benutzer- und Gruppenkonten*	In *Benutzer- und Gruppenkonten* zum Ändern
-> Register *Benutzer*	-> Register *Anmeldungskennwort ändern*
-> Schalter *Kennwort löschen*	-> Altes, neues Kennwort eingeben und bestätigen
-> *OK*	-> *OK*

11.1.4 Neuen Benutzer erstellen und einer Gruppe zuweisen

Die Anmeldung eines neuen Benutzers wird nur dann wirksam, wenn bereits ein Workspace-Kennwort eingerichtet worden ist.

Beispiel: Zusätzlich zu dem Benutzer *Administrator* wird der Benutzer *GF* erstellt und der Benutzergruppe *Benutzer/users* zugewiesen.
-> *Extras*
-> *Sicherheit*
-> *Benutzer- und Gruppenkonten...*
In *Benutzer- und Gruppenkonten*
-> Register *Benutzer*
-> *Neu...*
In *Neue(r) Benutzer/Gruppe*

-> GF	als Name eingeben	
-> GF01	als Persönliche ID eingeben	(1)

-> *OK*
In *Benutzer- und Gruppenkonten* unter *Verfügbare Gruppen*
-> Benutzer markieren
-> Schalter *Hinzufügen*
-> *OK*

(1) Die Persönliche ID (PID) besteht aus mindestens 4 und maximal 20 Zeichen. Sie sollte Dritten nicht bekannt werden.

Zum Testen starten Sie Access und *Testdb* erneut. Sie können sich jetzt entweder als Benutzer *Administrator* oder als Benutzer *GF* anmelden:
Im ersten Dialogfeld *Anmelden*

-> Administrator oder admin	als Administrator-Name eingeben
-> db0kenn	als Kennwort eingeben
oder:	
-> GF	als Benutzer-Name eingeben
-> (Null-Zeichenfolge)	also kein Kennwort eingeben

Wenn Sie die Datenbank als Benutzer *GF* starten, werden Sie feststellen, dass Sie im Dialogfeld *Benutzer- und Gruppenkonten* keine neuen Benutzer einrichten können.

Wenn Sie für das Erstellen eines *User*-Objektes in einer VBA-Prozedur die Methode *CreateUser – Set VariableFürUserObjekt = CreateUser(Name, PID,Kennwort)* – einsetzen, können Sie auch ein Kennwort vereinbaren.

Beispiel: Der neue Benutzer *KM* wird erstellt. Ihm wird das Passwort *KM1* erteilt.

```
Sub NeuenBenutzerErstellen()
          Dim WS As Workspace
          Dim Db As Database
          Dim Bn As User
          Set Ws = DBEngine(0)
          Set Db = CurrentDb
          Set Bn = Ws.CreateUser("KM","KM01","KM1")
          Ws.Users.Append Bn
End Sub
```

Bevor der neue Benutzer *KM* in Access die Datenbank
Testdb so starten kann:

Im ersten Dialogfeld *Anmelden*

->	KM	als Benutzer-Name eingeben
->	KM1	als Kennwort eingeben

muss er einer Benutzergruppe zugewiesen worden sein.

11.1.5 Zugriffsberechtigungen in der aktuellen Datenbank vereinbaren

Ein Benutzer, der der Gruppe *Benutzer/users* zugewiesen ist, verfügt automatisch über die Berechtigungen dieser Gruppe. Bei der Einrichtung von Access hat die Gruppe *Benutzer* die gleichen Rechte erhalten wie die Gruppe *Administratoren*. In einem Sicherheitssystem sollten jedem Benutzer und jeder Benutzergruppe nur die Berechtigungen gewährt werden, die für die jeweilige Arbeit individuell benötigt werden.
Öffnen Sie als Administrator-Benutzer *Benutzer- und Gruppenberechtigungen:*
Im Menü
-> *Extras*
-> *Sicherheit*
-> *Benutzer- und Gruppenberechtigungen...*

Aus der Abbildung können Sie die *Berechtigungen* für den Administrator ablesen:

In *Benutzer- und Gruppenberechtigungen*

-> Optionsfeld *Benutzer*	als Liste aktivieren
-> *Administrator*	unter *Benutzer-/Gruppenname* markieren
-> *Persdat/Abteilg/Vorg ...*	nacheinander markieren
-> *Tabelle*	als Objekttyp anzeigen

Für den Benutzer *Administrator* sind alle Berechtigungs-Kontrollkästchen aktiviert. Beim Objekttyp Datenbank sind die Kontrollkästchen *Öffnen/Ausführen, Exklusiv öffnen* und *Verwalten* aktiviert.

Die *Berechtigungen* für den Benutzer *GF* sind dagegen anders gestaltet:

In *Benutzer- und Gruppenberechtigungen*

-> Optionsfeld *Benutzer*	als Liste aktivieren
-> GF	unter *Benutzer-/Gruppenname* markieren
-> *persdat*	als Objektname markieren
-> *Tabelle*	als Objekttyp anzeigen

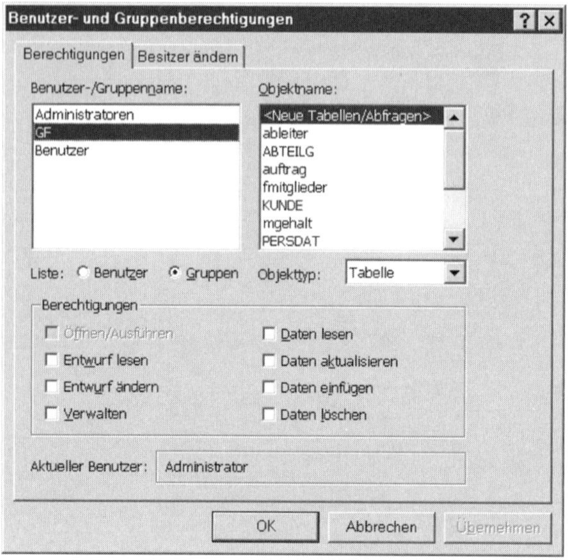

Für den Benutzer *GF* sind alle Berechtigungs-Kontrollkästchen deaktiviert. Das gleiche Ergebnis tritt ein, wenn Sie einen anderen Objektnamen oder einen anderen Objekttyp aktivieren.

Da *GF* aber Mitglied der Gruppe *Benutzer* ist, stehen ihm die Rechte dieser Gruppe zu. Aktivieren Sie

-> Optionsfeld *Gruppen* als Liste aktivieren

-> Benutzer unter *Benutzer-/Gruppenname* markieren

und Sie stellen fest, dass die Gruppe Benutzer dieselben Berechtigungen wie der Administrator besitzt. Testen Sie auch die Ergebnisse, wenn Sie sich in der Liste *Gruppen* als Benutzer *GF* anmelden.

11.1.6 Gruppenrechte zuweisen und entziehen (implizite Berechtigungen)

Das Zuweisen und Entziehen von Gruppenrechten sei an einem Beispiel dargelegt.

Beispiel: Der Benutzergruppe *Benutzer* sollen in Bezug auf den Objekttyp *Tabelle* alle Berechtigungen entzogen werden. Bezogen auf den Objekttyp *Datenbank* sollen lediglich die Berechtigungen *Öffnen/Ausführen* und *Exklusiv öffnen* zugelassen sein.

In *Benutzer- und Gruppenberechtigungen*

-> *Benutzer*	unter *Benutzer-/Gruppenname* markieren
-> Optionsfeld *Gruppen*	als Liste aktivieren
-> *Datenbank*	als Objekttyp anzeigen
-> *Öffnen/Schließen*	nicht deaktivieren
-> *Exklusiv öffnen*	nicht deaktivieren
-> alle anderen Berechtigungen	deaktivieren
-> *Tabelle*	als Objekttyp anzeigen
-> für alle Objektnamen	alle Berechtigungen deaktivieren

Die einem Benutzer über die Gruppenzugehörigkeit erteilten Berechtigungen sind implizite Berechtigungen.

11.1.7 Explizite Berechtigungen zuweisen

Explizit werden Berechtigungen einem Benutzer direkt erteilt. Sie stehen ausschließlich dem genannten Benutzer zu, keinem anderen. Die Gesamtberechtigungen eines Benutzers summieren sich aus den impliziten und expliziten Berechtigungen.

Beispiel: Dem Benutzer *GF* sind die Berechtigungen *Daten lesen, Daten aktualisieren, Daten einfügen* und *Daten löschen* für die Tabelle *persdat* zu gewähren.

In *Benutzer- und Gruppenberechtigungen*

-> Optionsfeld *Benutzer*	als Liste aktivieren
-> *GF*	unter *Benutzer-/Gruppenname* markieren
-> *Tabelle*	als Objekttyp anzeigen
-> persdat	als Objektname markieren
Unter *Berechtigungen*	
-> Daten lesen	markieren
-> Daten aktualisieren	markieren
-> Daten einfügen	markieren

-> Daten löschen markieren
-> *OK*

Um die Einstellung zu testen, starten Sie Access erneut und öffnen die Datenbank *Testdb* als Benutzer *GF*:
Im ersten Dialogfeld *Anmelden*
-> GF als Benutzer-Name eingeben
-> (Null-Zeichenfolge) als Kennwort eingeben
In *Kennwort erforderlich*
-> Testkenn eingeben

Ergebnis: Der Benutzer *GF* kann nur auf die Daten der Tabelle *persdat* zugreifen.

Auf diese Weise können jedem Benutzer die für seine Arbeit erforderlichen Rechte gewährt werden.

11.1.8 Schutzvereinbarungen im Netz sichern

Ist in einem Netzbetrieb Access mehrfach installiert und deshalb die *System.mdw* mehrfach mit unterschiedlichen Eintragungen vorhanden, werden Sie feststellen, dass der vereinbarte Kennwortschutz dann nicht gilt, wenn beim Öffnen von Access nicht auf die mit dem Kennwortschutz eingerichtete *System.mdw* zugegriffen wird.
Wenn Sie die *System.mdw* mit den vereinbarten Regelungen übernehmen wollen, können Sie diese *System.mdw* auf die anderen Rechner kopieren. Das sollten Sie jedoch nicht tun, sondern auf den anderen Rechnern mit dem Programm *Wrkgadm.exe* einen Verweis auf die gewünschte *System.mdw* vereinbaren. Öffnen Sie *Wrkgadm.exe* auf dem anderen Rechner.

Im Desktop
-> *Start*
-> *Suchen*
-> *Dateien/Ordner...*
In Suchen nach: ...
-> Wrkgadm.exe eingeben
Wenn gefunden
-> Wrkgadm.exe doppelklicken

Um den Beitritt zu vereinbaren, verfahren Sie wie folgt:

In dem Fenster *Arbeitsgruppen-Administrator*	
-> *Beitreten...*	klicken
In *Arbeitsgruppen-Informationsdatei*	
-> C:\Programme\Office2000\Office\System.mdw	eingeben (evtl. anderer Pfad)
-> *OK*	

11.2 Berechtigungen in INFORMIX vereinbaren

In INFORMIX werden die bei der Einrichtung eines Netzwerkes oder eines Multi-User-Betriebs vergebenen LOGIN-Namen als Benutzernamen für das Einloggen in das Datenbanksystem verwendet.
Für das Erteilen von Berechtigungen können Sie die SQL-Anweisungen GRANT und REVOKE einsetzen, und zwar für Zugangs- und für Zugriffsberechtigungen.

11.2.1 Zugangsberechtigungen

Der Befehl *GRANT zugangsberechtigungen* hat bei INFORMIX folgende Struktur:

```
GRANT CONNECT / RESOURCE / DBA
TO PUBLIC / benutzer[, benutzer,...]
```

Die Zugangsberechtigungen lauten DBA, RESOURCE und CONNECT.
Mit

- CONNECT wird einem Benutzer der Zugang zur Datenbank ermöglicht. Zugriffsrechte auf vorhandene Daten hat er nicht.
- RESOURCE gelangt ein Benutzer in die vorhandene Datenbank und darf darin eigene Tabellen, Views und Indexe anlegen. RESOURCE enthält das Recht CONNECT.
- DBA erlangt ein Benutzer die gleichen Rechte wie der Datenbankmanager. DBA beinhaltet automatisch die Rechte RESOURCE und CONNECT.

Mit TO PUBLIC werden alle Benutzer zur Mitbenutzung autorisiert, mit der Angabe eines Benutzernamens nur der genannte Benutzer.

Beispiele
Der Datenbankmanager erteilt den Benutzern Eifer und Luft CONNECT- und RESOURCE-Rechte.

GRANT RESOURCE TO luft, eifer

Der Datenbankmanager erteilt dem Benutzer Meier das DBA-Recht.

GRANT DBA TO meier

Der Datenbankmanager erteilt allen Benutzern die Rechte eines Datenbankmanagers:

GRANT DBA TO PUBLIC

11.2.2 Zugriffsberechtigungen

Zugriffsberechtigungen werden mit dem SQL-Befehl *GRANT zugriffsberechtigungen* erteilt. Da dieser Befehl in INFORMIX in derselben Weise wie in ORACLE strukturiert ist, verweisen wir auf die Erläuterungen in Abschnitt 11.3.

11.2.3 Zugangs- und Zugriffsberechtigungen entziehen

Zugriffsbrechtigungen werden mit dem SQL-Befehl *REVOKE zugangs-/zugriffsberechtigungen* entzogen. Da dieser Befehl in INFORMIX dieselbe Struktur wie in ORACLE hat, verweisen wir auf die Erläuterungen im nächsten Abschnitt.

11.3 Berechtigungen in ORACLE vereinbaren

11.3.1 Zugangsberechtigungen

Wie in INFORMIX können in ORACLE die Zugangsberechtigungen DBA, RESOURCE und CONNECT vergeben werden.
Allerdings beinhaltet bei ORACLE die Zugangsberechtigung DBA nicht automatisch die Rechte RESOURCE und CONNECT und RESOURCE nicht automatisch das Recht CONNECT.

Die Zugangsberechtigungen werden mit dem Befehl GRANT erteilt. Anders als bei INFORMIX werden in ORACLE damit zusätzlich neue Passwörter vereinbart:

```
GRANT CONNECT[, RESOURCE, DBA]
TO benutzer[, benutzer,...]
IDENTIFIED BY passwort[, passwort, ... ]
```

Bei den Passwörtern sind die **Erstzugangs-Passwörter** von den Passwörtern zu unterscheiden, die vom Administrator vereinbart werden. Bei der Installation von ORACLE werden mit DBA-Autorität zwei Benutzernamen und zwei Passwörter eingerichtet:

	1.	2.
User-Name:	system	sys
Passwort:	manager	change_on_install

Unmittelbar nach der Installation sollten die Passwörter geändert werden, um Unbefugten den Zugang mit höchster Datenbankautorität zu erschweren.

Beispiel:
Die Passwörter für die Benutzer System und Sys werden in fried und greg geändert. Die Vergabe neuer Passwörter erfolgt hinter IDENTIFIED mit der Vergabe des CONNECT-Zugangsrechtes.

```
SQL> GRANT CONNECT TO system, sys
        IDENTIFIED BY fried, greg;
```

Der Datenbankmanager öffnet danach SQL*Plus mit System/Fried.

Auch der Datenbankmanager kann sein Benutzerkennzeichen und sein Passwort verändern. Soll das Benutzerkennzeichen *gf* und das Passwort *km* lauten, so lautet die Anweisung

```
SQL> GRANT CONNECT, RESOURCE, DBA
        TO gf IDENTIFIED BY km;
```

Der Datenbankmanager öffnet jetzt SQL*Plus mit gf/km.

Anhand der nachfolgenden Beispiele können Sie die Regelungen der Zugangsberechtigungen nachvollziehen. Legen Sie deshalb die Datenbank mit der Benutzerkombination *gf/km* an.

Öffnen Sie SQL*Plus mit gf/km und richten Sie in der Datenbank ORACLE mit der Prozedur Crins2.ORA die Tabellen und die Datensätze ein:

SQL> START C:\rorosql\kap13\crins2.ora

In Abschnitt 13.3 beschreiben wir die Vorgehensweise ausführlich.

Beispiele

- Der Datenbankmanager erteilt den Benutzern Meier, Eifer und Luft CONNECT- und RESOURCE-Rechte sowie die Passwörter Leitg, Steuer und Transp.

```
SQL> GRANT CONNECT, RESOURCE
           TO meier, luft, eifer
           IDENTIFIED BY leitg, steuer, transp;
```

- Der Datenbankmanager erteilt dem Benutzer Meier zusätzlich das DBA-Recht.

```
SQL> GRANT DBA TO meier;
```

Meldung nach Absetzung der Anweisung: Benutzerzugriff wurde erteilt.

Starten Sie SQL*Plus und melden Sie sich als Benutzer *Meier* mit dem Kennwort *Leitg* an. Um auf die von dem Benutzer *gf* angelegten Tabellen zugreifen zu können, muss er diese mit dem Benutzerkennzeichen des Erstellers qualifizieren.

```
SQL> SELECT * FROM gf.persdat;
```

- Meier kann auf die Tabelle PERSDAT ohne Qualifizierungsmerkmal zugreifen, wenn der Datenbankmanager vorher für die Tabelle PERSDAT einen Andersnamen, zum Beispiel *pd,* mit dem Status PUBLIC eingerichtet hat:

```
SQL> CREATE PUBLIC SYNONYM pd FOR persdat
```

Die Benutzer Eifer und Luft können auf die von *gf* erstellten Daten nur dann zugreifen, wenn sie Zugriffsberechtigungen erhalten.

11.3.2 Zugriffsberechtigungen

Der GRANT-Befehl zur Vergabe von Zugriffsberechtigungen hat in ORACLE die gleiche Struktur wie in INFORMIX:

```
GRANT ALL /
[ALTER], [DELETE],[INDEX],[INSERT],[SELECT,]
[UPDATE (spaltenname [,spaltenname,…])]
ON tabellenname/viewname
TO PUBLIC /user-id [,user-id,…]
[WITH GRANT OPTION]
```

Mit ALL wird ein uneingeschränktes Bearbeitungsrecht erteilt. Mit TO PUBLIC werden die vereinbarten Rechte allen anderen Benutzern zugestanden, mit der Angabe eines oder mehrerer Benutzer dem bzw. den Benutzern. Die Zusätze können für Basistabellen und Views vereinbart werden. Die Befehle ALTER und INDEX dürfen jedoch nicht bei Views eingesetzt werden.
Mit WITH GRANT OPTION werden eigene Privilegien an Dritte übertragen. Wenn TO PUBLIC vereinbart worden ist, kann diese Klausel nicht mehr eingesetzt werden.

Beispiele

- Der Benutzer Luft besitzt die RESOURCE-Zugangsberechtigung. Ihm erteilt der Datenbankmanager die Berechtigung, die Tabelle *persdat* zu lesen und darin die Spalte *gehalt* zu ändern. Zusätzlich erhält er die Berechtigungen, die Tabelle *tposten* zu lesen, darin Daten einzugeben und zu ändern.

```
I,O      GRANT SELECT UPDATE (gehalt)
         ON persdat TO luft;
```

```
I,O      GRANT SELECT, INSERT, UPDATE
         ON tposten TO luft
         WITH GRANT OPTION;
```

Wenn danach SQL*Plus in ORACLE mit Luft/Steuer geöffnet wird, kann der Benutzer die Tabelle *persdat* mit Qualifizierungsmerkmal lesen:

```
I,0         SELECT * FROM gf.persdat;
```

- Der Benutzer Luft besitzt die RESOURCE-Zugangsberechtigung, die es ihm erlaubt, eigene Tabellen zu erstellen. Er legt die Tabelle *notizen* an mit den Feldern *datum* sowie *beachten* und gibt einen Datensatz ein.

```
I,0         CREATE TABLE notizen
            (datum           DATE,
            Beachten   CHAR(65);
```

```
I,0         INSERT INTO notizen VALUES ('5.3.2002', 'Kunde
            Hellersen anrufen!'):
```

- Der Benutzer Luft liest die von ihm erstellte Tabelle.

```
I,0         SELECT * FROM notizen;
```

- Der Datenbankmanager öffnet SQL*Plus und liest die vom Benutzer erstellte Tabelle.

```
I,0         SELECT * FROM luft.notizen;
```

11.3.3 Zugangs- und Zugriffsrechte entziehen

Die Struktur der REVOKE-Anweisungen entspricht der der GRANT-Anweisungen. An die Stelle von GRANT tritt REVOKE.

Beispiele

- Dem Benutzer Eifer werden die Zugangsrechte entzogen.

```
I,0         REVOKE CONNECT FROM eifer;
I,0         REVOKE RESOURCE FROM eifer;
```

- Dem Benutzer Luft wird das INSERT-Recht für die Tabelle *tposten* entzogen.

```
I,0        REVOKE INSERT ON tposten FROM luft;
```

Wenn Luft vorher einer Mitarbeiterin ebenfalls ein INSERT-Recht auf *tposten* eingeräumt hat – er konnte dies tun, weil er vom Datenbankmanager das Recht WITH GRANT OPTION bekommen hat –, entfällt mit der REVOKE-Anweisung auch diese Berechtigung.

11.4 Berechtigungen in DB2 vereinbaren

Das Erteilen von Berechtigungen zählt zu den Verwaltungsfunktionen, die mit Hilfe der DB2-*Steuerzentrale* ausgeführt werden.

11.4.1 Zugangsberechtigungen

Bei der Installation wird ein Datenbankadministrator angelegt. Er besitzt automatisch die höchste Berechtigungsebene SYSADM (Systemadministrator). Schauen Sie sich die Berechtigungen des *Administrators* für die Datenbank *Testdb* in der *Steuerzentrale* an.

-> *Start*
-> *Programme*
-> *IBM DB2*
-> Allgemeine Verwaltungstools
-> *Steuerzentrale*

Suchen Sie im Objektbaum das Objekt *Datenbanken* und das Symbol für die Datenbank *Testdb*:

In *Steuerzentrale*
-> Pluszeichen vor Rechnername
-> Pluszeichen vor Exemplare
-> Pluszeichen vor DB2
-> Datenbanken
Im rechten Fenster
-> Symbol vor *Testdb* rechtsklicken

Im Kontextmenü werden die verfügbaren Verwaltungsaktionen gezeigt: -> Berechtigungen

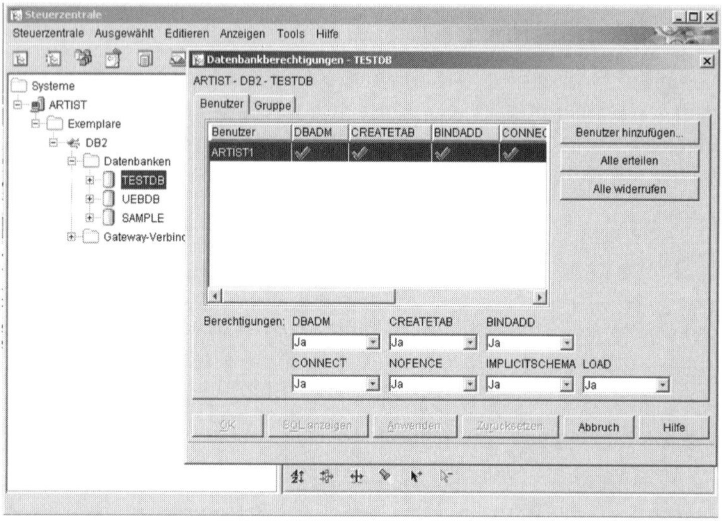

Im Fenster *Datenbankberechtigungen – Testdb* im Register *Benutzer* erfahren Sie, dass der *Administrator* über alle Rechte verfügt: Der Haken unter *DBADM, CREATETAB usw.* zeigt dies an. Ein Kreuz bedeutet, dass der Benutzer nicht über diese Berechtigung verfügt. In den darunter angeordneten Auswahlfenstern *Berechtigungen* erteilen Sie mit *Ja* oder entziehen Sie mit *Nein* einzelne Berechtigungen. Mit den Schaltern *Alle erteilen* oder *Alle widerrufen* gewähren oder entziehen Sie alle Berechtigungen. Die Berechtigungen haben folgende Bedeutung:

DBADM: Berechtigung zur Datenbankverwaltung. Ein Berechtigungsname, der über die Berechtigung DBADM verfügt, erhält automatisch die Berechtigungen BINDADD, CONNECT, CREATETAB und NOFENCE. Dieses Recht kann nur mit SYSADM-Berechtigung erteilt werden.
CREATETAB: Berechtigung zum Erstellen von Basistabellen innerhalb der Datenbank. Der Ersteller verfügt automatisch über die Berechtigung CONTROL für diese Tabelle. Darauf gehen wir im SQL-Befehl *GRANT zugriffsberechtigung* näher ein.

BINDADD: Berechtigung zum Erstellen von Zugriffspaketen innerhalb der Datenbank. Ein Zugriffspaket ist ein Quellprogramm mit SQL-Anweisungen zum Zugriff auf Daten einer Datenbank.
CONNECT: Berechtigung zum Zugreifen auf die Datenbank.
NOFENCE: Berechtigung zum Registrieren von Funktionen, die im Datenbankmanagerprozess ausgeführt werden (Berechtigung CREATE_NOT_FENCED).
IMPLICITSCHEMA: Berechtigung zum Erstellen eines Schemas für ein Objekt durch Angeben des Schemanamens in der Objektdefinition.
LOAD: Berechtigung zum Laden von Daten in eine Tabelle.
In Version 8.1 sind die Rechte EXTERNALROUTINE und QUIESCE-CONNECT hinzugekommen.

11.4.2 Datenbankberechtigungen für Benutzer erteilen und widerrufen

Im Fenster *Datenbankberechtigungen – Testdb* im Register *Benutzer* können Sie auch neue Benutzer – Gast usw. – im Fenster *Benutzer hinzufügen* definieren, mit dem Schalter *Anwenden* in das Benutzerfenster übertragen und dort Berechtigungen zuweisen.
Beispiel: Übertragen Sie Gast in das Benutzer-Fenster und vergeben Sie dafür keine Berechtigungen. Die Berechtigungen sollen Sie mit GRANT erteilen und REVOKE zurücknehmen. Geben Sie in der Befehlszentrale ein:

```
GRANT DBADM, CREATETAB ON DATABASE TO gast
REVOKE DBADM ON DATABASE FROM gast
```

11.4.3 Gruppenverwaltung

Im Fenster *Datenbankberechtigungen – Testdb* im Register *Gruppe* können Sie Datenbankberechtigungen für Gruppen erteilen und widerrufen. Die Gruppe PUBLIC ist voreingestellt, sie besitzt alle Datenbankberechtigungen mit Ausnahme von DBADM. Das bedeutet, dass diese Rechte indirekt allen Benutzern zustehen, die DB2 bekannt sind.
Sie können zum Beispiel das bei der Installation vergebene Zugangsrecht BINDADD mit REVOKE aufheben. Geben Sie in der Befehlszentrale ein:

```
REVOKE BINDADD ON DATABASE FROM PUBLIC
```

Oder Sie können das Zugangsrecht DBADM hinzufügen:

GRANT DBADM ON DATABASE TO PUBLIC

11.4.4 Zugriffsrechte

Im DB2-Befehl *GRANT zugriffsrechte* gibt es neben den aus INFORMIX/ORACLE bekannten Auswahlmöglichkeiten die Rechte CONTROL und REFERENCES.

```
GRANT ALL /
[ALTER], [DELETE],[INDEX],[INSERT],[SELECT,]
[ UPDATE] [,CONTROL] [,REFERENCES]
ON tabellenname/viewname
TO PUBLIC /user-id [,user-id…]
```

Der REVOKE-Befehle besitzt die entsprechende Struktur.
Der Zusatz WITH GRANT OPTION ist nicht vorhanden. Die Übertragung von Rechten an Dritte erfolgt mit dem Zusatz CONTROL. Das Recht UPDATE kann nicht auf Spalten bezogen werden, sondern gilt immer für den gesamten Datensatz. Der Zusatz REFERENCES gestattet zur Erhaltung der referenziellen Integrität das Erstellen und Löschen eines Fremdschlüssels.
Von diesen Ausnahmen abgesehen gelten die im vorigen Abschnitt gemachten Ausführungen auch für DB2.

11.5 Daten in MySQL schützen und sichern

11.5.1 Neue Benutzer anlegen und Kennwortschutz vereinbaren

Wenn Sie nach der erfolgreichen Installation das Client-Programm *mysql.EXE* starten, geben Sie keine Benutzerberechtigung und kein Kennwort ein, sondern starten mit

C:\MySQL\Bin> `mysql`

Damit melden Sie sich als anonymer Benutzer an. Der anonyme Benutzer wird mit einer leeren Zeichenkette definiert: "". Die von einem anonymen Benutzer angelegten Datenbanken und Tabellen können von jedem anderen Benutzer eingesehen und geändert werden. Ein anonymer Benutzer kann kein Kennwort vereinbaren. Der Standard-Benutzername unter WINDOWS ist ODBC. Testen Sie dies mit der Eingabe von

mysql> *SELECT user();*.

Vereinbarung eines neuen Benutzernamens: Wenn Sie noch kein Kennwort vergeben haben, legen Sie einen neuen Benutzer *mkfg* am Verzeichnisprompt so an:

C:\MySQL\Bin> `Set user=mkfg` <- Keine Leerzeichen vor und hinter =

Da Sie noch kein Kennwort vergeben haben, wechseln Sie ohne Optionszusätze in den MySQL-Monitor mit

C:\MySQL\Bin> `mysql`

Mit *SELECT user()* am mysql-Prompt können Sie testen, dass der Benutzername jetzt *mkfg* lautet.

Berechtigungen und Kennwort vereinbaren: Sie vereinbaren für den Benutzer *mkfg* das Kennwort *kg* mit dem SQL-Befehl GRANT am MySQL-Prompt.

```
mysql> GRANT ALL ON *.* TO mkfg@localhost
       IDENTIFIED BY "kg"
       WITH GRANT OPTION;
```

Die Zugriffsberechtigung für alle Rechte lautet *ALL*, die Zugangsberechtigung für alle Datenbanken und Tabellen *.* . *mkfg* soll in unserem Beispiel nur vom lokalen Host aus zugreifen können: *mkfg@localhost*. Sie können aber auch festlegen, von welchen anderen Hosts aus der Benutzer sich anmelden kann:

TO benutzername@xy.ab.net	<- nur von xy.ab.net
TO benutzername@%	<- von allen Hosts
TO benutzername@%.xy.net	<- von allen Hosts der Domain xy.net

Hinter dem Zusatz *IDENTIFIED BY* wird das Kennwort *kg* definiert. Dabei gilt folgende Regel: Wenn noch kein Kennwort vorhanden ist, wird es mit *IDENTIFIED BY* eingerichtet, wenn ein Kennwort bereits existiert, wird es mit *IDENTIFIED BY* geändert.

Start mit Benutzer- und Kennwort-Eingabe: Verlassen Sie den Monitor mit *EXIT* und starten Sie ihn wieder als Benutzer *mkfg*:

C:\MySQL\Bin> `mysql -u mkfg -p`
Enter password: ** <- RETURN nach Eingabe *kg*

Die Eingabe des Kennwortes wird mit zwei Sternen angezeigt. Nach RETURN gelangen Sie in den Monitor-Modus.

Problem: Sie haben die Datenbank TESTDB als anonymer Benutzer mit Tabellen und Daten angelegt. Danach haben Sie den Benutzer *mkfg* und das Kennwort *kg* vereinbart. Sie haben aber immer noch die Möglichkeit, den Monitor als anonymer Benutzer oder als Administrator-Benutzer *root* aufzurufen und auf die Daten zuzugreifen.

1. Sie öffnen den Monitor als Benutzer *mkfg*:
   C:\MySQL\Bin> `mysql -u mkfg -p`
   Enter password: `kg` <- RETURN nach Eingabe *kg*
2. Sie öffnen den Monitor als anonymer Benutzer mit einer leeren Zeichenkette:
   C:\MySQL\Bin> `Set user=""`
   C:\MySQL\Bin> `mysql -p`
   Enter password: <- RETURN ohne Eingabe eines Kennwortes
3. Sie öffnen den Monitor als ein neuer Benutzer:
   C:\MySQL\Bin> `Set user=neu`
   C:\MySQL\Bin> `mysql -p`
   Enter password: <- RETURN ohne Eingabe eines Kennwortes
4. Sie öffnen den Monitor als ein Administrator-Benutzer: (1)
   C:\MySQL\Bin> `mysql -u root -p`
   Enter password: <- RETURN ohne Eingabe eines Kennwortes

   (1) Der Administrator-Benutzername *root* wird bei der Installation eingerichtet. Der Administrator-Benutzer besitzt alle Rechte.

Sie ersehen daraus, dass Daten ungeschützt bleiben, solange jemand sich als ein anonymer Benutzer einführen kann und dem Administrator-Benutzer *root* kein Passwort zugewiesen ist. Sie müssen deshalb die Berechtigungen für anonyme Benutzer löschen, wie wir das in 11.5.2 beschreiben.

Dem Administrator-Benutzer *root* das Kennwort *rt* zuweisen:

```
mysql> GRANT ALL ON *.* TO root@localhost
       IDENTIFIED BY "rt"
         WITH GRANT OPTION;
```

11.5.2 Berechtigungen für anonyme Benutzer löschen

Sie löschen die Berechtigungen für einen anonymen Benutzer mit DELETE aus den Berechtigungstabellen USER, DB, TABLES_PRIV und COLUMNS_PRIV. Mit FLUSH PRIVILEGES veranlassen Sie dann, dass der Server die Berechtigungen neu erstellt.

```
C:\MySQL\BIN> mysql -u root -p mysql                          (1)
Enter password: rt
mysql> DELETE FROM user WHERE user="";                        (2)
mysql> DELETE FROM db WHERE user="";
mysql> DELETE FROM tables_priv WHERE user="";
mysql> DELETE FROM columns_priv WHERE user="";
mysql> FLUSH PRIVILEGES;                                      (3)
```

(1) Mit *mysql -u root mysql* greifen Sie auf die Berechtigungstabellen zu, die in der Datenbank *mysql* im Verzeichnis C:\MySQL\DATA\MySQL stehen.

Berechtigungstabellen:	Sie verwalten:
USER	Benutzer mit Verbindungsrecht zum Server
DB	Datenbank-Berechtigungen
TABLES_PRIV	Tabellen-Berechtigungen
COLUMNS_PRIV	Spalten-Berechtigungen

(2) Im Monitor löschen Sie dann mit DELETE den Benutzernamen *""*.

(3 In MySQL können Sie als SQL-Anweisung *FLUSH optionen* einsetzen:

FLUSH HOSTS	leert den Host-Cache
FLUSH LOGS	leert die Log-Dateien
FLUSH PRIVILEGES	lädt die Berechtigungstabellen neu
FLUSH STATUS	initialisiert die Statusvariablen
FLUSH TABLES	schließt geöffnete Tabellen

Nach diesen Vereinbarungen können Sie als Benutzer *root* den Monitor nur noch mit Kennwort öffnen:

```
C:\MySQL\Bin> mysql -u root -p
Enter password: rt              <- RETURN nach Eingabe rt.
```

Mit der folgenden Anweisung könnten Sie das Kennwort wieder auf "" setzen:

```
mysql> GRANT ALL ON *.* TO root@localhost
         IDENTIFIED BY ""
         WITH GRANT OPTION;
```

11.5.3 Zugangs- und Zugriffsberechtigungen erteilen

Für das Erteilen von Zugangs- und Zugriffsberechtigungen wird die SQL-Anweisung *GRANT* eingesetzt. Der Befehl *GRANT* hat bei *MySQL* folgende Struktur:

```
GRANT zugriffsberechtigung [,zugriffsberechtigung] ...
  ON zugangsberechtigung
  TO benutzer [,benutzer] ...
  [IDENTIFIED BY kennwort ]
  [WITH GRANT OPTION]
```

Zugangsberechtigungen legen fest, für welche Datenbanken und Tabellen der Zugriff gelten soll.

Recht:	Gewährt Zugang zu:
.	allen Datenbanken, allen Tabellen
*	der aktuellen Datenbank
dbname.*	allen Tabellen der genannten Datenbank
dbname.tabellenname	Spalten der genannten Tabelle in Datenbank

tabellenname	Tabellen-Spalten der aktuellen Datenbank

Zugriffsberechtigungen: gewähren Bearbeitungsrechte:

ALL	uneingeschränktes Bearbeitungsrecht
ALL PRIVILEGES	uneingeschränktes Bearbeitungsrecht
USAGE	keinerlei Rechte
ALTER	um Tabellenstrukturen zu ändern
CREATE	um Datenbank, Tabelle zu erzeugen
DELETE	um Datensätze zu löschen
DROP	um Datenbank, Tabelle zu löschen
INDEX	zum Indexieren
INSERT	um Datensätze einzugeben
SELECT	um Daten abzufragen
UPDATE	um Daten zu ändern

Spezielle Administrator-Rechte: Sie sollten nur dem Administrator zur Verfügung stehen.

FILE	Dateien auf Server schreiben, sie lesen
PROCESS	Threads anzeigen, beenden, löschen
RELOAD	SQL-Anweisung FLUSH ausführen
SHUTDOWN	Server herunterfahren

WITH GRANT OPTION: Damit wird das Recht eingeräumt, eigene Privilegien an Dritte zu übertragen.

Groß- und Kleinschreibung in den Berechtigungstabellen: Bei Benutzer-, Datenbank-, Tabellennamen sowie Passwörtern wird Groß- und Kleinschreibung unterschieden, bei Host- und Spaltennamen nicht.

Beispiel 1: Der Hauptbenutzer *mkfg* erteilt dem Benutzer *meier* alle Rechte für die Datenbank *TESTDB* und teilt das Kennwort *leitg* zu. *meier* muss sich vom lokalen Host aus anmelden.
Nach der Anmeldung als Benutzer *mkfg* erteilt dieser mit GRANT die Berechtigung:

```
mysql> GRANT ALL
       ON testdb.*
       TO  meier@localhost
        IDENTIFIED BY "leitg";
```

Der Mitarbeiter Meier meldet sich danach so an:

```
C:\MySQL\Bin> mysql -u meier -p
Enter password: leitg
```

Beispiel 2: Dem Benutzer *luft* erteilt der Administrator-Benutzer *mkfg* die Berechtigung, die Tabelle *PERSDAT* zu lesen und darin die Spalte *gehalt* zu ändern. Zusätzlich erhält er die Berechtigungen, die Tabelle *TPOSTEN* zu lesen, darin Daten einzugeben und zu ändern. Sein Kennwort sei *mlu*.
Der Benutzer *mkfg* erteilt mit GRANT die Berechtigungen:

```
mysql> GRANT SELECT, UPDATE (gehalt)                (A10303.mys)
         ON testdb.persdat
         TO  luft@localhost IDENTIFIED BY "mlu";
mysql> GRANT SELECT, INSERT, UPDATE                 (A10304.mys)
         ON testdb.tposten
         TO  luft@localhost;
```

Da in der ersten Anweisung das Kennwort erteilt worden ist und es nicht geändert werden soll, braucht es in nachfolgenden GRANT-Anweisungen nicht mehr genannt zu werden. Der Mitarbeiter Luft meldet sich danach auf folgende Weise an:

```
C:\MySQL\Bin> mysql -u luft -p
Enter password: mlu                <- RETURN nach Eingabe mlu.
```

Beispiel 3: Der Benutzer Meier besitzt die Berechtigung, eigene Tabellen zu erstellen. Er legt die Tabelle *NOTIZEN* an mit den Feldern *DATUM* und *BEACHTEN* und gibt einen Datensatz ein.
Nach der Anmeldung als Benutzer *meier* mit *leitg* erstellt er die Tabelle und gibt einen Datensatz ein:

```
mysql> CREATE TABLE notizen
         (datum        DATE,
          Beachten     CHAR(65));
mysql> INSERT INTO notizen
          VALUES ('2003-2-15','Kunde Hellersen anrufen!');
```

Auf diese von Meier angelegte Tabelle kann dann jeder Benutzer zugreifen, der die ALL-Zugriffsberechtigung besitzt.

11.5.4 Zugangs- und Zugriffsberechtigungen entziehen

Diese Berechtigungen werden mit dem SQL-Befehl *REVOKE* entzogen. Die Struktur der REVOKE-Anweisungen entspricht der der GRANT-Anweisung. An die Stelle von GRANT tritt REVOKE, an die Stelle von OF jetzt FROM.

Beispiel: Nach der Anmeldung als Benutzer *mkfg* entzieht dieser mit REVOKE dem Benutzer *meier* alle Rechte:

```
mysql> REVOKE ALL
       ON testdb.*
       FROM meier@localhost IDENTIFIED BY "leitg";
```

Beispiel: Dem Benutzer *luft* wird das *INSERT*-Recht für die Tabelle *TPOSTEN* entzogen.

```
mysql> REVOKE  INSERT
       ON testdb.tposten
       FROM luft@localhost;
```

Wenn Luft vorher einer Mitarbeiterin ebenfalls ein INSERT-Recht auf *TPOSTEN* eingeräumt hat – vorausgesetzt, er hätte dies tun können mit WITH GRANT OPTION –, dann entfällt auch diese Berechtigung.

11.5.5 Benutzer entfernen

Wenn Sie einem Benutzer mit REVOKE Berechtigungen entziehen, bleibt er trotzdem als Benutzer erhalten und kann sich mit dem Server verbinden. Darüber hinaus können Sie einen Benutzer mit DELETE aus den Berechtigungstabellen USER, TB, TABLES_PRIV und COLUMNS_PRIV entfernen und mit FLUSH PRIVILEGES veranlassen, dass der Server die Berechtigungen neu erstellt. In Abschnitt 11.5.2 haben wir die Vorgehensweise beschrieben, dort für anonyme Benutzer.

11.6 Views zum Datenschutz einsetzen

Sichten, Views, sind gespeicherte SELECT-Anweisungen, die mit dem Namen der Sicht aufgerufen werden. Sie können eine Organisation einrichten, in der alle Benutzer außer dem Datenbankmanager nur das CONNECT-Recht, also das Zugangsrecht zur Datenbank haben. Diese Benutzer können nicht auf Tabellen zugreifen, die der Datenbankadministrator angelegt hat.
Mit dem Befehl GRANT *zugriffsrechte* können differenzierte Zugriffsberechtigungen nicht nur für Tabellen, sondern auch für Views definiert werden. Wenn ein Datenbankadministrator keinem Benutzer das DBA-Zugangsrecht zuweist und mit dem Befehl GRANT *zugriffsrechte* nur differenzierte Zugriffe auf Sichten und nicht auf Tabellen erlaubt, so kann er Daten vor unberechtigter Bearbeitung schützen. Er stellt dann den Benutzern in Views aus den Basistabellen nur jene Zeilen und Spalten zur Verfügung, die die Mitarbeiter für ihre spezielle Arbeit benötigen. Das Recht, die Views zu erstellen und zu ändern, bleibt allein beim Datenbankadministrator. Eine Organisation mit Zugriffsberechtigungen ausschließlich aus Views optimiert deshalb die Datensicherung.

Beispiel: Dem Abteilungsleiter Luft der Abteilung 3 werden aus den Tabellen *persdat* und *fmitglieder* Informationen ausschließlich über seine Mitarbeiter verfügbar gemacht, nicht über andere.

Der Datenbankmanager erstellt dafür die Sicht *persdat3*:

```
CREATE VIEW
  persdat3 (persnr, pname, pvname, geschlecht)
AS
SELECT persnr, pname, pvname, geschlecht
  FROM persdat
  WHERE abtnr = 3
UNION
SELECT f.persnr, '', vorname,  vwgrad
  FROM fmitglieder f, persdat p
  WHERE f.persnr = p.persnr  AND
         p.abtnr = 3
```

Er erteilt Herrn Luft dafür das Leserecht:

```
GRANT SELECT ON persdat3  TO luft
```

Wenn Benutzer Luft die Datenbank mit seiner Berechtigungskombination öffnet, kann er sich diese Daten ansehen:

```
SELECT * FROM fg.persdat3
```

12 Transaktionen und Trigger

In einer Transaktion werden zusammengehörige Anweisungen entweder komplett durchgeführt oder gar nicht. Ein Trigger ist eine gespeicherte Prozedur, die im Anschluss an einen INSERT-, UPDATE- oder DELETE-Befehl automatisch abläuft.

12.1 Transaktionsorientiert arbeiten

Eine Datenbank muss sich stets in einem konsistenten Zustand befinden. Sie ist konsistent, wenn die Daten inhaltlich richtig sind (semantische Integrität). Bei Änderungen im Datenbestand kann es jedoch zu Inkonsistenzen kommen, wenn eine Aktion nicht ordnungsgemäß abgeschlossen werden konnte.

Beispiel: Die Abteilungsleiter wechseln ihre Abteilungen. Die SQL-Anweisungen lauten dazu:

```
UPDATE persdat SET persnr = 1 WHERE abtnr = 2
UPDATE persdat SET persnr = 9 WHERE abtnr = 3
UPDATE persdat SET persnr = 5 WHERE abtnr = 4
```

Tritt bei dieser Änderungsaktion zum Beispiel nach der Ausführung der ersten UPDATE-Anweisung eine Störung infolge eines Plattenfehlers oder durch eine Fehlbedienung auf, befindet sich die Datenbank in einem inkonsistenten Zustand. Der Mitarbeiter Eifer ist dann nämlich Leiter von zwei Abteilungen, während Mitarbeiterin Bind keine Abteilung mehr leitet.
Um sicherzustellen, dass Änderungen im Datenbestand nicht zu Inkonsistenzen führen, können die Änderungsanweisungen in Form einer Transaktion ausgeführt werden. Unter einer **Transaktion** versteht

man eine Folge von SQL-Anweisungen, die logisch zusammengehören. Bei einer transaktionsorientierten Verarbeitung wird nach dem Alles-oder-nichts-Prinzip dafür Sorge getragen, dass die Anweisungsfolge komplett oder gar nicht ausgeführt wird. Eine Ausführung nur einzelner Anweisungen wird verhindert.
Bezogen auf das obige Beispiel der Job-Rotation müsste der Datenbanknutzer dem System mitteilen, dass die SQL-Anweisungsfolge transaktionsorientiert verarbeitet werden soll. Nach der Eingabe der Anweisungen prüft er deren Korrektheit. Findet er Fehler, nimmt er alle vorgesehenen Änderungen mit dem ROLLBACK-Befehl zurück. Sind die Eingaben korrekt, startet er mit dem COMMIT-Kommando die Ausführung.

12.1.1 Transaktionsverarbeitung bei INFORMIX

Voraussetzung für die Transaktionsverarbeitung ist, dass die Datenbank im Transaktionsmodus erstellt worden ist.

Beispiel
Die aktuelle, nicht im Transaktionsmodus erstellte Datenbank wird geschlossen. Anschließend wird mit dem Befehl *CREATE DATABASE datenbankname WITH BUFFERED LOG* eine Datenbank im Transaktionsmodus erstellt.

```
CLOSE DATABASE;                              (A12101)
CREATE DATABASE testdb
WITH BUFFERED LOG
```

Meldung: Database created

In der neu erstellten Datenbank sind noch keine Tabellen und Daten gespeichert.
Geben Sie die Daten mit dem Script *Crins2* ein. Danach können Sie die Transaktionsverarbeitung durchführen, indem Sie sie mit der Anweisung BEGIN WORK einleiten.

Beispiel: In die Datei PERSDAT soll transaktionsorientiert eine neue Zeile eingefügt und geändert werden. Beide Eingaben sollen wieder storniert werden.

```
BEGIN WORK;                                          (A12102)
INSERT INTO persdat (persnr, pname)
  VALUES (55, 'Jung');
UPDATE persdat SET pname = 'Alt'
  WHERE persnr = 55;
ROLLBACK WORK;

SELECT * FROM persdat WHERE persnr = 55              (A12106)
```

Ergebnis: Fehlermeldung

Beispiel: Die Eingaben sollen ausgeführt werden.

```
BEGIN WORK;                                          (A12103)
INSERT INTO persdat (persnr, pname)
  VALUES (55, 'Jung');
UPDATE persdat SET pname = 'Alt'
  WHERE persnr = 55;
COMMIT WORK;

SELECT * FROM persdat WHERE persnr = 55              (A12106)
```

Ergebnis:

PERSNR	PNAME
55	Alt

Beispiel: Die Zeile mit der Personalnummer 55 soll gelöscht werden. Der Löschbefehl wird storniert.

```
BEGIN WORK;                                          (A12104)
DELETE FROM persdat WHERE persnr = 55;
ROLLBACK WORK;
```

```
SELECT * FROM persdat WHERE persnr = 55              (A12106)
```

Ergebnis:

PERSNR	PNAME
55	Alt

Beispiel: Die Löschanweisung wird ausgeführt.

```
BEGIN WORK;                                           (A12105)
DELETE FROM persdat WHERE persnr = 55;
COMMIT WORK;
```

```
SELECT * FROM persdat WHERE persnr = 55          (A12106)
```

Ergebnis: Fehlermeldung

12.1.2 Transaktionsverarbeitung bei ORACLE

In SQL*Plus von ORACLE können eingegebene Anweisungen mit ROLLBACK [WORK] rückgängig gemacht werden. Mit COMMIT oder dem Beenden von SQL*Plus werden die Änderungen festgeschrieben. Wie Sie gespeicherte Anweisungen aufrufen und starten, ist im Abschnitt 13.3 beschrieben.

Beispiel
In die Tabelle *persdat* wird ein neuer Datensatz eingefügt. Die Werte des Satzes werden geändert. Beide Änderungen werden wieder storniert.

```
INSERT INTO persdat (persnr, pname)          (A12102)
VALUES (55,'Jung')
```

Geben Sie den neuen Datensatz aus:

```
SELECT * FROM persdat WHERE persnr = 55  (A12106)
```

Ändern Sie den Namen:

```
UPDATE persdat SET pname = 'Alt'             (A12102a)
WHERE persnr = 55
```

Stornieren Sie beide Anweisungen:

```
ROLLBACK
```

Um festzustellen, dass der neue Datensatz nicht übernommen worden ist, geben Sie die nachstehende SQL-Anweisung ein:

```
SELECT * FROM persdat WHERE persnr = 55    (A12106)
```

Wenn Sie vor der Änderung des Namens die Anweisung *COMMIT* eingeben, wird der Datensatz gespeichert und nur die anschließend erfolgte Änderung des Namens kann mit *ROLLBACK* rückgängig gemacht werden.

12.1.3 Transaktionsverarbeitung bei DB2

Bei der Installation von DB2 wird vorgesehen, dass SQL-Anweisungen automatisch festgeschrieben werden. Um mit ROLLBACK [WORK] vorher eingegebene Anweisungen wieder rückgängig machen zu können, müssen Sie diese Einstellung ändern:

In Menüzeile der Befehlszentrale
-> *Befehlszentrale*
-> *Optionen...*
In *Optionen der Befehlszentrale*
-> Register *Ausführung*
-> *SQL-Anweisungen automatisch festschreiben* deaktivieren
-> *OK*

Danach werden Daten werden erst festgeschrieben, wenn Sie COMMIT [WORK] eingeben oder die Befehlszentrale verlassen.

Beispiel: In die Tabelle *persdat* wird ein neuer Datensatz eingefügt. Die Werte des Satzes werden geändert. Beide Änderungen werden wieder storniert.

```
INSERT INTO persdat (persnr, pname)    (A12102)
VALUES (55,'Jung')
```

Ändern Sie den Namen:

```
UPDATE persdat SET pname = ,Alt'       (A12102a)
WHERE persnr = 55
```

Stornieren Sie beide Anweisungen:

```
        ROLLBACK
```

Informieren Sie sich, dass der neue Datensatz nicht übernommen worden ist:

```
        SELECT * FROM persdat WHERE persnr = 55   (A12106)
```

Wenn Sie vor der Änderung des Namens die Anweisung *COMMIT* eingeben, wird der Datensatz gespeichert und nur die anschließend erfolgte Änderung des Namens kann mit *ROLLBACK* rückgängig gemacht werden.
Wie Sie in DB2 die gespeicherten Anweisungen aufrufen und starten, ist im Abschnitt 13.4 dargestellt.

12.1.4 Transaktionsverarbeitung in der JET-Datenbank

Für die Transaktionsverarbeitung stehen die Methoden *BeginTrans, CommitTrans* und *Rollback* über die DAO-Schnittstelle zur Verfügung. Entsprechende Anweisungen im SQL-Code fehlen.

Beispiel
In die Datei *persdat* wird transaktionsorientiert ein neuer Datensatz eingegeben und danach geändert. In einem Anzeigefeld wird gefragt, ob der Datensatz übernommen werden soll oder ob alle Eingaben rückgängig gemacht werden sollen.
Wichtig: Schreiben Sie jede Anweisung in eine eigene Zeile!

```
Sub Transaktion()                                  (P12101.txt)
        Dim wsp As Workspace
        Dim db As DAO.Database
        Dim rec As DAO.Recordset
        Dim sqlbef As String
        Set wsp = DBEngine.Workspaces(0)               (1)
        Set db = CurrentDB()
        wsp.BeginTrans
        db.Execute "INSERT INTO persdat (persnr, pname)
```

```
            VALUES (55, 'Jung')"
            db.Execute "UPDATE persdat SET pname = 'Alt' WHERE
            persnr = 55"
            sqlbef = "SELECT persnr, pname FROM persdat WHERE
            persnr = 55"
            Set rec = db.OpenRecordset(sqlbef)
            Meldung = MsgBox("Mit Ja übernehmen, mit Nein rück-
                       gängig machen:" & vbCr &
            rec.Fields(0) & " " & rec.Fields(1), 36)
            If Meldung = vbYes Then
            wsp.CommitTrans
            Else
            wsp.Rollback
            End If
            rec.Close
            db.Close
End Sub
```

(1) Transaktionen können nur bezogen auf ein *Workspace*- Objekt ausgeführt werden.

Wie Sie eine Prozedur in ein Modulblatt einfügen und starten, wird im Abschnitt 13.1.2 beschrieben.

12.1.5 Transaktionsverarbeitung mit MySQL

Ab Version 4.1 können Sie jetzt in transaktionssicheren Tabellen die Anweisungen ROLLBACK und COMMIT einsetzen. Transaktionssichere Tabellen vereinbaren Sie mit dem Speichertyp *InnoDB*.

Beispiel: Es wird mit dem Zusatz *TYPE=speichertyp* im *CREATE TABLE*-Befehl die Tabelle *persb* als InnoDB-Tabelle erstellt:

```
CREATE TABLE persb
(persnr SMALLINT NOT NULL,
pname  CHAR(12))
TYPE=InnoDB;
```

Eine ohne TYPE-Zusatz vereinbarte Tabelle wird als MyISAM-Tabelle gespeichert. Bei MyISAM-Tabellen werden Aktualisierungen sofort bei der Ausführung der Aktualisierung auf die Platte gespeichert. Sie können eine MyISAM-Tabelle mit ALTER in einen anderen Typ umwandeln.

Beispiel: Die MyISAM-Tabelle *persdat* in *testdb* wird in eine InnoDB-Tabelle umgewandelt.

```
ALTER TABLE persdat TYPE=Innodb;
```

Beispiel: In der InnoDB-Tabelle *persdat* wird der Nicht-Autocommit-Modus mit *SET AUTOCOMMIT=0* gesetzt, ein neuer Datensatz wird eingegeben und mit ROLLBACK wieder zurückgenommen:

```
SET AUTOCOMMIT=0;
INSERT INTO persdat (persnr, pname) VALUES (55, 'Jung');
ROLLBACK;
```

Mit dem Eintippen des Befehls COMMIT würde die Eingabe gespeichert.

Beispiel: Um zwei (oder mehrere) Anweisungen in einer Transaktion zu verarbeiten, werden die Befehle mit BEGIN (oder BEGIN WORK) eingeleitet:

```
SET AUTOCOMMIT=0;
BEGIN;
INSERT INTO persdat (persnr, pname) VALUES (55, 'Jung');
UPDATE persdat SET pname='Alt' WHERE persnr = 55;
ROLLBACK;
```

12.2 Trigger einsetzen

Als Trigger bezeichnet man eine gespeicherte Prozedur, die automatisch bei der Ausführung einer INSERT-, UPDATE- oder DELETE-Anweisung durchgeführt wird.
Bei ORACLE wird zur Vereinbarung des gewünschten Ergebnisses ein

PL/SQL-Programm benötigt. Da wir in diesem Buch den PL/SQL-Code nicht erklären, besprechen wir auch keine Beispiele. In INFORMIX und in JET wird die Anweisung CREATE TRIGGER nicht eingesetzt. In My-SQL sollen Trigger ab Version 5.1 implementiert werden.

12.2.1 Trigger mit DB2

Vereinbaren Sie für die folgenden Anweisungen, dass die Festschreibung unmittelbar erfolgt.

In Menüzeile der Befehlszentrale
-> *Befehlszentrale*
-> *Optionen...*
In *Optionen der Befehlszentrale*
-> Register *Protokoll*
-> *SQL-Anweisungen automatisch festschreiben* aktivieren
-> *OK*

Die Struktur des Trigger-Befehls in DB2 lautet:

```
CREATE TRIGGER triggername
  AFTER / NO CASCADE BEFORE                  <- Zeitpunkt
  INSERT / DELETE/                           <- Ereignis
  UPDATE OF feldname[, feldname]
  ON tabellenname                            <- Tabelle
  REFERENCING NEW AS name OLD AS name        <- Wechselbeziehung
  FOR EACH ROW MODE DB2SQL/                  <- Datensatz-Trigger
  FOR EACH STATEMENT MODE DB2SQL             <- Befehls-Trigger
  WHEN bedingung                             <- Restriktion
  PL/SQL-Code                                <- Trigger-Programm
```

AFTER legt fest, dass die Trigger-Aktion nach der Durchführung eines INSERT-, DELETE-, UPDATE-Befehls erfolgen soll. Bei NO CASCADE BEFORE wird die Aktion vorher durchgeführt. Beim Datensatz-Trigger erfolgt die Aktion bei jedem Datensatz, bei dem Befehls-Trigger je Anweisung. MODE DB2SQL nennt den derzeit unterstützten DB2-Modus.

Beispiel für *INSERT-* und *DELETE*-Trigger
Die aktuelle Anzahl der Datensätze in der Datei *persdat* soll in der Datei

anzmit automatisch gespeichert stehen. Das wird erreicht, indem bei jedem INSERT eines neuen Datensatzes der Wert in ANZMIT hochgezählt und bei jedem DELETE eines Datensatzes der Wert herabgesetzt wird.

Legen Sie dafür zuerst die Tabelle *anzmit* an mit

```
CREATE TABLE anzmit (anz SMALLINT)                    (A12201.CMD)
```

und geben Sie einen Anfangswert ein:

```
INSERT INTO anzmit VALUES(8)                          (A12202.CMD)
```

Vereinbaren Sie jetzt den INSERT- und den DELETE-Trigger:

```
CREATE TRIGGER zu                                     (A12203.CMD)
          AFTER INSERT ON persdat
          FOR EACH ROW MODE DB2SQL
          UPDATE anzmit SET anz = anz + 1
```

```
CREATE TRIGGER weg                                    (A12204.CMD)
          AFTER DELETE ON persdat
          FOR EACH ROW MODE DB2SQL
          UPDATE anzmit SET anz = anz - 1
```

Zum Testen der Einrichtung geben Sie mit INSERT Datensätze in *persdat* ein und löschen mit DELETE Datensätze in *persdat*. Öffnen Sie *anzmit* und vergewissern Sie sich, dass darin jeweils die aktuelle Anzahl der Datensätze genannt wird.

Beispiel für UPDATE-Trigger

Wenn die Änderung der Gehälter in der Spalte *gehalt* der Tabelle *persdat* 8% übersteigt, soll im Anzeigeteil der Befehlszentrale hinter
Bei der Anwendung kam es zu einem Fehler. Der Diagnosetext lautet:
die Meldung *Mehr als 8% Erhöhung!* ausgegeben werden:

Vereinbaren Sie den UPDATE-Trigger:

```
CREATE TRIGGER fehlmeld
          AFTER UPDATE OF gehalt ON persdat
```

```
REFERENCING NEW AS n OLD AS a                    (1)
FOR EACH ROW MODE DB2SQL
WHEN (n.gehalt >1.08 * a.gehalt)
SIGNAL SQLSTATE '75009'
('Mehr als 8% Erhöhung!')                        (2)
```

(1) Die Tabelle im veränderten Zustand wird mit n (für neu) belegt, die Tabelle im alten Zustand mit a (für alt).

(2) SIGNAL SQLSTATE zeichenkette ('fehlermeldung') wird nur in Trigger-Anweisungen verwendet. Die Zeichenkette muss aus 5 Zeichen bestehen, die Fehlermeldung aus bis zu 70 Zeichen.

Zum Testen erhöhen Sie zum Beispiel das Gehalt des Mitarbeiters Eifer mit der Personalnummer 1 von 3800 € auf 4500 € mit der Anweisung:

```
UPDATE persdat SET gehalt = 4500
WHERE persnr = 1
```

Fehlermeldung: *Bei der Anwendung kam es zu einem Fehler. Der Diagnosetext lautet:*
Mehr als 8% Erhöhung!
Die Erhöhung wird nicht durchgeführt.

13 Arbeits- und Entwicklungsumgebungen

In diesem Kapitel zeigen wir, wie Sie in den einzelnen Datenbanksystemen

- die Datenbank *Testdb* einrichten,
- SQL-Fenster zur Eingabe von SQL-Anweisungen öffnen,
- gespeicherte SQL-Anweisungen aufrufen.

Das Übertragen von Daten aus einem Datenbankformat in ein anderes wird immer wichtiger. Die Übertragung erfolgt in der Regel in zwei Schritten. Zuerst überträgt man die Daten in eine Textdatei. Die Textdatei wird dann in das Datenformat des eigenen Systems übertragen. Deshalb erläutern wir, wie Sie Textdateien importieren.
Darüber hinaus beschreiben wir in Abschnitt 13.1 die verschiedenen Möglichkeiten, wie Sie SQL-Anweisungen in VBA-Applikationen einbetten können.
Im Abschnitt 13.5 setzen wir die ODBC-Schnittstelle ein, um im MS-Office-System auf eine DB2-Datenbank zuzugreifen.

13.1 SQL im Microsoft-Office-System (JET-Datenbank)

SQL-Anweisungen geben Sie entweder im SQL-Fenster der Anwendung Access oder im SQL-Fenster in der Excel-Zusatzanwendung Microsoft Query ein. Wie Sie diese Fenster öffnen, wird in den Abschnitten 13.1.7 und 13.1.8 dargelegt.
Der in anderen Datenbanken verwendete Befehl *CREATE DATABASE* kann im MS-Office-System nicht eingesetzt werden. Stattdessen müssen Sie die JET-Datenbank in einer Prozedur mit dem Befehl *CREATE-*

DATABASE des DAO-Objektes erstellen. In den Prozeduren setzen Sie die objektorientierte Programmiersprache Visual Basic ein, in die Sie auch SQL-Anweisungen einbetten können. Dazu mehr im Abschnitt 13.1.2.

So starten Sie Access / Excel:

Access:	Excel:
In Windows-Arbeitsoberfläche	In Windows-Arbeitsoberfläche
-> *Start*	-> *Start*
-> *Programme*	-> *Programme*
-> *Microsoft Access*	-> *Microsoft Excel*

13.1.1 VBA-Prozeduren einsetzen

Bevor wir darauf eingehen, wie Sie SQL-Anweisungen in VBA-Prozeduren einbetten, geben wir Ihnen einen kurz gefassten Überblick über Visual Basic.
Visual Basic ist eine ab Office 97 in allen Anwendungen des Microsoft-Office-Paketes einsetzbare objektorientierte Programmiersprache. Mit anwendungstypischen Ergänzungen finden Sie Visual Basic in den Anwendungen Access, Excel, Word und Outlook. Man spricht dann von einer Visual-Basic-Applikation (Abkürzung: **VBA**). Visual-Basic-Applikationen enthalten

Visual-Basic-Programmelemente	<- in allen Office-Anwendungen verfügbar
anwendungstypische Sprachelemente die Datenzugriffsobjekte *DAO* und *ADO*	<- in allen Office-Anwendungen verfügbar

Grundbegriffe objektorientierter Programmiersprachen
Visual Basic ist eine objektorientierte Weiterentwicklung der prozeduralen Programmiersprache BASIC. Prozedural bedeutet, dass in einem Programm mit Befehlen der Sprache präzise beschrieben werden muss, wie ein bestimmtes Problem zu lösen ist. Diese Vorgehensweise ist auch in objektorientierten Sprachen erforderlich. In rein prozeduralen Programmiersprachen sind Daten und Prozeduren formal streng voneinander getrennt. Im **Datenbereich** eines Programmes erfolgt die Dekla-

ration der dateiabhängigen oder dateiunabhängigen **Variablen** als numerische Variable, Datums-, Zeit- oder String-Variable. Im **Prozedurenbereich** werden Variablen-Werte manipuliert.
Objektorientierte Programmiersprachen setzen im Prozedurenbereich Objekte ein, auf die man mit der Programmiersprache zugreifen kann. In einem Objekt sind Daten und Prozeduren gekapselt.
Alles was mit Daten und/oder Prozeduren definiert werden kann, kann eine **Objekt-Klasse** sein. Daten bezeichnet man in der objektorientierten Programmierung (OOP) als Eigenschaften, Prozeduren als Methoden.

Beispiele für Objekt-Klassen
Im Microsoft-Office-System sind Anwendungen wie Access, Excel und die darin integrierten Unterobjekte wie zum Beispiel *Tabellen, Mappen, Abfragen, Zellen* solche Objekt-Klassen. Eine Excel-Zelle wird zum Beispiel beschrieben mit den Eigenschaften *Höhe, Breite, Hintergrundfarbe, Schriftart, Schriftfarbe* und den Methoden *Auswählen, Löschen, Drucken.*

Wenn Sie in einer Prozedur mit einem Objekt arbeiten wollen, müssen Sie eine **Objekt-Instanz** erzeugen, indem Sie die Objekt-Klasse einer Variablen zuweisen.

Aufbau von VBA-Prozeduren
VBA-Prozeduren sind durch einen festen Rahmen gekennzeichnet:

> *Sub prozedurname().*
> Deklarationsteil
> Anweisungen / Methoden
> *End Sub*

oder

> *Function funktionsname()*
> Deklarationsteil
> Anweisungen / Methoden
> *End Function*

Deklaration von Variablen
Variablen können in Visual Basic direkt im Code (implizit) eingesetzt oder mit den Geltungsbereichs-Anweisungen *Public, Dim, Private* oder *Static* ausdrücklich (explizit) deklariert werden.

Public-Anweisungen haben den umfassendsten Geltungsbereich. Sie werden stets am Modulanfang vereinbart, also vor der ersten Prozedur. Ihre Variablen können in allen Prozeduren der Arbeitsmappe verwendet werden, auch wenn die Prozeduren in verschiedenen Modulblättern stehen.

Dim-Anweisungen werden entweder am Modulanfang vereinbart oder innerhalb einer Prozedur. Bei der Positionierung am Anfang eines Modulblattes gelten die Variablen innerhalb des Moduls, in dem sie definiert sind, bei der Positionierung innerhalb der Prozedur in dieser Prozedur (lokale Variablen).

Private-Anweisungen werden am Modulanfang definiert. Damit definierte Variablen gelten in allen Prozeduren des Modulblattes. *Private* hat die gleiche Wirkung wie die *Dim*-Anweisung am Modulanfang.

Static-Anweisungen führen dazu, dass beim Prozeduraufruf den Variablen keine Standardwerte zugewiesen werden, sondern ein Wert von jedem Aufruf zum nächsten weitergegeben wird.

Wird die Anweisung ***Option Explicit*** am Modulanfang als erste im Modul eingesetzt, **müssen** alle Variablen explizit definiert werden.

```
Sub BeispielemitWertVariablen()
  Dim Betrag As Integer     <- Explizit deklarierte numerische Variable
                                                                  (1)
  Dim Vorname As String     <- Explizit deklarierte Zeichenketten-Variable
  zahl = 25                 <- Implizit deklarierte numerische Variable
                                                                  (2)
  Betrag = 50000            <- Wertzuweisung an Variable Betrag
  Vorname = "Heinz"         <- Wertzuweisung an Variable Vorname
End Sub
```

(1) Weitere Datentypen sind z. B.: Long, Currency, Single, Boolean, Date, Variant.

(2) Implizit im Programm vereinbarte Variablen gelten nur innerhalb der Prozedur, in der sie vereinbart sind.

Objektvariablen

Neben Variablen, denen im Programmlauf Werte zugewiesen werden, gibt es in Visual Basic Variablen, die einen Verweis auf ein Objekt stellen. Man nennt sie **Objekt-Variablen**. Sie erhöhen die Lesbarkeit eines

Programms. Im Code wird die Objektvariable anstelle der meist längeren Objektdefinition verwendet. Damit ein Bezug zum Objekt hergestellt werden kann, **muss** die **SET-Anweisung** verwendet werden:

```
Sub Prozedurname()
  Dim zobj As Object                <- Allgemeine Objekt-Deklaration
  Dim Db As Database                <- Direkte Objekt-Deklaration:
                                       hier Database
  Set zobj = CreateDatabase(...)    <- Objektzuweisung
  Set Db = CreateDatabase(...)      <- Objektzuweisung
End Sub
```

Visual Basic-Editor

Um Prozedur-Code zu erzeugen, müssen Sie in der Office-Anwendung den *Visual Basic-Editor* aufrufen, zum Beispiel durch [Alt]+[F11]. Im *Visual-Basic-Editor* können Sie aufschlagen:

1. das **Projektfenster:** Es orientiert über die zur Datenbank/Mappe gehörenden Objekte/Module.
   Aufruf: In Microsoft Visual Basic -> Ansicht -> Projekt-Explorer
2. das **Eigenschaftenfenster:** Es nennt die Eigenschaften der Objekte (Tabellen, Module, Formulare, Dialoge) und gestattet deren Bearbeitung.
   Aufruf: In Menüzeile von MS Visual Basic -> Ansicht -> Eigenschaftenfenster
3. **Module:** In den Modulen wird VBA-Programmcode eingegeben.
   Aufruf eines neuen Moduls zur Eingabe von normalem Programmcode:
   In Menüzeile -> Einfügen -> Modul
   Aufruf eines vorhandenen Moduls:
   In Projektfenster Modul1/Modul2 ...   doppelklicken

13.1.2 Mit VBA-Prozeduren eine Datenbank erstellen oder löschen

Wenn Sie eine neue Datenbank mit einer Prozedur erstellen wollen, müssen Sie die DAO-Methode *CREATEDATABASE* verwenden. Damit die Methoden dieses DAO-Objektes verfügbar sind, vereinbaren Sie einen Verweis auf dieses Objekt. Wenn Sie in Access neue Menüpunkte mit einer Prozedur einrichten wollen, wie wir dies in 13.1.5 beschreiben, müssen Sie auch auf die Eigenschaften und Methoden des Objektes *Microsoft Office 9.0 Object Library* zugreifen können. Verweise vereinbaren Sie im *Visual-Basic-Editor* der Anwendung.

Öffnen des *Visual-Basic-Editor* in Excel/Access:
Im Ausgangsfenster der geöffneten Anwendung
-> `Alt` + `F11` eingeben

Einrichten der Verweise:
In *Modul1* bzw. DieseArbeitsmappe
-> *Extras*
-> *Verweise...*
In *Verweise:*
-> *Microsoft DAO 3,6 Object Library* <- Office 2000
-> *Microsoft Office 9.0 Object Library* <- Office 2000
-> *OK*

Um Prozeduren eingeben zu können, müssen Sie ein Modulblatt (Code-Fenster) öffnen:
In Menüzeile von *Microsoft Visual Basic*
-> *Einfügen*
-> *Modul*

Beispiel: Die Prozedur *CrDbUebdb* erstellt die Datenbank *uebdb* im Verzeichnis C:\testdb, das Sie vorher angelegt haben. Geben Sie die Prozedur im Code-Fenster *DieseArbeitsmappe* ein. **Wichtig:** Schreiben Sie jede Anweisung in eine eigene Zeile!

```
Sub CrDbUebdb()                                        (P13101.txt)
    Dim db As DAO.Database                                      (1)
    Set db = CreateDatabase("C:\testdb\uebdb.mdb",
        dbLangGeneral)                                          (2)
End Sub
```

(1) Die Objektvariable db wird deklariert.
(2) Mit CreateDatabase("datenbankname",gebietsschema) wird die Datenbank erstellt. Damit in der Datenbank korrekt sortiert wird,

definiert die Gebietskonstante *dbLangGeneral* die Sortierweise für englische und deutsche Anweisungen.

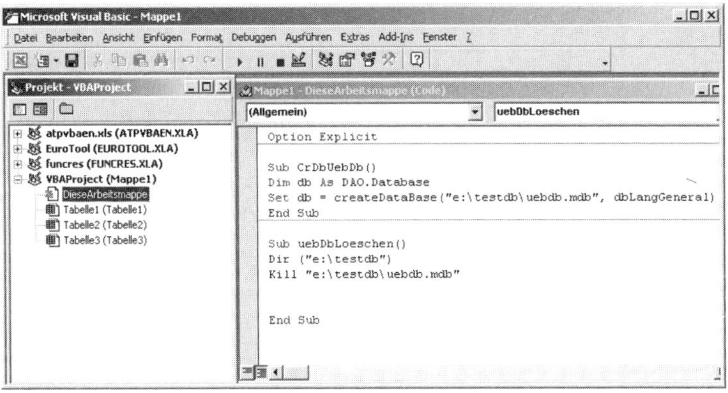

Für die Datenbank Testdb.mdb lautet die Befehlsfolge:

```
Sub CrTestdb()
    Dim db As DAO.Database
    Set db = CreateDatabase("C:\testdb\testdb.mdb",
      dbLangGeneral)
End Sub
```

Sie starten die Prozedur wie folgt:
-> Cursor an eine beliebige Stelle innerhalb der Prozedur stellen
-> Taste F5 drücken

oder verwenden Menübefehle im *Visual Basic-Editor:*
-> *Extras*
-> *Makros...*
In *Makros*
-> Prozedurname
-> *Ausführen*

Sie können aber auch **gespeicherte Prozeduren in ein Modulblatt einladen.** Soll zum Beispiel die Prozedur *P13101.txt*, die in C:\rorosql\kap13 gespeichert ist, einkopiert werden, verfahren Sie wie folgt:

In der Menüzeile bei geöffnetem Modulblatt
-> *Einfügen*
-> *Datei...*
In *Datei einfügen*
-> C:\rorosql oder anderes Speicherverzeichnis
-> Kap13 oder anderes Unterverzeichnis
-> *P13101.txt* oder andere Textdatei
-> *Öffnen*

Das Löschen einer JET-Datenbank erfolgt durch die Anweisung *Kill*:

```
Sub UebdbLoeschen()
       Dir ("C:\testdb")
       Kill "C:\testdb\uebdb.mdb"
End Sub
```

13.1.3 Tabellen und Daten in die Datenbank Testdb übertragen

Die Prozedur *Crins2.txt* überträgt Tabellen in die bereits angelegte Datenbank *Testdb*. Auszug:

```
Sub TabelleninDatenbankTestdbErstellen()          (CrIns2.txt)
          Dim Db As Database
          Set Db = CurrentDb                      (1) oder
          Set Db = OpenDatabase
                 ("C:\testdb\testdb.mdb")         (2)
          Db.Execute ("Create table persdat(persnr SMALLINT
             NOT NULL,
          pname CHAR(12), pvname CHAR(12),geschlecht CHAR(1),
          abtnr SMALLINT, Eintritt DATE, gehalt NUMERIC)")
          Db.Execute ("Insert into persdat Values
             (9,'Bind','Gisela',
            'W',2, #85-05-15#,4500.00)")
          Db.Execute ("Insert into persdat Values
            (8,'Volt','Gerda',
            'W',3, DateValue('1.2.80'),4200.00)")
          ....
          Db.Close
End Sub
```

(1) Wenn Sie die Prozedur im Access-Modul starten, öffnet CURRENTDB die Datenbank.
(2) Starten Sie die Prozedur im Modul einer anderen Anwendung, öffnet OPEN DATABASE die definierte Datenbank.
Set datenbankobjektvariable = [arbeitsbereichobjektvariable.] OpenDatabase("Datenbankname")
Eine Arbeitsbereichsobjektvariable setzen Sie nur dann ein, wenn Sie auf einen anderen Arbeitsbereich als *Workspace(0)* zugreifen wollen.
Wichtig: Schreiben Sie jede Anweisung in eine eigene Zeile!

Um die gespeicherte Prozedur *CrIns2.txt* in das geöffnete Modulblatt einzufügen, verfahren Sie in der oben beschriebenen Weise. Zum Starten der Prozedur positionieren Sie den Cursor an eine beliebige Stelle innerhalb der Prozedur und betätigen die Taste [F5].

13.1.4 SQL-Aktionsanweisungen in VBA-Prozeduren einbetten

Prozeduren zum Einbetten von SQL-Aktionsanweisungen – *CREATE TABLE, ALTER TABLE, DROP TABLE, INSERT INTO, DELETE, UPDATE* – sind anders einzurichten als Prozeduren zum Einbetten von SELECT-Abfragen (Abschnitt 13.1.5). Mit Aktionsanweisungen werden Tabellen angelegt, geändert, gelöscht sowie Daten eingegeben und manipuliert. Für das Einbetten von Aktionsabfragen können Sie unterschiedliche Objekte und Methoden einsetzen. Nur in Access verfügbar ist

Objekt: DoCmd	Methode: RunSQL "sql-anweisung"

In allen Office-Anwendungen einsetzbar sind

Objekt: DAO	Methode: Execute ("sql-anweisung")
Objekt: ADO	Methode: Execute ("sql-anweisung")

DoCmd: Methode RunSQL "sql-anweisung"
Die folgende Prozedur ist nur in Access einsetzbar. Beim Aufruf der Funktion *RunSQLmitInputBox* wird ein Eingabefenster geöffnet, in das Sie eine SQL-Aktionsanweisung eingeben können:

```
Public Function RunSQLmitInputBox()        (P13103.txt)     (1)
          sqlbef = Inputbox
          ("SQL-Aktionsanweisung:")                          (2)
          DoCmd.RunSQL sqlbef                                (3)
End Function
```

(1) Damit die Prozedur in Access auch in einem Menüpunkt aufgerufen werden kann, wird eine benutzerdefinierte Funktion – statt einer Sub-Prozedur – erstellt.

(2) Mit der VB-Anweisung *InputBox* wird ein Dialogfenster zur Eingabe von Informationen zur Verfügung gestellt. Die hier eingegebene SQL-Anweisung wird der Variablen *sqlbef* zugewiesen.
Sie können folgende SQL-Anweisungen eingeben:

Create table	Tabelle anlegen
Alter table	Tabellenstruktur ergänzen, löschen
Drop table	Tabelle löschen
Insert	Daten einfügen
Delete	Daten löschen
Select ... into	Daten aus einer anderen Tabelle übertragen
Update	Daten aktualisieren
Create index	Index anlegen
Drop index	Index löschen

(3) Der in die Variable *sqlbef* eingegebene SQL-Befehl wird ausgeführt.

Wenn Sie die Funktion *RunSQLmitInputBox* häufig einsetzen, können Sie den Aufruf der Funktion einem Menüpunkt zuweisen. In Abschnitt 13.1.5 finden Sie die Prozedur, mit der Sie in der Access-Menüzeile den neuen Hauptmenüpunkt *SQL* und die Untermenüpunkte *Aktions-Anweisung* und *Select-Abfrage* erstellen. Dem Untermenüpunkt *Aktions-Anweisung* ist die Funktion *RunSQLmitInputBox* zugewiesen.

Ein weiteres Beispiel mag die Methode DoCmd.Runsql verdeutlichen. Es soll die Tabelle *ueb9* mit den Feldern *Uebnr, Uebbez, Uebdatum* und *Uebzeit* vereinbart werden. Anders als im Beispiel des Abschnittes 2.5.2 werden auch die Datentypen DATE und TIME verwendet und gezeigt, welche unterschiedlichen Strukturen zur Eingabe der Datums- und Zeitwerte eingesetzt werden können:

```
Sub CrTabelleueb9Erstellen()                          (P13104.txt)
  DoCmd.RunSQL "Create table ueb9(uebnr INTEGER,"&_          (3)
    "uebbez Char(20), uebdatum DATE, uebzeit TIME)"
  DoCmd.RunSQL "Insert into ueb9 Values"&_                   (3)
    "(10, 'Handbuch',DateValue('1.5.99'),"&_                 (3)
    "TimeValue('16:30'))"
  DoCmd.RunSQL "Insert into ueb9 Values"&_                   (3)
    (15, 'Sachbuch',#95-03-30#,#9:10#)"
  DoCmd.RunSQL "Insert into ueb9 Values"&_                   (3)
    (3, 'Katalog','90-02-10','11:25:12')"
End Sub
```

(3) Erläuterung in Punkt (3) unter der Prozedur *Crtabelleueb8*.
Wichtig: Diese Prozedur läuft nur in Access!

DAO: Methode EXECUTE ("sqlanweisung")

Das in jeder Microsoft-Office-Anwendung aufrufbare **DAO-Objekt** (DAO = Data Access Objects) enthält Methoden und Eigenschaften, um eine Datenbank und Tabellen im JET-Format zu erstellen, Daten einzugeben, sie zu suchen, zu ändern und zu löschen. Bevor Sie in einer Office-Anwendung Methoden der DAO-Bibliothek verwenden können, müssen Sie, wie im vorhergehenden Abschnitt bereits angesprochen, in der aktuellen Anwendung einen Verweis auf die DAO-Bibliothek eingerichtet haben.

Beispiel: Tabelle *Ueb8* mit DAO und Methode *Execute* erstellen.

```
Sub Crtabelleueb8()                                    (P13105.txt)
  Dim Db As DAO.Database
  'Set Db = Currentdb                                          (1)
  Set Db = OpenDatabase("C:\testdb\uebdb.mdb")                (2)
  db.Execute "Create table ueb8"&_                            (3)
  (uebnr INTEGER,uebbez CHAR(20),uebdatum DATE, uebzeit TIME)"
  db.Execute "Insert into ueb8 Values"&_                      (3)
  "(10, 'Handbuch',DateValue('1.5.99'),TimeValue('16:30'))" (3)
  db.Execute "Insert into ueb8 Values(15,"&_                  (3)
    "'Sachbuch',#95-03-30#,#9:10#)"
  db.Execute "Insert into ueb8 Values"&_                      (3)
    "(3, 'Katalog','90-02-10','11:25:13')"
End Sub
```

(1) In Access bei geöffneter Datenbank *Uebdb* verwenden.
(2) In anderen Anwendungen, in Access in anderer Datenbank einsetzen.
(3) Erstreckt sich eine Zeichenkette über mehr als eine Zeile, wird jeweils vor dem Zeilenumbruch das Anführungszeichen, eine Leerstelle, &, eine Leerstelle sowie ein Unterstreicher gesetzt. Dann erst wird mittels [↵] der Cursor in die nächste Zeile gesetzt. Mit "wird die Zeichenkette fortgesetzt.

ADO: Methode EXECUTE ("sql-anweisung")
In allen Anwendungen ab *Office 2000* können Sie Methoden des Zugriffsobjektes **ADO** (*ActiveX Data Objects*) einsetzen. Die Datenzugriffstechnologie ADO ist Bestandteil des Gesamtkonzeptes *UDA: Universal Data Access.* ADO erlaubt den Zugriff auf alle Daten, für die eine *OLE-DB* (Object Linking and Embedding Database) zur Verfügung steht. Das oben behandelte DAO wird aber auch weiterhin unterstützt.
Beim Zugriff mit ADO muss ein Verweis auf ADO aktiviert sein:

```
-> Microsoft ActiveX Data Objects 2.1 Library
                             <- Office 2000
```

Sie können die beiden Zugriffsobjekte DAO und ADO auch parallel nebeneinander innerhalb einer Prozedur einsetzen. Dann müssen Sie Verweise auf beide Objekte einrichten und die Objektvariablen explizit definieren:

```
DAO-Objekt:                 ADO-Objekt:
Dim db As DAO.Database      Dim con As ADODB.Connection
```

Beispiel: Tabelle *Ueb7* wird mit *ADO* und der Methode *Execute* erstellt.

```
Sub Crtabelleueb7()                    (P13106.txt)
          Dim con As New ADODB.Connection
          Set con = Application.CurrentProject.Connection (1)
          ' con.provider = "Microsoft.JET.OLEDB.4.0:"     (2)
          ' con.Open "DataSource=C:\testdb\uebdb.mdb;"    (2)
          con.Execute "Create table ueb7 (uebnr INTEGER)"
          con.Close
End Sub
```

(1) In einer geöffneten Access-Datenbank verweist *CurrentProject* im ADO-Objekt auf die aktuelle Datenbank.

(2) In anderen Anwendungen: Die Provider-Eigenschaft liefert den Namen des Datenlieferanten des Connection-Objektes. Sie erfahren in Access den Namen des JET.OLEDB-Providers mit folgender Abfrage:

```
Sub Providername()                    (P13107.txt)
        Dim con As New ADODB.Connection
        Set con = Application.CurrentProject.Connection
        MsgBox con.Provider
End Sub
```

Ein anderer Provider ist Microsoft-SQL-Server: "sqloledb".

(3) Die *Open*-Methode der ADO-Connection öffnet die Verbindung zum Datenlieferanten:
Connectionobjektvariable.open "connectionstring"
[,userid] [,password] (,options]
Mit der *ConnectionString*-Eigenschaft wird der Datenlieferant definiert, zum *Beispiel:*
con.Open "DataSource = C:\testdb\uebdb.mdb;"

13.1.5 SELECT-Abfrage in eine Prozedur einbetten

Der Aufruf des SQL-Fensters in Access ist zeitraubend. Wir beschreiben deshalb die Funktion *Selectabfrage,* mit der Sie in Access ein Eingabefenster öffnen, in dem Sie SELECT-Anweisungen eingeben können.

Funktion *Selectabfrage* in Access
Zur Vereinfachung der Eingabe beliebiger SELECT-Anweisungen soll die Funktion *Selectabfrage* dienen. Geben Sie sie im Modulfenster der Datenbank *Testdb* ein:

```
Public Function Selectabfrage()                        (P13108.txt)
     Dim Db As DAO.Database
     Dim qu As DAO.QueryDef                            (1)
     Dim sqlbef As String
     Set Db = CurrentDb                                (2)
```

```
          sqlbef = InputBox("SELECT-Anweisung:")              (3)
          Set qu = Db.CreateQueryDef("selaktuell", sqlbef)(4)
                                                               (4)
          DoCmd.OpenQuery "selaktuell", acViewNormal          (5)
          SendKeys "%{F11}"                                   (6)
          Db.QueryDefs.Delete qu.Name                         (7)
          qu.Close
          Db.Close
End Function
```

(1) Ein *Querydef*-Objekt speichert die Definition einer Abfrage in einer JET-Datenbank.

(2) Wenn Sie die Prozedur von Excel aus aufrufen wollen, lautet die Anweisung Set db = OpenDatabase("C:\testdb\testdb.mdb")

(3) Mit der Funktion *InputBox()* wird ein Dialogfeld zur Eingabe von Daten angezeigt. Die SQL-Anweisung wird der Variablen *sqlbef* zugewiesen.

(4) Die Abfrage wird mit der Methode *CreateQueryDef* eingerichtet und erhält den Namen *Selaktuell*. Syntax:
Set QuerydefObjektvariable = Datenbankobjektvariable.CreateQuerydef (Name, SQL-Text)

(5) Die Methode *OpenQuery abfragename [, Ansicht] [, Datenmodus]* führt in der Access-Datenbank das integrierte Makro *ÖffnenAbfrage* durch. Damit werden Daten im Fenster *Auswahlabfrage* angezeigt. Zur Definition der Ansicht werden DoCmd-Objektkonstanten eingesetzt:

acViewNormal	(Standard: Datenblattansicht),
acViewDesign	(Entwurfsansicht) oder
acViewPreview	(Seitenvorschau).

Zur Definition des Datenmodus werden die Konstanten

acAdd	Modus zur Dateneingabe
acEdit	Standard-Modus zum Manipulieren
acReadOnly	Nur-Lese-Anzeige

(6) Die Anweisung *SendKeys tastendefinition [, True/False]* sendet eine Tastenfolge an das aktive Fenster: Das Prozentzeichen % steht für die Taste `Alt`, *F11* für die Funktionstaste `F11`.
Mit `Alt` + `F11` wird beim Start aus dem Modulfenster das Anzeigefenster aufgeschlagen.

Wenn die Anweisung mit True ergänzt wird – SendKeys "%{F11}", True – wird nach der Ausführung der Tastenfolge wieder das Modulblatt angezeigt. False ist die Voreinstellung.

(7) Mit Delete wird die Abfrage *Selaktuell* wieder gelöscht, damit der Abfragename *Selaktuell* für weitere Abfragen genutzt werden kann. Wenn *Selaktuell* aus irgendeinem Grund nicht gelöscht worden ist, müssen Sie diese Abfrage entweder im Access-Fenster *Abfragen* oder mit einer Prozedur löschen.

***Selaktuell* im Fenster *Abfragen* löschen:**

In *Abfragen*
-> Selaktuell rechtsklicken
In Kontextmenü
-> *Löschen*

***Selaktuell* mit Prozedur löschen:**

```
Sub DeleteSelaktuell()                              (P13109.txt)
          Dim Db As DAO.Database
          Dim qu As DAO.QueryDef
          Set Db = CurrentDb
          Set qu = Db.QueryDefs("selaktuell")
          Db.QueryDefs.Delete qu.Name
          qu.Close
          Db.Close
End Sub
```

Wenn Sie die Funktion in einem Menüpunkt eines Access-Ausgabefensters aufrufen wollen, vereinbaren Sie in der Datenbank *testdb* für die Funktion *Selectabfrage* den Untermenüpunkt *Select-Abfrage* in dem Hauptmenüpunkt *SQL.*

VBA-Funktionen einem Menüpunkt zuweisen

Möchten Sie die Funktionen *RUNSQLmitInputBox* und *Selectabfrage* aus dem Hauptmenü von Access aufrufen, sollten Sie dort eine Schaltfläche *SQL* installieren. Sie besitzt die Untermenüpunkte *Aktions-Anweisung* und *Select-Abfrage.* Geben Sie in Access die folgende Prozedur im Modul der Datenbank *testdb* ein, in der auch die Funktionen *RunSQLmitInputBox* und *Selectabfrage* gespeichert sind:

```
Sub MenüpunktSQLmitUntermenüpunktenErstellen()    (P13110.txt)
          Dim cbb As CommandBarButton                        (1)
          Application.CommandBars("Menu
          Bar").Controls.Add(Type:= _                        (2)
          msoControlPopup, Before:=6).Caption = "&SQL"
          With CommandBars("Menu Bar").Controls("SQL")
          Set cbb = .Controls.Add                            (3)
          cbb.Caption = "Aktions-Anweisung"
          cbb.OnAction = "RunSQLmitInputBox"
          Set cbb = .Controls.Add                            (3)
          cbb.Caption = "Select-Abfrage"
          cbb.OnAction = "Selectabfrage"
          End With
End Sub
```

(1) *CommandBarButton* ist das Objekt für einen Menüpunkt.

(2) *CommandBars("Menu Bar")* greift auf die Menüleiste zu. Mit *Controls.Add()* wird ein neuer Hauptmenüpunkt vereinbart, der – *Before:=6* – als neuer 5. Menüpunkt installiert wird und – *Caption = "&SQL"* – *SQL* heißt. *MsoControlPopup* legt fest, dass Untermenüpunkte eingerichtet werden.

(3) Ein Untermenüpunkt wird hinzugefügt. Mit *Caption* wird er benannt, mit *OnAction* wird dem Untermenüpunkt die Prozedur zugewiesen.

Starten Sie die Prozedur mit [F5].

So können Sie den neuen Menüpunkt wieder entfernen:

In Menüzeile	
-> Hauptmenüpunkt *SQL*	rechtsklicken
In Kontextmenü	
-> *Anpassen...*	
In Menüzeile nochmals	
-> Hauptmenüpunkt *SQL*	rechtsklicken
In Kontextmenü	
-> *Löschen*	
In *Anpassen*	
-> *Schließen*	

Um den Menüpunkt wieder zu entfernen, können Sie auch die nachstehende Prozedur starten, die den Ursprungszustand der Menüleiste wieder herstellt:

```
MenüleisteWiederherstellen()                              (P13111.txt)
          CommandBars("Menu Bar").Reset
End Sub
```

13.1.6 Ergebnis einer SELECT-Abfrage in einem Excel-Tabellenblatt ausgeben

Oftmals besteht die Notwendigkeit, dass Daten aus einer Datenbank in Excel weiterverarbeitet werden müssen. Wir zeigen, wie Sie von Excel aus die Ergebnisse einer SELECT-Abfrage in ein Excel-Tabellenblatt einlesen. Natürlich muss in Excel ein entsprechender Verweis gegeben sein. Die im Ordner *Kap13* gespeicherte Excel-Mappe *VonAcc.XLS* weist im Modulblatt folgenden Verweis auf:

Microsoft Access 9.0 Object Library   <- für Access 2000

Beispiel: Im Excel-Tabellenblatt werden alle Mitarbeiter der Abteilung 3 angezeigt, die in der Tabelle *persdat* der Datenbank *testdb* gespeichert sind.

Die benötigten Objektvariablen definieren Sie am Modulanfang, damit sie sowohl in der Prozedur *MitarbeiterAbteilung3inTabellenblattAnzeigen* als auch in der Prozedur *FeldnamenAnzeigen* gelten:

Dim db As DAO.Database
Dim rec As DAO.Recordset
Dim sqlbef AS String

Geben Sie die Prozedur im Excel-Modulblatt ein:

```
Sub MitarbeiterAbteilung3in
    Tabellenblattanzeigen()                    (P13112.txt)      (1)
    Set db = OpenDatabase("C:\testdb\testdb.mdb")
    sqlbef = "Select * from persdat where abtnr = 3"
```

```
    Set rec = db.OpenRecordset(sqlbef)                    (2)
         FeldnamenAnzeigen                                (3)
         Worksheets("Tabelle1").Range("A2").
            CopyFromRecordset rec                         (4)
         rec.Close
         db.Close
End Sub
```

(1) Falls der Anzeigebereich jeweils vorher gelöscht werden soll, sind folgende Anweisungen direkt unterhalb des Prozedurnamens einzugeben:
Worksheets("Tabelle1").Select
Range("A1:G20").Select
Range("A1").Select
Selection.ClearContents

(2) Mit der Methode *OpenRecordset* wird ein neues *Recordset*-Objekt erstellt. Syntax: *SET recordsetobjektvariable = datenbankobjektvariable.OpenRecordset (sql-anweisung)*
Das Objekt *Recordset* stellt alle Datensätze einer Tabelle dar oder die Datensätze, die das Ergebnis einer Abfrage sind.

(3) In Excel werden die Datensätze ohne Spaltenüberschriften ausgegeben. Um das zu ändern, wird das Unterprogramm *FeldnamenAnzeigen* aufgerufen.

```
Sub FeldnamenAnzeigen)              (in P13112.txt)
         Dim anz As SMALLINT
         Dim i As SMALLINT
         anz = rec.Fields.Count                           (a)
         For i = 0 To anz - 1                             (b)
         Selection.Cells(1, i+1) = rec.
            Fields.Item(i).Name                           (c)
         Next
End Sub
```

(a) Mit *Count* wird die Gesamtanzahl der Tabellenfelder festgestellt und in der Variablen *anz* gespeichert.

(b) Da die Anzahl der Felder nicht ab 1, sondern ab 0 gezählt wird, wird der Wert in *anz* um 1 vermindert.

(c) *Rec.Fields.Item(0).Name* gibt den Namen des 1. Datenfeldes aus. *Selection* bedeutet, dass die Werte in das im Hauptprogramm ausgewählte Tabellenblatt *Tabelle1* übertragen werden sollen.
Wichtig: Schreiben Sie diese Anweisung in eine eigene Zeile!
In den mit *Cells(zeile,spalte)* definierten Zellen werden die *Item(i)* zugehörigen Spaltenüberschriften angezeigt.

(4) Die Methode *CopyFromRecordset* kopiert den Inhalt eines *Recordset*-Objektes in ein Excel-Tabellenblatt.
Syntax:
RangeObjectDefinition.CopyFromRecordset(Quelle [MaxRows] [,MaxColumns])
Mit *Max...* wird die maximale Anzahl der Datensätze und/oder der Datenfelder bestimmt.
Wichtig: Schreiben Sie diese Anweisung in eine eigene Zeile!

13.1.7 SQL-Fenster in MS Access öffnen und SQL-Anweisungen eingeben

Im Fenster *Microsoft Access* der gestarteten Anwendung Access
-> gewünschte Datenbank wählen <- Uebdb.mdb / Testdb.mdb
In dem Fenster *x : Datenbank*
-> Objekt *Abfragen*
-> Erstellt eine neue Abfrage in der Entwurfsansicht markieren
-> Schaltfläche *Entwurf*
In *Tabelle anzeigen*
-> *Schließen*
In Menüzeile von *Microsoft Access*
-> *Ansicht*
-> *SQL-Ansicht*
In *Abfrage 1 : Auswahlabfrage*
-> SQL-Anweisung eingeben

SQL-Anweisung ausführen:
In Menüzeile
-> *Abfrage*
-> *Ausführen*

13.1.8 SQL-Fenster in MS Query öffnen und SQL-Anweisungen eingeben

In Menüzeile von Excel
-> *Daten*
-> *Externe Daten*
-> *Neue Abfrage erstellen ...*
In *Datenquelle auswählen* der Anwendung *Microsoft Query*
-> *Microsoft-Access-Datenbank*
-> *OK*
In *Datenbank auswählen* der Anwendung *Microsoft Query*
-> gewünschtes Verzeichnis auswählen <- unter *Verzeichnisse*: z. B. *C:\testdb*
-> gewünschte Datenbank auswählen <- unter *Datenbankname: Uebdb.mdb*
-> *OK*
In *Tabellen hinzufügen* der Anwendung *Microsoft Query*
-> gewünschte Tabelle auswählen
-> *Hinzufügen*
-> *Schließen*
In Menüzeile der Anwendung *Microsoft Query*
-> *Datei*
-> *SQL ausführen...*
Im Fenster *SQL ausführen*
-> SQL-Anweisung eingeben
-> *OK*
Meldung über die Unmöglichkeit der grafischen Darstellung mit *OK* bestätigen

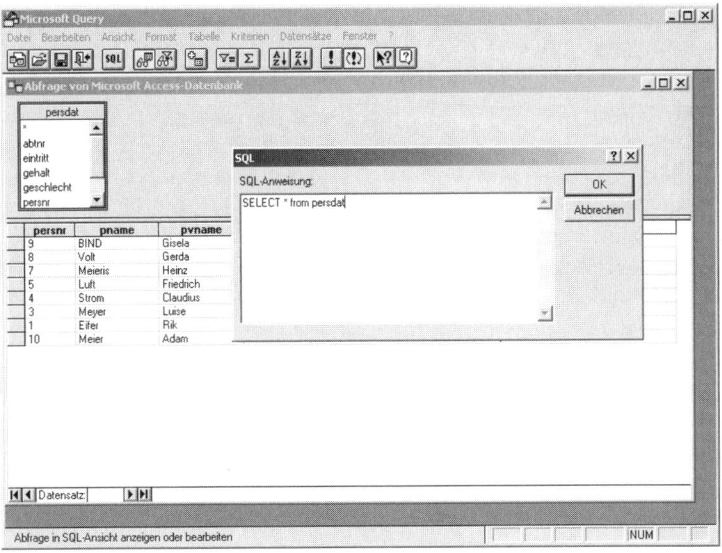

13.1.9 SQL-Anweisung in QRT-Datei

SQL-Anweisungen, die in einer Datei vom Typ *.qrt gespeichert sind, können Sie im SQL-Fenster von Microsoft Query aufrufen und ausführen. Die SQL-Anweisungen erstellen Sie entweder im SQL-Fenster oder mit einem ASCII-Editor.

Die im Buch beschriebenen und mit Axxxx, Uexxxx und CRxxx definierten SQL-Anweisungen sind mit dem Dateityp **.qrt* gespeichert. Um auf sie zuzugreifen, öffnen Sie in dem SQL-Fenster von MS Query die gespeicherte Datei im Fenster *SQL ausführen*:

Im Fenster *SQL ausführen*
-> *Öffnen...*
In *Abfrage öffnen*
-> gewünschtes Verzeichnis auswählen   <- hinter *Suchen in:* z. B. A:\kap2
-> SQL-Datei (*.qrt)   <- hinter Dateityp
-> Dateinamen, z. B. A2301.qrt   <- eingeben oder klicken
> *Öffnen*

Zum Speichern der im Fenster *SQL ausführen* eingegebenen SQL-Anweisungen verfahren Sie wie folgt:

Im Fenster *SQL ausführen*
-> *Speichern...*
In *Speichern unter*
-> gewünschtes Verzeichnis auswählen <- hinter *Speichern in*: z. B. C:\kap4
-> SQL-Datei (*.qrt) <- hinter Dateityp
-> Dateinamen, z. B. TAnweisg.qrt <- eingeben
-> *Speichern*

Beim Speichern einer mit einem ASCII-Editor erstellten SQL-Anweisung müssen Sie darauf achten, dass in der Dialogzeile **Dateityp** des Speichern-Fensters die Voreinstellung auf *Alle Dateien* steht. Bei der Standardeinstellung Textdateien (*.txt) würde das System die Datei unter *dateiname.qrt.txt* speichern:

13.1.10 Textdateien importieren

Möchten Sie Daten, die in einer Textdatei gespeichert sind, in eine bestehende Access-Tabelle importieren, rufen Sie in Access im Menüpunkt **Datei** die Funktion **Externe Daten/Importieren** auf. Im Importfenster bestimmen Sie die Datei, deren Inhalt in eine Tabelle

übernommen werden soll, und betätigen die Schaltfläche *Importieren*. Access untersucht, in welcher Weise die einzelnen Satzelemente voneinander getrennt sind, und schlägt ein Format vor. Mittels *Weiter* wird das Ergebnis der Satzaufteilung angezeigt.
Im darauf folgenden Fenster des Textimport-Assistenten bestimmen Sie die Tabelle, in die die Daten einzutragen sind. Mittels der Schaltfläche *Fertig stellen* schließlich starten Sie den Datenimport.

13.2 SQL in INFORMIX

Informix-SQL wird in einer Vielzahl von Datenbankprodukten der Firma Informix angeboten. Für dieses Buch wurde das Datenbanksystem Informix Dynamic Server (IDS) 7.3 herangezogen, das auf nahezu allen Mehrplatzsystemen läuft. Es verwaltet für die Clients eine oder mehrere Datenbanken. Bevor Sie auf eine Datenbank zugreifen können, müssen Sie einen Datenbankserver auswählen. Sie können einen Standardserver, der bei der Installation von IDS angelegt wird, verwenden oder auch einen Server starten, den Sie mittels der Funktion *Server Instance Manager* angelegt haben.

Anlegen einer Serverinstanz
-> *Start*
-> *Programme*
->*Informix*
-> *Server Instance Manager*
Im Dialogfeld *Server Instances*
Option *Typical* übernehmen
-> Schaltfläche *Create New*
als Server Number vorgeschlagene Nummer übernehmen
-> *Weiter*
im Fenster *Name the Dynamic Server* Name für den Server eingeben, z. B. *server2*
-> *Weiter*
im Fenster *TCP Sockets* ... als *Service Name* z. B. turbo eingeben
als *Port Number* z. B. 1526 eintragen
-> *Weiter*
im Fenster *System Administration* können Sie das Passwort übernehmen oder ein neues eintragen.

-> *Weiter*
-> *Fertig stellen*

Anschließend initialisieren Sie den Informix Dynamic Server.

Zur Einstellung auf deutsche Formate sind im Befehls-Script die Umgebungsvariablen mit den entsprechenden Werten zu setzen. Dazu bearbeiten Sie die Script-Datei, die den Namen des Servers trägt, im Verzeichnis *Laufwerk:\Program Files\informix*, indem Sie folgende Einträge vornehmen bzw. vorgegebene Einträge verändern.

```
SET DBMONEY=.            (1)
SET DBDATE=DMY4          (2)
SET DBPRINT=LPT1         (3)
```

(1) Legt den Dezimalpunkt als Trenner für Dezimalzahlen fest.
(2) Definiert das Ausgabeformat des Datums als tt/mm/jjjj.
(3) Vereinbart die Schnittstelle LPT1.

13.2.1 INFORMIX-SQL starten und Datenbank anlegen

Starten Sie INFORMIX im Windows-Desktop
-> *Programme*
-> *Informix*
-> *server2*

Nach dem Start des Servers wird ein Dialogfenster geöffnet, über das die Kommandos eingegeben werden. Die Eingabe von *DBAccess* (Zugriff auf die Datenbank) öffnet das DBAccess-Fenster. Es sorgt für die Verbindung zur Datenbank und ermöglicht den Zugriff auf die Daten.

Im DBAccess-Fenster werden mehrere Menüpunkte zur Auswahl gestellt. Die einzelnen Menüpunkte steuern Sie mittels der Leertaste an. Die Auswahl erfolgt durch [↵]. Zuerst ist jeweils die Verbindung zum Datenbank-Server herzustellen. Das erfolgt über den Menüpunkt Connection. Wählen Sie den Servernamen aus, zum Beispiel *server2*. Der Benutzername und das Passwort sind einzugeben. Wurde bei der Einrichtung der Serverinstanz die Standardeinstellung übernommen, geben Sie jeweils *informix* ein. Anschließend bietet DBAccess Ihnen zwei Grund-Datenbanken an. Wählen Sie beispielsweise sysmaster @server2.

Hinter SELECT DATABASE	
-> sysmaster@server2	auswählen, [↵]
Hinter CONNECTION	
-> Exit	auswählen, [↵]

Das System meldet zurück: *Database selected*. Über den Menüpunkt Exit kehren Sie in das Hauptmenü zurück.

Um die Datenbank Testdb anzulegen, verfahren Sie wie folgt:

Hinter DBAccess:	
-> Query Language	auswählen, [↵]
Hinter SQL	
-> New	auswählen, [↵]
In Eingabefenster	
CREATE DATABASE testdb	eingeben
->Taste *Esc*	
-> Run	auswählen, [↵]
Meldung: Database created	

Wenn Sie INFORMIX nach der Anlage der Datenbank *Testdb* starten, wählen Sie für das Arbeiten mit dieser Datenbank im Untermenü *Database* die zu bearbeitende Datenbank aus.

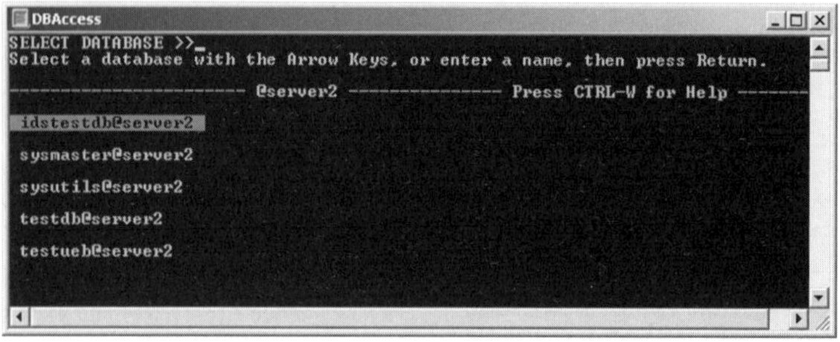

13.2.2 Tabellen und Daten in die Datenbank Testdb übertragen

Zum Anlegen der Tabellen und zum Einfügen von Daten in die Datenbank *Testdb* haben wir die Datei *Crins2.SQL* eingerichtet. In der Datei *Crins2.SQL* wird mit Ausnahme der letzten jede Anweisung mit einem Semikolon abgeschlossen. Die Datumsformate sind im Datumsformat der deutschen Fassung eingesetzt: tt.mm.jjjj.

(Crins2.sql)

```
CREATE TABLE persdat
  (persnr       SMALLINT NOT NULL,
  pname         CHAR(13),
  pvname        CHAR(13),
  geschlecht    CHAR(1),
  abtnr         SMALLINT,
  eintritt      DATE,
  gehalt        DECIMAL(8,2) );
INSERT INTO persdat VALUES
(9,'BIND','Gisela','W',2,'15.05.1985',4000.00);
INSERT INTO persdat VALUES
(8,'Volt','Gerda','W',3,'01.02.1980',4200.00);
usw.
```

Wenn Sie *CrIns2.SQL* in C:\rorosql\kap13 gespeichert haben, übernehmen Sie die Daten mit den folgenden Befehlen:

Im Hauptmenü hinter DBAccess:
-> Query Language auswählen, ↵
Hinter SQL
-> Choose auswählen, ↵
Hinter CHOOSE
-> C:\rorosql\kap13\Crins2 eingeben, ↵

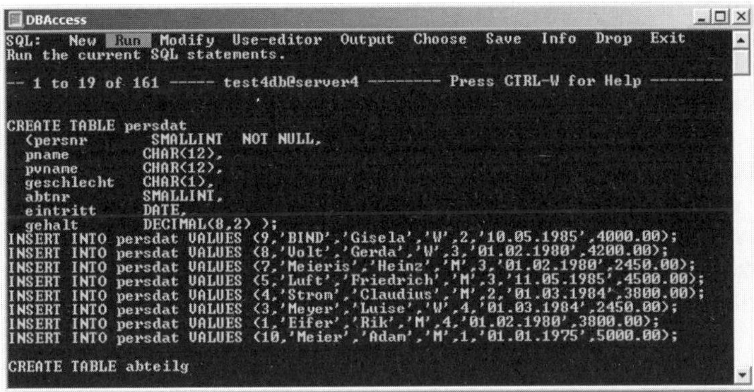

Hinter SQL
-> Run auswählen, ↵

Schauen Sie sich nach der Eingabe die Daten der Tabelle *persdat* an:

Hinter SQL
-> New auswählen, ↵
In Eingabefenster
SELECT * FROM persdat eingeben
->Taste Esc
-> Run auswählen, ↵

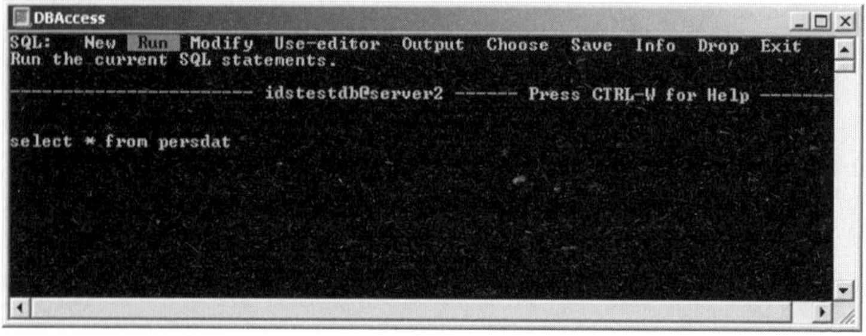

Mittels **Use-Editor** rufen Sie den Standard-Editor auf, bei Windows zum Beispiel *NotePad*, um die SQL-Anweisungen zu editieren. Beim Schließen des Editors wird der Text in das DBAccess-Fenster übernommen. Mittels des Kommandos **Run** wird die Anweisung ausgeführt. Durch das Kommando **Save** im Untermenü SQL veranlassen Sie die Speicherung des Anweisungstextes.

13.2.3 Kommandodatei aufrufen

Sind die Kommandodateien in dem Ordner abgelegt, in dem auch das Befehlsscript des Datenbank-Servers gespeichert ist, werden Ihnen bei der Anwahl der Funktion **Choose** die Dateinamen angezeigt. Das Standardverzeichnis lautet *Laufwerk:\Program files\informix*. Nach der Auswahl der Kommandodatei wird der Anweisungstext angezeigt. Ihn können Sie modifizieren oder mittels des Kommandos **Run** ausführen:

Hinter SQL
-> Choose — auswählen, ↵
Hinter CHOOSE
-> A4301 — zum Beispiel eingeben
Hinter SQL
-> Run

13.2.4 Textdatei importieren

Ist die Struktur einer Tabelle angelegt, können die Daten aus einer Textdatei mit variabler Länge in diese Tabelle übertragen werden. Dazu verwenden Sie den Befehl LOAD, den Sie in das SQL-Fenster eingeben.

Syntax:
LOAD FROM "Pfadname:\dateiname" DELIMITER "Trennzeichen"
INSERT INTO Tabellenname

Als Delimiter ist das Zeichen anzugeben, durch das die einzelnen Satzelemente der einzulesenden Textdatei voneinander getrennt sind.

Beispiel: In C:\rorosql\kap13 sei die Textdatei Persdat.SQL gespeichert mit 2 Sätzen:

34,Haarmann,Kurt,M,4,18.02.1998,5000 (Persdat.sql)
35,Jansen,Karla,W,3,23.05.1989,6000

Importieren Sie diese Datensätze in die Datenbanktabelle *persdat*:

Hinter SQL
-> New auswählen, ↵
In Eingabefenster
LOAD FROM "C:\rorosql\kap13\persdat.sql" (1)
DELIMITER "," INSERT INTO persdat eingeben
-> Taste Esc
-> Run auswählen, ↵
(1) Die Anweisungsfolge ist gespeichert in loadpers.TXT.

13.3 SQL in ORACLE

Wir haben eine Version von ORACLE 8/Enterprise Edition mit Datenbank und mit dem Dienstprogramm *SQL*Plus* im Betriebssystem *Windows NT/Windows 2000* installiert und bei der Installation als *Globalen Datennamen* und *SID*-Namen (SID = System Identifier) *orasql* eingegeben. Eine 30-Tage-Testversion können Sie aus dem Internet herunterladen.
*SQL*PLus* – eines der vielen ORACLE-Werkzeuge – ist ein interaktiver SQL-Interpreter. In *SQL*Plus* arbeiten Sie mit SQL-Anweisungen und ORACLE-spezifischen Erweiterungen. Die Erweiterungen gestatten zum Beispiel das Speichern von SQL-Anweisungen, den Abruf gespeicherter Anweisungen, das Schreiben von Reports und mehr. Wir beschreiben anschließend ausschließlich die Arbeit in diesem Werkzeug. Wir gehen nicht ein auf die Einbettung der SQL-Anweisungen in die ab ORACLE 6 implementierte Programmiersprache PL/SQL.

13.3.1 SQL*Plus in ORACLE starten

Sie starten SQL*Plus im Windows-NT-Desktop:

Im Desktop
-> *Start*
-> *Programme*
-> *Oracle für Windows NT / Oracle – Orahome81*
-> *Application Development*
-> *SQL Plus*

Nach dem Start von SQL*Plus werden Sie aufgefordert, die Berechtigungsnamen einzugeben. Bei der Installation von ORACLE sind für den Erstzugang mit Datenbankmanager-Autorität eingerichtet worden:

	1.	2.
User-Name:	system	sys
Passwort:	manager	change_on_install

In Kapitel 11 haben wir erklärt, wie Sie diese Erstzugangs-Passwörter ändern können.
Unter der Voraussetzung, dass Sie die Erstzugangs-Berechtigungen nicht geändert haben, melden Sie sich an mit

User-Name:	system
Passwort:	manager
Host-Zeichenfolge:	orasql

Nach Eingabe der korrekten Berechtigungen meldet sich SQL*Plus mit seinem Bereitschaftszeichen

```
SQL>
```

Dahinter können Sie SQL- und SQL*Plus-Anweisungen eingeben.

Beispiel: Sie erstellen in der implementierten Datenbank *oracle* die Tabelle *ue*. Geben Sie die Anweisung mit dem Semikolon am Anweisungsende ein:

```
SQL> CREATE TABLE ue                                   (A13301)
        2 (uenr    Integer,                               (1)
        3 uename   Char(15));                             (2)
```

(1) Die Zeilennummern 2, 3 usw. werden automatisch gesetzt, wenn Sie mit der Eingabetaste in die nächste Zeile wechseln.
(2) Mit der Eingabe des Semikolons wird die Anweisung beendet.

Sie starten die Anweisung mit der Eingabetaste.
Meldung: Tabelle wurde angelegt.

Beispiel: Sie geben SQL*Plus-Anweisungen ohne Semikolon am Ende ein.

```
        SQL> Describe ue                                  (1)
```

(1) Mit *Desc(ribe) tabellenname* wird die Tabellenstruktur angezeigt.

Beispiel: Sie wollen wissen, welche Tabellen in der Datenbank gespeichert sind. Damit Sie die Informationen besser lesen können, speichern Sie die Ergebnisausgaben in einer Textdatei.

```
SQL> SPO tname.txt                                        (1)
SQL> SELECT table_name FROM user_tables;                  (2)
SQL> HOST                                                 (3)
C:\oracle\ora81\BIN> Edit tname.txt                       (4)
```

(1) Die Anweisung SPO[OL] dateiname speichert das Bildschirmergebnis in der Datei tname.txt.
(2) Im ORACLE-DATA DICTIONARY wird auf die Tabelle user_tables zugegriffen und daraus die Spalte table_name ausgegeben.
(3) Mit HOST wird zu DOS verzweigt.
(4) In DOS wird mit dem Editor die Textdatei aufgerufen.

SQL*Plus beenden Sie mit

```
SQL> EXIT                                                  oder
SQL> QUIT
```

13.3.2 Tabellen und Daten in die Datenbank übertragen

Zum Anlegen der Tabellen und zum Einfügen von Daten in die Datenbank *Testdb* haben wir die Datei *Crins2.ORA* eingerichtet. In dieser Datei schließt jede Einzelanweisung mit einem Semikolon ab. Die Datumsformate sind im ORACLE-Datumsformat der deutschen Fassung eingesetzt: MÄR statt MAR, MAI statt MAY, OKT statt OCT und DEZ statt DEC. Gegebenenfalls müssen Sie dies ändern, wenn Sie mit einer anderen ORACLE-Version arbeiten. Auszug:

```
CREATE TABLE persdat                                  (Crins2.ORA)
  (persnr      SMALLINT NOT NULL,
   pname       CHAR(13),
   pvname      CHAR(13),
   geschlecht  CHAR(1),
   abtnr       SMALLINT,
   eintritt    DATE,
   gehalt      DECIMAL(8,2) );
INSERT INTO persdat VALUES (9,'BIND','Gisela','W',2,'15-mai-
85',4000.00);
INSERT INTO persdat VALUES (8,'Volt','Gerda','W',3,'01-feb-
80',4200.00);
usw.
```

In der folgenden Befehlszeile wird unterstellt, dass diese Datei in C:\rorosql\kap13 gespeichert ist. *Crins2.ORA* wird mit dem SQL*Plus-Befehl *STA[RT] dateiname[.ext]* ausgeführt. Geben Sie hinter dem Bereitschaftszeichen ohne Semikolon am Anweisungsende ein:

SQL>START C:\rorosql\kap13\crins2.ora ↵

13.3.3 Kommandodatei aufrufen

Die in diesem Buch besprochenen SQL-Anweisungen sind in Dateien mit dem Zusatz .ORA gespeichert. Sie rufen diese Dateien entweder zur unmittelbaren Durchführung mit START auf durch:

SQL>START C:\rorosql\kap4\a4301.ora eingeben, ↵

oder laden die Dateien mit *GET dateiname[.ora]* und führen sie dann mit R[un] aus:

SQL>GET C:\rorosql\kap4\ a4301.ora eingeben, [↵]
1* SELECT DISTINCT eintritt FROM persdat <- Anzeige
SQL>RUN eingeben, [↵]

Wenn Sie die gespeicherten Anweisungen in das Verzeichnis C:\Oracle\Ora81\BIN laden, ist es nicht mehr erforderlich, dass Sie bei der Eingabe der Befehle START und GET das Verzeichnis angeben. Es genügt dann die Eingabe

SQL>START a4301.ora eingeben, [↵]

13.3.4 Textdatei importieren

Die Textdatei *abteilg.ORA* mit variabler Länge enthält zwei Zeilen. Die Zeilen sind mit CR/LF, die Inhalte der beiden Datenfelder in den Zeilen sind mit Komma getrennt. Die Datei ist in C:\rorosql\kap13 gespeichert.

9,Versand (Abteilg.ORA)
8,Sekretariat

Diese Datensätze sollen an die vorhandene Tabelle *abteilg* angehängt werden.Dies erfolgt mit der LOADER-Steuerdatei *Loadabte.CTL*. Sie ist in C:\rorosql\kap13 gespeichert.

```
LOAD DATA                                    (LOADABTE.CTL) (1)
INFILE abteilg.ora                                          (2)
INTO TABLE abteilg append                                   (3)
FIELDS TERMINATED BY ","                                    (4)
(ABTNR, ABTNAME)                                            (5)
```

(1) Beginn mit den Schlüsselwörtern.
(2) Definition der Eingabedatei.
(3) Definition der Zieldatei.
APPEND fügt die Datensätze an vorhandene an. Andere Einstellungen sind:

INSERT setzt eine leere Zieldatei voraus.
REPLACE/TRUNCATE löscht vorhandene Daten in der Zieldatei.

(4) Es wird vereinbart, dass die Eingabe-Datensätze mit Kommata getrennt sind.

(5) Angabe der Tabellennamen.

Starten Sie die Steuerdatei in DOS. Verzweigen Sie in das DOS-Fenster aus SQL*Plus mit dem Befehl HOST:

```
SQL> HOST
C:\oracle\ora81\BIN>
```

Verzweigen Sie in das Verzeichnis C:\rorosql\kap13, in dem die Dateien *abteilg.ORA* und *loadabte.CTL* gespeichert sind, und starten Sie hinter dem DOS-Prompt die Steuerdatei mit SQLLDR (in früheren Versionen mit SQLLOAD):

```
C:\rorosql\kap13> sqlldr system/manager loadabte
```

Bei dem Programmlauf wird die Datei *Loadabte.log* erstellt und die Datei *abte.bad*, wenn aufgrund eines Fehlers im Datensatz der Satz nicht in die Zieldatei übertragen wird. Sie können sich beide Dateien mit Ihrem Editor ansehen.
Datumswerte setzen Sie ein im Format *10.02.77* oder *24-05-99* oder *23-feb-78*.

13.4 SQL in DB2

Wir haben die Tests mit der Datenbank *IBM – DB2 Universal Database – Version 8.1* unter Windows2000 Professional durchgeführt.

13.4.1 DB2 starten und Datenbank Testdb anlegen

Starten Sie DB2 in der Windows-Arbeitsoberfläche:

-> *Start*
-> *Programme*
-> *IBM DB2*

Im Untermenü von *IBM DB2* können Sie unter *Befehlszeilentools* aufrufen:

den *Befehlszeilenprozessor* oder
das *Befehlsfenster* oder
die *Befehlszentrale*.

Wir öffnen die Befehlszentrale, weil dieses SQL-Fenster optimale Möglichkeiten und bestes Handling bietet. Die grafische Oberfläche im Fenster *Befehlszentrale* enthält eine Menüzeile, darunter sind Symbole zur direkten Befehlsausführung angeordnet. Die Anweisungen geben Sie im Eingabefenster *Befehl* ein. Das Optionsfeld *SQL-Anweisungen und DB2-CLP-Befehle* ist aktiviert.

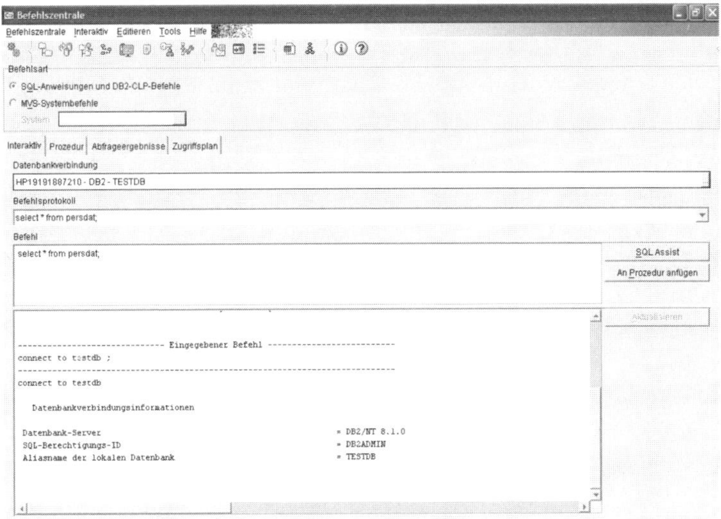

Anlegen der Datenbank Testdb

In Befehlszentrale
-> Register *Interaktiv*

In Eingabebereich *Befehle*
-> CREATE DATABASE testdb eingeben
Starten Sie den Befehl:
In Menüzeile von *Befehlsfenster*
-> *Interaktiv*
-> *Ausführen*

Zur Ausführung, aber auch zum Stoppen der Anweisung können Sie auch die Schaltfläche *Ausführen* klicken:

Verbindung zur Datenbank

Um mit der Datenbank *Testdb* arbeiten zu können, müssen Sie eine Verbindung zu ihr herstellen. Das erfolgt entweder mit dem CONNECT-Befehl oder mit der Auswahl im Fenster *Datenbank auswählen*.

In Befehlszentrale <- mit dem CONNECT-Befehl
-> Register *Interaktiv*
In Eingabebereich *Befehle*
-> CONNECT TO testdb eingeben
In Menüzeile von *Befehlsfenster* oder in Symbolleiste
-> *Interaktiv* -> Symbol *Ausführen*
-> *Ausführen*

In Befehlszentrale <- in Fenster *Datenbank auswählen*
-> Register *Interaktiv*
-> Schaltfläche am Ende des Eingabefeldes *Datenbankverbindung* klicken
In *Datenbank auswählen*
-> Pluszeichen vor Rechner-Name
-> Pluszeichen vor *Exemplare*
-> Pluszeichen vor *DB2*
-> Pluszeichen vor *Datenbanken*
-> TESTDB markieren
-> *OK*

13.4.2 Tabellen und Daten in die Datenbank Testdb übertragen

Die Anweisungen zum Erstellen der Datenbank *Testdb* seien im Verzeichnis C:\rorosql\kap13 in der Datei *Crins2.CMD* gespeichert. Die zeilenweise aneinander gereihten Anweisungen in dieser Datei werden nicht durch Semikolon getrennt. Auszug mit den ersten drei Anweisungen *Crins2.CMD*:

```
CREATE TABLE abteilg (abtnr SMALLINT NOT NULL,
  abtname CHAR(13), PRIMARY KEY (abtnr)
INSERT INTO abteilg VALUES (1,'Leitung')
INSERT INTO abteilg VALUES (2,'Verwaltung')
```

Achtung: Das Standardabschlusszeichen für Anweisungen innerhalb einer DB2-Prozedur ist die Zeilenschaltung CR (Carriage Return).

In Menüzeile
-> *Tools*
-> *Tools – Einstellungen*
In *Tools – Einstellungen* in Register *Allgemein*
-> Kontrollkästchen *Anweisungsabschlusszeichen verwenden* ist deaktiviert.

So richten Sie als Abschlusszeichen ein Semikolon ein:
In *Tools – Einstellungen* in Register *Allgemein*
-> Kontrollkästchen *Anweisungsabschlusszeichen verwenden* aktivieren
-> ; eingeben

Für Prozeduren, die die Anweisungen CREATE PROCEDURE oder CREATE TRIGGER enthalten, empfiehlt IBM den Einsatz eines anderen Zeichens.

Starten Sie *Crins2.CMD*:

In *Befehlszentrale*
-> Register *Prozedur*

In Menüzeile
-> *Prozedur*
-> *Importieren...*
In *Importieren*
-> Optionsfeld *Dateisystem* aktivieren
-> Name des Rechners als *Systemname* wählen
-> rorosql unter *Verzeichnisse*
-> kap13 unter *Verzeichnisse*
-> Crins2.cmd unter *Dateien* klicken
-> *OK*
Im Fenster *Befehlszentrale* wird die Kommandodatei angezeigt:
-> Symbol *Ausführen* <- Start der Datei

***SQL*-Anweisungen geben Sie in der *Befehlszentrale* ein.**
Beispiel:
In Befehlszentrale
-> Register *Interaktiv*
In Eingabebereich *Befehle*
-> SELECT * FROM persdat eingeben
-> Symbol *Ausführen* oder: Strg + ↵
Die Ausgabe der Datensätze erfolgt im Fenster *Abfrageergebnisse.*

Einmal eingegebene Befehle werden im Befehlsprotokoll gespeichert und können darin aufgerufen werden.
In den Systemdateien finden Sie die Namen der eingerichteten Tabellen mit folgendem Befehl:

```
SELECT tabname FROM syscat.tables
WHERE definer = 'ADMINISTRATOR'
```

13.4.3 Kommandodatei aufrufen

Eine einzelne SQL-Anweisung, die gespeichert vorliegt, importieren Sie mit *Interaktiv*.

Beispiel:
Die im Verzeichnis C:\rorosql\kap4 gespeicherte SQL-Anweisung *A4602.CMD* soll aufgerufen und gestartet werden.

In Befehlszentrale
-> Register *Interaktiv*
In Menüzeile
-> *Interaktiv*
-> Öffnen ...
-> DB2-Nachricht in der Regel mit *Ja* beantworten.
In Öffnen
-> korrekten Systemnamen auswählen (z.B.RECHNER)
-> C:\roroSQL\Kap4 als Pfad auswählen
-> A4602.cmd als Datei auswählen
oder
-> C:\roroSQL\Kap4\A4602.cmd in Eingabefeld Pfad eingeben
-> *OK*
Der SELECT-Befehl wird angezeigt. Starten Sie ihn:
-> Symbol *Ausführen* oder: [Strg]+[↵]

13.4.4 Das Werkzeug SQL Assist einsetzen

In der Befehlszentrale (auch in der Steuerzentrale, der Replikationszentrale und der Entwicklungszentrale) finden Sie neben dem Befehlseingabefeld die Befehlsschaltfläche *SQL Assist*. Rufen Sie damit das Fenster *SQL Assist* auf, in dem Sie die Modellstruktur der Befehle SELECT, INSERT, UPDATE und DELETE erfahren und Anweisungen damit selbst erstellen können.

Einfaches Beispiel: Der Befehl *SELECT pname, eintritt FROM persdat* soll erstellt und ausgeführt werden.

In SQL-Assist
-> Optionsfeld SELECT als Anwendungsart aktivieren
In Modellstruktur
-> Schaltfläche vor FROM kicken
In Details
-> Pluszeichen vor ADMINISTRATOR (oder Entsprechendem) klicken
-> PERSDAT klicken
-> Schaltfläche > betätigen, um Wert in Fenster *Ausgewählte ...* zu übertragen
In Modellstruktur
-> Schaltfläche vor SELECT (Ergebnisspalten) klicken

In Details
-> Pluszeichen vor ADMINISTRATOR.PERSDAT klicken
-> PNAME klicken
-> bei gedrückter Taste *Strg* EINTRITT klicken
-> Schaltfläche > betätigen, um Werte in Fenster *Ausgewählte ...* zu übertragen
Ergebnis: Der SQL-Code wird angezeigt.
-> Ausführen klicken
Ergebnis: Im Fenster *Abfrageergebnis* werden die ausgewählten Spaltenwerte angezeigt.

13.4.5 Textdatei importieren

Textdateien werden in der Befehlszentrale mit dem Befehl IMPORT in Tabellendaten übertragen.

Beispiel
Die in der Textdatei *Persdat.cmd* gespeicherten Datensätze

34,Haarmann,Kurt,M,4,18.02.1998,5000 (Persdat.cmd)
35,Jansen,Karla,W,3,23.05.1989,6000

werden in die Tabelle *persdat* importiert:

In Befehlszentrale
-> Register *Interaktiv*
In Eingabebereich *Befehle*
IMPORT FROM C:\rorosql\kap13\persdat.cmd (1)
OF DEL (2)
INSERT INTO persdat eingeben (3)
-> Symbol *Ausführen* oder: Strg + ↵

Im Anzeigefenster unter dem Befehlsfenster wird angezeigt, wie viel Zeilen gelesen, eingefügt und zurückgewiesen wurden.

(1) Verzweigen Sie in den Befehlszeilenprozessor und geben Sie ein:
DB2 -> ? IMPORT
Die gesamte Struktur des IMPORT-Befehls wird angezeigt.
Hinter IMPORT FROM wird die Quelldatei definiert.

(2) Hinter OF geben Sie das Format der Quelldatei ein:
DEL: Datensätze sind mit CR/LF eingegeben, Felder mit Kommata getrennt.
ASC: Datensätze sind mit CR/LF eingegeben und haben feste Satzlängen.

(3) Hinter INSERT INTO wird die Zieldatei genannt.

13.5 ODBC-Schnittstelle einsetzen

Zu den wichtigsten Gütern eines Unternehmens zählen die auf unterschiedlichen Medien gespeicherten Informationen über Aufträge, Umsätze, Erträge, Aufwendungen und mehr. Im Zeitalter des Computers stehen diese Daten in Datenbanken auf Netzwerkservern oder Mainframes. Das Problem ist, dass die Datenbanken die Daten in unterschiedlichen Formaten aufzeichnen und dass sie möglicherweise nicht mit dem gleichen Betriebssystem laufen wie die PCs der Mitarbeiter, die auf die Daten zugreifen müssen.

Die ODBC-Programmschnittstelle hebt die Trennung von Anwendung und Datenbank auf. Die standardisierte ODBC-Verbindungsschnittstelle – *Open Database Connectivity* – für den Zugriff auf Datenbanken wurde 1992 von der *SQL-Access-Group* und Microsoft gemeinsam entwickelt. Sie macht es möglich, dass von den auf PCs mit dem Betriebssystem Windows installierten Anwendungen wie Excel, Word und anderen auf Daten solcher Datenbanken zugegriffen werden kann, die ODBC unterstützen.

Voraussetzung für den Einsatz der ODBC-Technik sind

1. ein Anwendungsprogramm, das ODBC unterstützt – zum Beispiel Excel, MS Query, MS Access –,
2. ein Treibermanager, der einen für die fremde Datenbank vorliegenden ODBC-Treiber lädt und nach Abfrageende wieder schließt (der Treibermanager im MS-Office-Paket wird bei der Installation von Windows automatisch installiert),
3. der ODBC-Treiber; das ist eine DLL-Datei (Dynamic Link Library), die eine Abfrage in der aktuellen Anwendung in den Dialekt der angesprochenen Datenbank umwandelt,

4. im Netz: Netzwerkverbindungen,
5. ein ODBC-fähiges Datenbankmanagementsystem. Für jedes Datenbanksystem ist ein eigener Treiber erforderlich. Im Office-Paket sind ODBC-Treiber für Access, dBase, Foxpro, Paradox, SQL Server, Textdatenbanken und Excel bereitgestellt. Wenn Sie einen Treiber für eine andere Datenbank benötigen, müssen Sie diesen zunächst für Windows verfügbar machen. In der Regel werden solche Treiber in Windows mit dem Setup-Programm der anderen Datenbank installiert, beim ORACLE-Setup müssen Sie gesondert angeben, dass auch der ODBC-Treiber installiert werden soll. Die Treiber heißen IBM DB2 ODBC DRIVER, INFORMIX-CLI usw.

13.5.1 Daten aus einer DB2-Datenbank in MS Query aufrufen und anzeigen

Der Zugriff von einer ODBC-fähigen Windows-Anwendung auf eine Datenbank sei am Beispiel von MS Query und DB2 dargestellt. Um aus MS Query auf eine DB2-Datenbank zugreifen zu können, sind folgende Schritte erforderlich:

a) Richten Sie eine *System-DSN*-Datenquelle ein:

Öffnen Sie den *ODBC-Datenquellen-Administrator* und darin *System DSN:*

Windows-Arbeitsoberfläche	**Windows-NT-Oberfläche**	
-> *Start*	-> *Start*	
-> *Einstellungen*	-> *Einstellungen*	
-> *Systemsteuerung*	-> *Systemsteuerung*	
In *Systemsteuerung*	In *Systemsteuerung*	
-> *ODBC-Datenquelle (32 Bit)* doppelklicken	-> *Verwaltung*	doppelklicken
	-> *Datenquellen (ODBC)*	doppelklicken

Das Fenster *ODBC-Datenquellen-Administrator* wird aufgeschlagen. Es enthält drei DSN-Register. *DSN* steht für *Data Source Name* (Name der Datenquelle).

Benutzer-DSN: Die Benutzerdatenquelle ist auf dem lokalen Computer installiert und kann nur von diesem aus angesprochen werden.

System-DSN: Systemdatenquellen können im Netzwerk eingesetzt werden. Benutzer- und System-Datenquellen werden in der Windows-Registrierung gesondert erfasst.
Datei-DSN: Bei *Datei-DSN* stehen die Informationen nicht in der Windows-Registrierdatei, sondern in einer gesonderten *DSN*-Datei.

Fügen Sie in *System-DSN* eine neue Datenquelle hinzu:

In *ODBC-Datenquellen-Administrator*
-> Register *System-DSN*
In *System-Datenquellen*
-> Schalter *Hinzufügen*

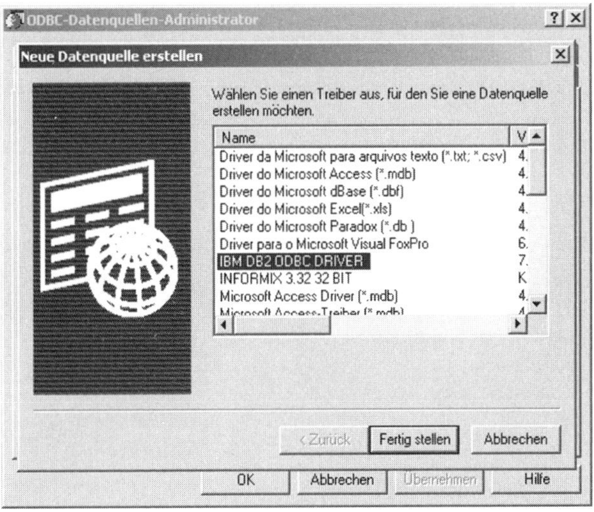

b) Definieren Sie die Datenquelle für die Datenbank Testdb im DB2-Format:

In *Neue Datenquellen erstellen*
-> *IBM DB2 ODBC DRIVER*
-> *Fertig stellen*
Es wird ein Fenster geöffnet, dessen Inhalt treiberabhängig ist.
In *IBM DB2 ODBC DRIVER hinzufügen*
-> Testdb als Name der Datenquelle eingeben
-> *OK*

In *ODBC-Datenquellen-Administrator*
-> *Konfigurieren...*
-> In *DB2-Nachricht "Keine Verbindung ... Soll ... hergestellt werden?"*
-> *Nein*
In *CLI/ODBC-Einstellungen – TESTDB*
-> TESTDB als Name der Datenquelle übernehmen
-> Benutzer-ID falls vereinbart eingeben
-> Kennwort falls vereinbart eingeben
-> *OK*

c) Greifen Sie auf Daten der DB2-Datenbank in MS Query zu
Wenn Sie Daten aus der DB2-Datenbank in MS Query aufrufen wollen, ist es nicht erforderlich, die DB2-Datenbank vorher gesondert zu öffnen. Nach dem Start der DB2-Datenbank *TESTDB* in MS Query können Sie im Fenster *SQL ausführen* direkt auf alle Daten der DB2-Datenbank zugreifen und auch solche SQL-Anweisungen eingeben, die nicht in der JET-Datenbank, aber in DB2 verfügbar sind.

Beispiel: Die in JET-SQL nicht einsetzbare Anweisung *SELECT COUNT (DISTINCT eintritt) FROM persdat* wird im Fenster *SQL ausführen* aufgerufen.

Öffnen Sie MS Query in Excel:
In Menüzeile von Excel
-> *Daten*
-> *Externe Daten*
-> *Neue Abfrage erstellen...*
In *Dateiquelle auswählen* von MS Query
-> TESTDB *
-> *Verwenden / OK*
In *Mit DB2-Datenbank verbinden*
-> Benutzer-ID und Kennwort falls vereinbart eingeben
-> *OK*
Meldung: *Die Verbindung zur Datenbank wird hergestellt.*

Das Fenster *Tabellen hinzufügen* wird geöffnet. In diesem Fenster werden alle Tabellen der DB2-Datenbank angezeigt, auch die DB2-Systemtabellen.

In *Tabellen hinzufügen*
-> *Schließen*
In Menüzeile von MS Query
-> *Datei*
-> *SQL ausführen* <- *TESTDB* als Datenquelle ist aktiv!
In *SQL ausführen*
-> SELECT COUNT (DISTINCT eintritt) FROM persdat eingeben
-> *Ausführen*
Ergebnis: Es gibt 4 unterschiedliche Eintrittsdaten.

13.6 SQL in MySQL

Wir gehen davon aus, dass Sie den MySQL-Server in C:\MySQL mit einem Clienten bereits eingerichtet haben. Die Installationsanweisungen für die aktuelle Version finden Sie zusammen mit dem Datenbanksystem im Internet.

13.6.1 Monitor-Modus aufrufen

SQL-Befehle geben Sie in der Regel im Monitor-Modus ein. Dazu verzweigen Sie zunächst in das Verzeichnis *C:\MySQL\Bin*:

-> *Start*
-> Programme
-> Zubehör
-> Eingabeaufforderung
Hinter C:\>
-> *CD mysql\bin* eingeben, [Return].

Starten Sie dann den Monitor-Modus *MySQL.EXE*:

```
C:\MySQL\Bin>mysql
```

Bei dieser Eingabe setzen wir voraus, dass Server und Client auf demselben Rechner laufen, dass Sie noch keinen neuen Benutzer eingerichtet und noch kein Passwort vereinbart haben. Wenn Sie als Benutzer *mkfg* mit Kennwort *kg* starten, lautet der Aufruf

C:\MySQL\Bin>*mysql –h localhost -u mkfg -p*

Die Angabe eines Hostnamens hinter *–h* entfällt, wenn der Server auf demselben Rechner wie der Client installiert ist.

C:\MySQL\Bin>*mysql -u mkfg -p* <- Leerzeichen vor -u und –p
Enter password: ** <- kg eingeben, [Return]

Das Programm *MySQL.EXE* öffnet ein Fenster mit der Eingabeaufforderung *mysql>*, hinter der die Anweisungen kommandozeilenorientiert einzugeben sind.

13.6.2 Befehle im Monitor-Modus eingeben

Um die Datenbank *uebdb* einzurichten, lautet die Anweisung hinter der Eingabeaufforderung

mysql> CREATE DATABASE *uebdb*; (CrUebdb.mys)

Wurde die CREATE-Anweisung zuvor mit einem Editor in einer Datei erfasst, die unter dem Namen *CrUebdb.mys* im Verzeichnis *C:\MySQL\Bin* gespeichert wurde, dann kann diese Datei hinter dem MySQL-Prompt so aufgerufen werden:

mysql> `\. cruebdb.mys` <- Backslash+ Punkt + Dateiname
mysql> `Source cruebdb.mys` <- so lautet die Langform

Beachten Sie: Beim Eintippen von Anweisungen am MySQL-Prompt müssen Sie jeden Befehl mit einem **Semikolon** beenden. In den in Textdateien gespeicherten Anweisungen ist das Semikolon nicht erforderlich. Die **Dateinamen** können mit bis zu 64 alphanumerischen Zeichen gebildet werden, darunter auch _ und $.

Sie können in MySQL einen Befehl mehrzeilig eingeben. Dann definiert nach *RETURN* in der folgenden Zeile ein Pfeil die Fortsetzungs-Eingabeaufforderung. In unseren Buchbeispielen weisen wir die Eingabepfeile nicht aus. **Beispiel**:

```
mysql> CREATE TABLE uebl                                  <- RETURN
    --> (                                                 <- 2.Zeile
    --> uebnr SMALLINT UNSIGNED AUTO_INCREMENT            <- 3.Zeile
    --> PRIMARY KEY NOT NULL,                             <- 4.Zeile
    --> uebbezCHAR(20) NULL);                             <- Abschluss mit ;
mysql>
```

13.6.3 Eine Datenbank öffnen und schließen

Um auf die Daten einer Datenbank zugreifen zu können, müssen Sie die Datenbank vorher öffnen mit USE *datenbankname*.

```
mysql> USE uebdb        <- Kein Semikolon, da kein SQL-Befehl
```

Sie verlassen den Client mit der Anweisung *QUIT* oder *EXIT* oder */q*:

```
mysql> Quit
Bye                     <- Meldung
```

13.6.4 Mit dem MySqlManager arbeiten

Sie können auch den **MySqlManager** aufrufen, um darin eine Datenbank zu öffnen und um Anweisungen einzugeben:

```
C:\MySQL\Bin> MySqlManager
```

In dem Fenster *MySqlM1* werden alle gespeicherten Datenbanken angezeigt:

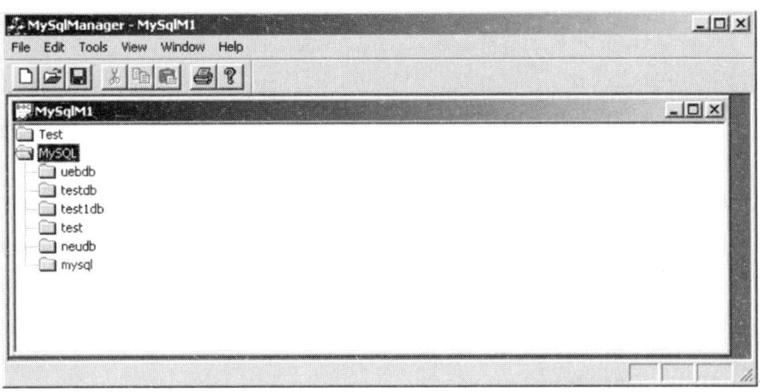

Nach der Auswahl einer Datenbank starten Sie im Menü *Tools* die Funktion *SQL-Query*. In dem Fenster *mySql Query* können Sie nun im Register Query eine SQL-Anweisung eingeben.

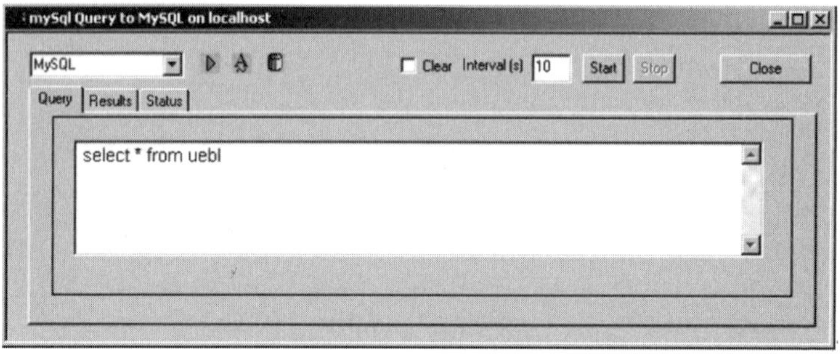

Ein Klick auf die Schaltfläche ▷ startet die Ausführung der Abfrage. Im Register Results wird das Ergebnis der Abfrage angezeigt.

13.6.5 Textdaten mit LOAD DATA importieren

Daten aus einer Textdatei laden Sie mit der LOAD DATA-Anweisung in eine Tabelle:

```
LOAD DATA [LOW_PRIORITY] [LOCAL] INFILE 'textdateiname' (1)
[IGNORE / RECALL]                                       (2)
INTO TABLE tabellenname                                 (3)
[FIELDS                                                 (4)
   [TERMINATED BY 'zeichen']
   [[OPTIONALLY] ENCLOSED BY 'zeichen']
   [ESCAPED BY 'zeichen']]
[LINES TERMINATED BY 'zeichen']                         (5)
[IGNORE anzahl LINES]                                   (6)
[(spaltenname, spaltenname, ...)]                       (7)
```

(1) Wurde hinter LOAD DATA LOW_PRIORITY vereinbart, wird die LOAD DATA-Anweisung erst durchgeführt, wenn keine anderen Clients auf die Zieltabelle zugreifen.
LOCAL bedeutet, dass die Eingabedatei auf dem Client-Host steht. Hinter INFILE wird der Name der Textdatei genannt.

(2) Die alternativen Zusätze REPLACE oder IGNORE sind wichtig,

wenn Daten in eine Tabelle mit eindeutigen Schlüsselwerten eingeben werden und der neue Datensatz einen bereits vorhandenen Schlüsselwert besitzt. Bei REPLACE wird der alte Datensatz gelöscht und der neue eingefügt. Bei IGNORE wird die neue Eingabe ignoriert.

(3) Hinter INTO TABLE wird die Zieldatei genannt.

(4) Hinter FIELDS sind mehrere Optionen möglich. Wenn FIELDS in der Anweisung verwendet wird, muss mindestens einer der genannten Zusätze angegeben werden:

TERMINATED BY 'zeichen':	Es wird zum Beispiel mitgeteilt, dass die Eingabewerte im Datensatz durch Kommata getrennt sind.
[OPTIONALLY] ENCLOSED	BY 'zeichen': Hinter ENCLOSED BY werden zum Beispiel Anführungszeichen genannt, die für Spaltenwerte eingesetzt worden sind und abgeschnitten werden sollen.
ESCAPED BY 'zeichen':	Mit ESCAPED BY werden Fluchtzeichen definiert:
ESCAPED BY "\'"	<- Einfaches Anführungszeichen
ESCAPED BY "\""	<- Doppeltes Anführungszeichen
ESCAPED BY "\\"	<- Backslash

(5) Mit LINES TERMINATED BY "zeichen" wird das bzw. werden die Zeichen genannt, die das Zeilenende definieren: bei ASCII-Dateien CR/LF (Return/Neue Zeile).
Als Escape-Sequenzen werden eingesetzt:

\r	<- Return
\n	<- Neue Zeile

(6) anzahl gibt an, wie viele führende Zeilen der Eingabedatei nicht zu berücksichtigen sind.

(7) Wenn Werte nur in bestimmte Spalten eingegeben werden sollen, muss man die Spalten in der Spaltenliste definieren, zum Beispiel (uebnr, uebgeschlecht)

Beispiel: Datensätze aus der Textdatei uebl.TXT werden in die Tabelle uebload übertragen. Diese Tabelle hat die Struktur

uebnr	SMALLINT,
uebbez	CHAR(20),
uebgeschlecht	ENUM('m', 'w'),
uebeintritt	DATE,
uebgehalt	DECIMAL(8,2)

Der erste Datensatz der Testdatei soll nicht übertragen werden.

1. Erstellen Sie unter Windows die Textdatei uebl.TXT mit 3 Zeilen in variabler Länge. Die Zeilen sind mit CR/LF (Return/Neue Zeile), die Inhalte der Datenfelder in den Zeilen sind durch Kommata getrennt. Die Datei wird in C:\MySQL\Bin gespeichert.

   10,Fritz,m,1998-07-01, 7000.00 (Uebl.txt)
   22,Dora,w,2000-03-01, 6900.00
   46,Ludwig,m.2001-03-01,6000.00 (1)

   (1) Wenn Sie die letzte Eingabezeile mit CR/LF verlassen, wird ein Datensatz mit NULL-Werten in die Zieldatei geschrieben. Es ist deshalb sinnvoll, die letzte Datensatz-Zeile nicht mit CR/LF zu beenden.
2. Erstellen Sie die Kommando-Datei *Uebl.mys* mit dem ASCII-Editor

```
mysql> LOAD DATA                                    (Uebl.mys)
          LOCAL INFILE 'uebl.txt'
             IGNORE
          INTO TABLE uebl
          FIELDS TERMINATED BY ","
             LINES TERMINATED BY "\r\n"
             IGNORE 1 LINES;
```

3. Starten Sie die im Verzeichnis *C:\MySQL\Bin* gespeicherte Anweisung mysql> \. uebl.mys
4. Ergebnis: Die Datensätze mit den Schlüsseln 22 und 46 werden übertragen.

Diese Vorgehensweise wenden Sie auch an, wenn Sie Daten in BLOB- und TEXT-Datentypen übertragen wollen.

13.6.6 Datenbank TESTDB mit CRINS2.MYS anlegen

Erstellen Sie zuerst die Datenbank TESTDB im Monitor-Modus:

```
mysql> CREATE DATABASE testdb;
```

Rufen Sie dann im Monitor-Modus die Anweisungen in der Datei CRINS2.MYS auf:

```
mysql>\ crins2.mys
```

Die Datei *CRINS2.MYS* enthält folgende Anweisungen (Auszug):

```
CREATE TABLE persdat                               (CRINS2.MYS)
  (persnr          SMALLINT  NOT NULL,
   pname           CHAR(12),
   pvname          CHAR(12),
   geschlecht      CHAR(1),
   abtnr           SMALLINT,
   eintritt        DATE,
   gehalt          DECIMAL(8,2) )
INSERT INTO persdat VALUES (9,'Bind','Gisela','W',2,'85-05-15',4000.00)
INSERT INTO persdat VALUES (8,'Volt','Gerda','W',3,'80-02-01',4200.00)
INSERT INTO persdat VALUES (7,'Meieris','Heinz','M',3,'80-02-01',2450.00)
INSERT INTO persdat VALUES (5,'Luft','Friedrich','M',3,'85-05-15',4500.00)
INSERT INTO persdat VALUES (4,'Strom','Claudius','M',2,'84-03-01',3800.00)
INSERT INTO persdat VALUES (3,'Meyer','Luise','W',4,'84-03-01',2450.00)
INSERT INTO persdat VALUES (1,'Eifer','Rik','M',4,'80-02-01',3800.00)
INSERT INTO persdat VALUES (10,'Meier','Adam','M',1,'75-01-01',5000.00)
CREATE TABLE abteilg
  (abtnr      SMALLINT NOT NULL,
   abtname    CHAR(12) )
INSERT INTO abteilg VALUES (1, 'Leitung')
INSERT INTO abteilg VALUES (2, 'Verwaltung')
INSERT INTO abteilg VALUES (3, 'Steuerung')
INSERT INTO abteilg VALUES (4, 'Transport')
und so weiter...
```

14 Anhang

14.1 Strukturen und Daten der Arbeitstabellen

Struktur der Tabelle PERSDAT:

Datenfeld	Datentyp	Größe
PERSNR	Numerisch	
PNAME	Text	12
PVNAME	Text	12
GESCHLECHT	Text	1
ABTNR	Numerisch	
EINTRITT	Datum	8
GEHALT	Numerisch	8

```
CREATE TABLE PERSDAT
  (
  PERSNR     SMALLINT    NOT NULL,
  PNAME      CHAR(12),
  PVNAME     CHAR(12),
  GESCHLECHT CHAR(1),
  ABTNR      SMALLINT,
  EINTRITT   DATE,
  GEHALT     DECIMAL(8,2)
  )
```

Datensätze der Tabelle PERSDAT:

PERSNR	PNAME	PVNAME	GE-SCHLECHT	ABTNR	EINTRITT	GEHALT
1	Eifer	Rik	M	4	01.02.80	3800,00
3	Meyer	Luise	W	4	01.03.84	2450,00
4	Strom	Claudius	M	2	01.03.84	3800,00
5	Luft	Friedrich	M	3	15.05.85	4500,00
7	Meieris	Heinz	M	3	01.02.80	2450,00
8	Volt	Gerda	W	3	01.02.80	4200,00
9	Bind	Gisela	W	2	15.05.85	4000,00
10	Meier	Adam	M	1	01.01.75	5000,00

Struktur der Tabelle FMITGLIEDER:

Datenfeld	Datentyp	Größe
PERSNR	Numerisch	2
FMNR	Numerisch	2
VORNAME	Text	12
VWGRAD	Text	1
ZUSCHLAG	Numerisch	8

```
CREATE TABLE FMITGLIEDER
  (
  PERSNR     SMALLINT       NOT NULL,
  FMNR       SMALLINT,
  VORNAME    CHAR(12),
  VWGRAD     CHAR(1),
  ZUSCHLAG   DECIMAL(8,2)
  )
```

Datensätze der Tabelle FMITGLIEDER:

PERSNR	FMNR	VORNAME	VWGRAD	ZUSCHLAG
3	1	Heinrich	m	60.00
5	1	Beate	f	60.00
5	2	Heinz	s	40.00
8	1	Christa	t	40.00
10	1	Hanna	f	60.00
10	2	Theo	s	40.00
10	3	Else	t	60.00

Struktur der Tabelle VWGRADE:

Datenfeld	Datentyp	Größe
VWGRAD	Text	1
VWNAME	Text	7

```
CREATE TABLE VWGRADE
  (
  VWGRAD       CHAR(1)  NOT NULL,
  VWNAME       CHAR(7)
  )
```

Datensätze der Tabelle VWGRADE:

VWGRAD	VWNAME
m	Ehemann
f	Ehefrau
s	Sohn
t	Tochter

Struktur der Tabelle ABTEILG:

Datenfeld	Datentyp	Größe
ABTNR	Numerisch	1
ABTNAME	Text	12

```
CREATE TABLE ABTEILG
  (
  ABTNR      SMALLINT    NOT NULL,
  ABTNAME    CHAR(12)
  )
```

Datensätze der Tabelle ABTEILG:

ABTNR	ABTNAME
1	Leitung
2	Verwaltung
3	Steuerung
4	Transport

Struktur der Tabelle VORG:

Datenfeld	Datentyp	Größe
PERSNR	Numerisch	2
VPERSNR	Numerisch	2

```
CREATE TABLE VORG
  (
  PERSNR   SMALLINT NOT NULL,
  VPERSNR  SMALLINT
  )
```

Datensätze der Tabelle VORG:

PERSNR	VPERSNR
1	10
3	1
4	9
5	10
7	5
8	5
9	10
10	NULL

Struktur der Tabelle ABLEITER:

Datenfeld	Datentyp	Größe
ABTNR	Numerisch	1
PERSNR	Numerisch	2

```
CREATE TABLE ABLEITER
  (
  ABTNR     SMALLINT NOT NULL,
  PERSNR    SMALLINT
  )
```

Datensätze der Tabelle ABLEITER:

ABTNR	PERSNR
1	10
2	9
3	5
4	1

Struktur der Tabelle MGEHALT:

Datenfeld	Datentyp	Größe
PERSNR	Numerisch	2
JAHR	Numerisch	2
MONAT	Numerisch	2
MGEHALT	Numerisch	8

```
CREATE TABLE MGEHALT
  (
  PERSNR    SMALLINT   NOT NULL
  JAHR      DECIMAL(2),
  MONAT     SMALLINT,
  MGEHALT   DECIMAL(8,2)
  )
```

Datensätze der Tabelle MGEHALT:

PERSNR	JAHR	MONAT	MGEHALT
1	2002	1	4100.00
3	2002	1	3200.00
4	2002	1	3820.10
5	2002	1	5000.00
7	2002	1	2700.00
8	2002	1	4760.00
9	2002	1	4250.00
10	2002	1	5900.00

PERSNR	JAHR	MONAT	MGEHALT
1	2002	2	4482.40
3	2002	2	3428.28
4	2002	2	3800.00
5	2002	2	6063.63
7	2002	2	2929.65
8	2002	2	4240.00
9	2002	2	4000.00
10	2002	2	6051.74

Struktur der Tabelle TARTEN:

Datenfeld	Datentyp	Größe
TARTNR	Text	1
TBEZ	Text	15
TPREIS	Numerisch	6

```
CREATE TABLE TARTEN
  (
  TARTNR      CHAR(1) NOT NULL,
  TBEZ        CHAR(12),
  TPREIS      DECIMAL(6,2)
  )
```

Datensätze der Tabelle TARTEN:

TARTNR	TBEZ	TPREIS
1	Akquisition	90.00
2	Vorbesprechung	100.00
3	Beratung	130.00
4	Projektentwurf	120.00
5	Kalkulation	110.00
6	Zeichnen	90.00
7	Schreibarbeiten	80.00

Struktur der Tabelle AUFTRAG:

Datenfeld	Datentyp	Größe
AUFNR	Numerisch	4
AUFWERT	Numerisch	8
ABDATUM	Datum	

```
CREATE TABLE AUFTRAG
  (
  AUFNR       SMALLINT NOT NULL,
  AUFWERT     DECIMAL(8,2),
  ABDATUM     DATE
  )
```

Datensätze der Tabelle AUFTRAG:

AUFNR	AUFWERT	ABDATUM
1111	56400.00	28.02.2002
2222	52700.00	
3333	20800.00	28.02.2002
4444		

Struktur der Tabelle TPOSTEN:

Datenfeld	Datentyp	Größe
TBNR	Numerisch	
PERSNR	Numerisch	
AUFNR	Numerisch	
TARTNR	Text	1
TSTD	Numerisch	4

```
CREATE TABLE TPOSTEN
  (
  TBNR       INTEGER,
  PERSNR     SMALLINT,
  AUFNR      SMALLINT,
  TARTNR     CHAR(1),
  TSTD       DECIMAL(8,2)
  )
```

Datensätze der Tabelle TPOSTEN (sortiert):

TBNR	PERS-NR	AUFNR	TARTNR	TSTD	TBNR	PERS-NR	AUFNR	TARTNR	TSTD
20020228	1	1111	6	32.00	20020228	7	1111	7	58.00
20020228	1	1111	5	18.00	20020228	7	2222	7	35.00
20020228	1	1111	3	12.00	20020228	7	3333	7	62.00
20020228	1	2222	6	24.00	20020228	8	1111	5	4.00
20020228	1	2222	5	7.00	20020228	8	1111	6	62.00
20020228	1	2222	3	4.00	20020228	8	2222	5	7.00
20020228	1	3333	5	9.00	20020228	8	2222	6	42.00
20020228	1	3333	3	5.00	20020228	8	3333	6	39.00
20020228	1	3333	6	39.00	20020228	10	1111	1	38.00
20020228	3	1111	7	24.00	20020228	10	1111	2	42.00
20020228	3	1111	6	70.00	20020228	10	1111	3	38.00
20020228	3	2222	7	38.00	20020228	10	3333	1	17.00
20020228	3	2222	6	12.00	20020228	10	3333	2	18.00
20020228	3	3333	6	12.00	20020228	10	3333	3	12.00
20020228	3	3333	7	18.00	20020301	1	4444	2	8.00
20020228	5	1111	3	18.00	20020301	3	4444	6	4.00
20020228	5	1111	2	24.00	20020301	3	4444	7	3.00
20020228	5	1111	1	18.00	20020301	5	2222	6	6.00
20020228	5	1111	4	42.00	20020301	7	2222	7	6.50
20020228	5	1111	5	12.00	20020301	8	4444	2	8.00
20020228	5	2222	5	17.00	20020301	10	2222	4	3.00
20020228	5	2222	6	32.00	20020301	10	2222	2	4.00

14.2 Erlaubte Datentypen in den Datenbanksystemen

Wir nennen nur jene Datentypen, deren Ergebnisanzeige mit SELECT möglich ist.

14.2.1 INFORMIX-Spaltentypen

Erlaubter Spaltentyp	Speichert
BYTE	binäre Daten.
CHAR(anzahl)/ CHARACTER()	alphanumerische Daten mit bis zu 32 767 Stellen.
DATE	Datumswerte. Struktur wird durch Umgebungsvariable DBDATE definiert.
DATETIME anfang TO ende	Datums- und Zeitwerte nach Vorgabe: DATETIME year TO fraction enthält YEAR-MONTH-DAY HOUR:MINUTE:SECOND.FRACTION.
DECIMAL(i,n)/ DEC(i,n)/ NUMERIC(i,n)	Dezimalzahl mit Insgesamtstellen (i) und Nachpunktstellen (n): DECIMAL(6,2) = 6 Stellen, darin 2 Nachpunktstellen. Maximal 32 signifikante Stellen.
FLOAT(i)/ DOUBLE PRECISION	binäre Gleitkommazahl mit maximal 16 signifikanten Ziffern.
INTEGER/ INT	Ganzzahl zwischen −2 147 483 647 und +2 147 483 647.
INTERVAL	Zeitspanne: entweder YEAR TO MONTH oder DAY TO FRACTION mit den Zwischenstufen HOUR:MINUTE:SECOND.
MONEY(i,n)	Geldbeträge mit insgesamt i Stellen und n Nachpunktstellen, maximal 32 signifikante Stellen.
SERIAL(n)	fortlaufende Nummer ab 1. Oder: SERIAL(101) = fortlaufend ab 101.
SMALLFLOAT/ REAL	binäre Gleitkommazahl mit maximal 8 signifikanten Ziffern.
SMALLINT	Ganzzahl zwischen −32 767 und +32 767.
VARCHAR(m,r)	alphanumerische Daten variabler Länge zwischen Maximalwert (m) und Minimalwert (r).

14.2.2 ORACLE-Spaltentypen

ORACLE stellt als ORACLE-Spaltentypen CHAR(i), VARCHAR(i), NUMBER(i,n), NUMBER(i) und NUMBER zur Verfügung. ORACLE akzeptiert aber auch in CREATE-Anweisungen ANSI- und die in IBM-Datenbanken eingesetzten Datentypen.

Erlaubter Spaltentyp	Speichert
CHAR(anzahl)/ CHARACTER()	alphanumerische Daten mit bis zu 255 Stellen.
DATE	Datumswerte Jahr, Monat, Tag und Zeitwerte Tag, Stunde, Minute, Sekunde.
DECIMAL(i,n)/ DEC(i,n)/ NUMERIC(i,n)/	Dezimalzahl mit Insgesamtstellen (i) und Nachpunktstellen (n): DECIMAL(6,2) = 6 Stellen, darin 2 Nachpunktstellen.
NUMBER(i,n)	NUMBER(i,n) ist der originale ORACLE-Typ.
FLOAT(i)/ NUMBER/ DOUBLE PRECISION	binäre Gleitkommazahl mit Präzision i, NUMBER mit Präzision 38.
INTEGER/ INT/ NUMBER(38)	Ganzzahl.
NUMBER	vgl. DECIMAL(), INTEGER, SMALLINT, FLOAT, REAL.
REAL/ NUMBER	binäre Gleitkommazahl mit Präzision 18.
SMALLINT/ NUMBER(38)	Ganzzahl mit i Stellen.
VARCHAR(m)	alphanumerische Daten variabler Länge mit Maximalwert (m) bis 2000 Bytes.

14.2.3 DB2-Spaltentypen

Erlaubter Spaltentyp	Speichert
CHAR(i)/ CHARACTER()	alphanumerische Daten mit bis zu i Zeichen, maximal 254.
DATE	Datumswert. Struktur richtet sich nach Landescode: tt.mm.jjjjj in Europa.

DECIMAL(i,n)/ DEC(i,n)/ NUMERIC(i,n)/ NUM(i,n)	Dezimalzahl mit Insgesamtstellen (i) und Nachpunktstellen (n): DECIMAL(6,2) = 6 Stellen, darin 2 Nachpunktstellen. Maximal 31 signifikante Stellen.
FLOAT(i)/	binäre Gleitkommazahl von −1.79769E+308 bis −2.225E-307 oder von 2.225E-307 bis 1.79769E+308.
INTEGER/ INT	Ganzzahl zwischen −2 147 483 648 und +2 147 483 647.
LONG VARCHAR	alphanumerische Daten variabler Länge, maximal 32 700, nicht einsetzbar in Suchbedingungen, zum Sortieren, Gruppieren und Indexieren.
SMALLFLOAT/ REAL	binäre Gleitkommazahl mit maximal 8 signifikanten Ziffern.
SMALLINT	Ganzzahl zwischen −32 768 und +32 767.
TIME	Uhrzeit hh.mm.ss im 24-Stunden-Format oder hh.mm am/pm im 12-Stunden-Format.
TIMESTAMP	Datum und Uhrzeit: jjjj-mm-tt-hh.mm.ss oder jjjj-mm-tt-hh.mm.ss.nnnnnn, wobei nnnnnn für Mikrosekunden steht.
VARCHAR(m,r)	alphanumerische Daten variabler Länge zwischen Maximalwert (m) und Minimalwert (r).

14.2.4 JET-Datentypen

Die folgende Tabelle enthält eine Liste der ANSI-SQL-Datentypen und der dazu äquivalenten SQL-Datentypen des Microsoft-JET-Datenbankmoduls sowie die zulässigen Synonyme.

ANSI-SQL	SQL-Datentyp JET	Synonyme
Ja/Nein-Werte:		
Nicht unterstützt	BIT	BOOLEAN, LOGICAL, LOGICAL1, YESNO

ANSI-SQL	SQL-Datentyp JET	Synonyme
Ganzzahl 0 bis 255:		
Nicht unterstützt	BYTE	INTEGER1
Automatisches Hochzählen:		
Nicht unterstützt	COUNTER	AUTOINCREMENT
Zahl von −922.337.203.685.477,5808 bis 922.337.203.685.477,5807:		
Nicht unterstützt	CURRENCY	MONEY
Datums-, Zeitangabe ab dem Jahr 100 bis 9999:		
DATE, TIME, TIMESTAMP	DATETIME	DATE, TIME, TIMESTAMP
Dezimalzahl:		
DECIMAL	Nicht unterstützt	
Gleitkommazahl mit einfacher Genauigkeit:		
REAL	SINGLE	FLOAT4, IEEESINGLE, REAL
Gleitkommazahl mit doppelter Genauigkeit:		
DOUBLE PRECISION, FLOAT	DOUBLE	FLOAT, FLOAT8, IEEEDOUBLE, NUMBER, NUMERIC
Ganzzahl von −32768 bis 32767:		
SMALLINT	SHORT	INTEGER2, SMALLINT
Ganzzahl von −2.147.483.648 bis 2.147.483.647:		
INTEGER	LONG	INT, INTEGER, INTEGER4
0 bis 1,2 Gigabytes für OLE-Objekte:		
Nicht unterstützt	LONGBINARY	GENERAL, OLEOBJECT
0 bis 1,2 Gigabytes:		
Nicht unterstützt	LONGTEXT	LONGCHAR, MEMO, NOTE
CHARACTER, CHARACTER VARYING	TEXT	ALPHANUMERIC, CHAR, CHARACTER, STRING, VARCHAR

14.2.5 MySQL-Spaltentypen und -Attribute

Numerische Datentypen: Ganzzahlen und Fließkommazahlen.
g steht in den folgenden Bezeichnungen für die Anzahl der Ganzzahlstellen, n für die Anzahl der Nachkommastellen. Bei den Datentypen TINYINT bis DOUBLE kann die Anzahl der Ganzzahlstellen und bei Fließkommazahlen die Anzahl der Nachkommastellen vorgegeben werden, bei DECIMAL muss die jeweilige Anzahl angegeben werden. Mit dem Attribut UNSIGNED werden negative Werte ausgeschlossen.

Bezeichnung:	Wertebereich:	Attribut:
TINYINT[(g)]	-127 bis 127	
	0 bis 255	wenn UNSIGNED
SMALLINT[(g)]	-32768 bis 32767	
	0 bis 65535	wenn UNSIGNED
MEDIUMINT[(g)]	-8388608 bis 8388607	
	0 bis 16777215	wenn UNSIGNED
INT[(g)]	-2147683648 bis 2147683647	
	0 – 4294967295	wenn UNSIGNED
BIGINT[(g)]	-2^{63} bis 2^{63}	
	2^{64} –1	wenn UNSIGNED
FLOAT[(g,n)]	Fließkommazahl einfache Genauigkeit	
DOUBLE[(g,n)]	Fließkommazahl doppelte Genauigkeit	
DECIMAL(g,n)	Fließkommazahl in Abhängigkeit von g,n	
NUMERIC(g,n)	Fließkommazahl in Abhängigkeit von g,n	

Nur bei ganzzahligen Datentypen können Sie folgende Attribute einsetzen:

AUTO_INCREMENT	erzeugt automatisch eine eindeutige (Schlüssel-)Zahl, die um eins größer ist als die größte vorhergehende Zahl.
ZEROFILL	Vorlaufende Nullen werden angezeigt. Beispiel: SMALLINT(4) 0001 0100 20345

Bei allen numerischen Datentypen sind auch die allgemeinen Attribute erlaubt. Sie finden die Auflistung dieser Attribute im Anschluss an die Beschreibung der Datums- und Zeitwerte.

Datentypen für Zeichenketten (Strings): Sie speichern alle Zeichen des Zeichenvorrats.

CHAR(g)	Feste Länge von 0 und M-Byte
VARCHAR(g)	Variable Länge: angehängte Leerzeichen entfallen
ENUM(w1, w2,...)	Beispiel: uebgeschlecht ENUM('m', 'w'). Es können nur m und w als Spaltenwerte eingegeben werden. 'm' ist auch der numerische Wert 1 zugewiesen, 'w' der Wert 2. SELECT uebvorname FROM ... WHERE uebgeschlecht=1; gibt alle männlichen Vornamen aus.
SET(w1, w2,...)	Beispiel: speisenwahl SET('Vorspeise', 'Hauptspeise', 'Dessert') Die Liste kann bis zu 64 Elemente haben. Vorspeise wird der numerische Wert 1 zugewiesen, Hauptspeise 2, Dessert 4. Dem nächsten Element würde 8 zugewiesen. Mit INSERT INTO ... VALUES(gast1,5) wird definiert, dass gast1 Vorspeise und Dessert (1+4=5) erhält, mit INSERT INTO ... VALUES(gast5, 7) dass gast5 Vorspeise, Hauptspeise und Dessert (1+2+4=7) nimmt. SELECT speisenwahl FROM ... WHERE gast = gast1, alternativ: SELECT speisenwahl FROM ... WHERE speisenwahl = 5

Bei CHAR und VARCHAR können Sie als Attribut eingeben:

BINARY	Groß- und Kleinschreibung wird unterschieden.

Datentypen für Datum und Zeit:

DATE	1000-01-01 bis 9999-12-31	Format: JJJJ-MM-TT
TIME	-838:59:59 bis 838:59:59	Format: hh:mm:ss
DATETIME	1000-01-01 00:00:00 bis 9999-12-31 23:59:59	Format: JJJJ-MM-TT hh:mm:ss
TIMESTAMP[(g)]	19700101000000 bis zum Jahr 2037	Format: JJJJMMTThhmmss
YEAR[(g)]	1901 bis 2155	Format: 0000

Mögliche Formate von TIMESTAMP:

TIMESTAMP(14)	Format: JJJJMMTThhmmss
TIMESTAMP(6)	Format: JJMMTT
TIMESTAMP(4)	Format: JJMM

Allgemeine Attribute:

NULL	In dieser Spalte brauchen keine Werte eingegeben werden. NULL ist bei allen Spalten das voreingestellte Attribut.
NOT NULL	In dieser Spalte müssen Werte eingegeben werden.
DEFAULT	Ein Standardwert wird vorgegeben. Beispiel: SMALLINT DEFAULT 341 Kann nicht in TEXT und BLOB verwendet werden.
PRIMARY KEY	Die Primärschlüsselspalte darf nur eindeutige Werte enthalten.

14.3 Literaturverzeichnis

Abbey/Corey/Abramson: Oracle 8i für Einsteiger, München, Wien 2000

Brudermanns, B.; Kuhlmann, G.: Access programmieren, Reinbek bei Hamburg 2001 (rororo computer 60067)

Eiler, H.; Jansen, W.; de Volder, H.: SQL in der Praxis, Bonn und München 1990

Hagen, Manfred; Will, Liane: Relationale Datenbanken in der Praxis, Berlin und München 1993

Petkovic, Dusan: Informix, das relationale Datenbanksystem, Bonn und München 1991

Vetter, M.: Aufbau betrieblicher Informationssysteme mittels objektorientierter, konzeptioneller Datenmodellierung, Stuttgart 1991

14.4 Sachwortregister

S 16/4

Gewusst wie: rororo computer für effektives Gestalten in Print und Web

Daniel Graefen
DTP druckreif
Professionell vom Bildschirm zum Print. Für Mac und PC. Mit CD-ROM. rororo 61241

Pina Lewandowsky/ Francis Zeischegg
Visuelles Gestalten mit dem Computer
rororo 61213

Cyrus Dominik Khazaeli
Crashkurs Typo und Layout
Vom Schriftdesign zum visuellen Konzept. rororo 61252

Gavin Ambrose/Paul Harris
Grafikdesign
Grundmuster des kreativen Gestaltens. rororo 61243

Veruschka Götz
Raster für das Webdesign
rororo 61226

John Clements
Digitale Landschaftsfotografie
rororo 61230

Elisabeth Hronek
Flash MX
Der effektvolle Weg zur Website Für Mac und PC
rororo 61219

Andreas Pankalla/Harald Donner
Illustrator 10
Lösungen für Anwender
rororo 61212

Pina Lewandowsky
Photoshop: gewusst wie
Effektives Gestalten für Print und Web. Für Mac und PC
rororo 61242

Photoshop 6
Lösungen für Anwender. Für Mac und PC
rororo 60091

Photoshop 7
Lösungen für Anwender. Für Mac und PC
rororo 61229

Weitere Informationen in der Rowohlt Revue *oder unter* www.rororo.de